Thien
Die verlorene Klasse

Hans-Günter Thien, Dr., seit 1984 Hochschullehrer an der Universität Münster, apl. Professor für Soziologie und Verleger des Verlags Westfälisches Dampfboot. Neueste Veröffentlichungen: (mit A. Bührmann u.a.), *Gesellschaftstheorie und die Heterogenität empirischer Sozialforschung*, Münster 2006; (Hrsg.), *Klassen im Postfordismus*, Münster 2011.

Hans-Günter Thien

Die verlorene Klasse – ArbeiterInnen in Deutschland

2. korrigierte und um ein Nachwort erweiterte Auflage

WESTFÄLISCHES DAMPFBOOT

Bibliografische Information der Deutschen Nationalbibliothek
Die Deutsche Nationalbibliothek verzeichnet diese Publikation in der Deutschen Nationalbibliografie; detaillierte bibliografische Daten sind im Internet über http://dnb.d-nb.de abrufbar.

2. korrigierte Auflage Münster 2018

Umschlag: Lütke Fahle Seifert AGD, Münster
Druck: Rosch-Buch Druckerei GmbH, Scheßlitz
Gedruckt auf säurefreiem, alterungsbeständigem Papier
ISBN 978-3-89691-782-9

Inhalt

Einleitung 7

Einstieg: Zur Klassenstruktur kapitalistischer Gesellschaften 17

Arbeiterklasse, Klassenindividuen und Arbeiterkultur 59

Von der Arbeiterkultur zur Individualisierung? 97

Strukturen, Klassen und Kulturen 122

Die soziale Frage neu entdeckt: gespaltene Gesellschaften 152

Geschichte, Gesellschaft und Handeln oder: die Revolution als Wunsch 168

Nachweise der Erstveröffentlichungen 182

Literatur 183

Nachwort 2018: Notizen zur neueren Diskussion 209

Namensregister 231

Vor langer Zeit, als sie noch klein war, habe ich meiner Tochter versprochen, nur für sie ein Buch zu schreiben. Das habe ich nie geschafft, was ich sehr bedauere. Als Ersatz möchte ich ihr dies Buch widmen; vielleicht kann sie es als eine Art Äquivalent akzeptieren.

Und dann ist da noch eine Taube.

Einleitung

Die Publikation des vorliegenden Bandes ist von der historischen Entwicklung geradezu eingeholt worden und erweist sich insofern in einem Maße als zeitgemäß, wie es bei der ursprünglichen Planung kaum denkbar schien. Denn während die akademische Soziologie über lange Jahrzehnte hindurch – abgesehen von wenigen Ausnahmen (hervorzuheben ist, da weitgehend vergessen, z.B. Heinz Maus 1981) – das Vorhandensein von Klassenverhältnissen schlichtweg übersah oder leugnete, gibt es nunmehr angesichts dessen, was man „Finanzmarktkrise" nennt, seit einiger Zeit eine Neuentdeckung einer Art Klassenfrage. Hatte Rainer Geißler 1996 noch mehr als genug Grund gegenüber dem soziologischen mainstream darauf zu bestehen, dass es „kein(en) Abschied von Klasse und Schicht" geben dürfe und er auf „ideologische Gefahren der deutschen Sozialstrukturanalyse" aufmerksam machte (Geißler 1996), so haben die Folgerungen der Globalisierung immerhin dazu geführt, dass der Präsident Rehberg 2008 in seinem Eröffnungsvortrag zum 34. Kongress der Deutschen Gesellschaft für Soziologie die soziale Frage und sogar eine Klassenfrage auf die quasi offizielle Agenda soziologischer Thematiken setzte.

Und die Weiterungen der sich in den letzten zwei Jahren ergebenden Finanzmarktkrise führen inzwischen dazu, dass es kaum einen Tag gibt, in dem nicht ein Aufsatz oder ein Buch erscheint zu sozialer Exklusion und Prekarität, zu einzelnen Verwerfungen des sozialen Lebens hierzulande und anderswo. Das gesellschaftliche Gefüge, das zeitweise von geradezu eherner Festigkeit erschien, ist ins Rutschen geraten und man macht sich anscheinend Sorgen um den Zusammenhalt, was dazu führt, (endlich) auch die Frage der sozialen Ungleichheit (wieder) in ihren unterschiedlichen Dimensionen zu thematisieren. Was daraus wird, bleibt abzuwarten.

Die in diesem Band versammelten Aufsätze sind allerdings insofern wiederum doch nicht zeitgemäß, als sie mehrheitlich gerade in dem Zeitraum geschrieben wurden, in dem den meisten alles noch in Ordnung schien. Ihr zentraler Gegenstand ist auch nicht die Erstellung eines Kaleidoskops sozialer Ungleichheit in der Bundesrepublik. Es geht also im Folgenden nicht primär darum, allen Verästelungen sozialer Ungleichheit nachzugehen. Das erscheint mir, um Missverständnissen vorzubeugen, keineswegs überflüssig oder gar unsinnig; aber hierzu gibt es seit geraumer Zeit fundierte Analysen und eine laufende Diskussion. Für die empirischen Veränderungen der unterschiedlichen Spielarten sozialer Ungleichheit in der Bundesrepublik liegt mit Rainer Geißlers „Die Sozialstruktur Deutschlands" (2002) ein Standardwerk vor, das zwischenzeitlich mehrfach aktualisiert wurde. Solcherart empirische Sozialforschung wird von mir keineswegs gering geschätzt, aber unterscheidet sich doch von dem, was im Folgenden versucht wird, nämlich – allgemein gesagt – die Verbindung von einer auf der Höhe der Zeit befindlichen Kapitalismustheorie mit einer entsprechenden Klassenanalyse, die allerdings im Folgenden primär bezogen ist auf ArbeiterInnen, also die soziale Gruppe, die man einmal als Arbeiterklasse bezeichnete und dies mitunter noch tut. Wenn dabei im Anschluss an Marx auf eine dort ausgeführte Klassentheorie nicht zurück gegriffen werden kann, so bleiben immerhin diverse Anknüpfungsmöglichkeiten etwa in den historischen Schriften und insbesondere im Kapital.

Selbstverständlich kommt es dabei auf die Begrifflichkeit und ihre historische Verortung an. Bei beiden sind äußerste Skrupel und Präzision vonnöten. Um ein Beispiel zu geben: In der Einleitung zu ihrem sehr lesenswerten Sammelband „Deutschland eine gespaltene Gesellschaft" meinen die Herausgeber Stephan Lessenich und Frank Nullmeier im Anschluß an die hierzulande seit einiger Zeit gepflegte Vorstellung von der ArbeiterIn als „Arbeitskraftunternehmer" (Voß/Pongratz 2003) zusammenfassend konstatieren zu können: „Deutschland ist auf dem Weg zu einer Konkurrenzgesellschaft" (Lessenich/Nullmeier 2006, 19); das ist zwar irgendwie richtig, aber letztlich doch wenig aussagekräftig. Denn Deutschland ist seit über 150 Jahren auf dem Weg zu ebendieser Konkurrenzgesellschaft oder ist seitdem eine solche. Aber von einer solchen gibt es anscheinend sehr unterschiedliche Fassungen, die nur durch eine präzise historische Rekonstruktion erschlossen werden könnten, um gerade das Besondere der heutigen Phase erfassen zu können. In der Soziologie versucht man dem stattdessen durch eine möglichst phantasievolle Vokabelschöpfung beizukommen, was aber nicht gelingen will. Die sich in den letzten Jahren abwechselnden oder auch überschneidenden Bezeichnungen der Gesellschaft als einer „postindustriellen", „Dienstleistungs-", „Erlebnis-" oder „Wissensgesellschaft", mit denen die heutige Phase des Kapitalismus zu erfassen versucht wird, füllen nachgerade Bände (vgl. kritisch Resch 2005 und Resch/Steinert 2009).

Stephan Lessenich und Frank Nullmeier werden diesem Vorbehalt sicherlich allgemein zustimmen; aber gleichzeitig machen sie es sich ein wenig zu einfach und laufen so selbst Gefahr, an der Oberfläche zu bleiben. Durch die Kontrastierung des Bildes einer „Überkommene(n) Klassengesellschaft" mit den Phänomenen heutiger sozialer Spaltungen und Ausschließungen, die gerade nicht zu „sozialen Klassen mit eigenen Klassenkulturen und Klassenverbänden" (ebd.) führten, wird die Klassenfrage letztendlich eskamotiert und durch „gesellschaftliche Wettbewerbssituationen" (ebd.) ersetzt. Und als Ursache hierfür wird angegeben: „die Gesellschaft Deutschlands ist ein Effekt fragmentierter und fragmentierender Konkurrenzvergesellschaftungen" (20).

Das ist angesichts der genannten Phänomene nur allzu plausibel, aber gleichzeitig stellt sich die Frage, um was es in dieser „Konkurrenzvergesellschaftung" denn letztendlich geht; was ist der Gegenstand des Wettbewerbs der unterschiedlichen sozialen Gruppierungen und schließlich der vielen Einzelnen? – Und wir landen bei der erst einmal nicht sonderlich aufregenden Feststellung, dass es sich dabei wohl um die Form der über die Ware vermittelten Vergesellschaftung handelt, in der die Einzelnen als Freie und mehrheitlich zugleich Abhängige im und vom Verkauf ihrer Arbeitskraft in der Warenkonkurrenz bestehen müssen und zugleich scheitern können. Das setzt je nach historischer Periode und Konjunktur konkret sehr unterschiedliche Figurationen aus sich heraus, die letztlich im Verhältnis von Kapital und Arbeit gründen, in der jeweiligen Ausgeprägtheit des Kapitalverhältnisses, und von daher empirisch zu erschließen wären. Bei den im Band von Lessenich/Nullmeier analysierten Spaltungsfällen (z.B. Arm – Reich, Beschäftigt – Arbeitslos, Sicher – Prekär, Frauen – Männer, Beweglich – Unbeweglich) wird dieses Terrain durchaus thematisiert, aber in der Regel streift man es doch nur. Aus der Addition der einzelnen Fälle ergibt sich noch kein Gesamtbild. Eine zeitgenössische Kapitalismustheorie können sie nicht ersetzen. Und das gilt auch für die Klassenfrage, der durch eine solche Auffächerung von einzelnen Spaltungselementen nicht beizukommen ist, was einen partiellen Erkenntnisgewinn gar nicht ausschließt. Aber die primäre Problematik wird damit nur verschoben. Denn, so die hier vertretene These, *in all diesen Dimensionen* spielt die Klassen-Problematik eine Rolle, die allerdings erst zu entschlüsseln wäre.[1]

---

1 Das gilt in ähnlicher Weise für den aufschlussreichen Sammelband von Dörre/Lessenich/Rosa (2009), in dem zwischen den drei Autoren eine Debatte zu „Soziologie – Kapitalismus – Kritik" geführt wird. Mir scheint, ohne dies hier im Einzelnen ausführen zu können, dass sich dabei neben einer Vielfalt von weiter zu verfolgenden Fragestellungen im Endeffekt eine gewisse Ratlosigkeit einstellt angesichts der doch sehr unterschiedlichen Einsätze zur Analyse des Gegenstands, der die Ausrichtung auf eine Modulation der Soziologie nicht unbedingt bekommt. Vgl. die Besprechung von Lieber (2010).

Es bleibt allerdings die Frage, wie denn eine solche Entschlüsselung durchgeführt werden kann, ohne in die bekannten Fallen der (nicht nur) marxistischen Theoriebildung zu tappen, heißen sie nun Ökonomismus/Objektivismus oder Subjektivismus. In einer parallel erscheinenden Publikation zu „Klassen im Postfordismus" (Thien ^{2}2011) habe ich diesen Zusammenhang ein Stück weit aufgenommen und verweise darauf; ohne den Argumentationsgang zu wiederholen, kann hier doch an ihn angeknüpft werden. Gegen die plane Übernahme einer allgemeinen Formbestimmung des Kapitalismus ebenso wie gegen poststrukturalistische Akzentverschiebungen wurde dabei auf die Notwendigkeit einer Analyse des heutigen, also des empirischen Kapitalismus verwiesen, von der aus auch das, was als Klassenfrage bezeichnet wird oder womit die Existenz von Klassen bestritten wird, überhaupt angemessen angegangen werden könnte. Damit ist weit mehr gemeint als nur „Der neue Geist des Kapitalismus" von Boltanski/Chiapello (2003), die dem Management-Diskurs gegenüber der Bewegung des Kapitals wie dem Habitus von fungierenden Kapitalisten und ArbeiterInnen zu einseitig Aufmerksamkeit schenken.[2] Unter Bezug z.B. auf die „Akkumulation durch Enteignung" (Harvey 2004, 2005) oder die „neue Landnahme" des Finanzmarktkapitalismus (Dörre 2009, 2010) sollten und könnten deren Implikationen für die Veränderungen des gesellschaftlichen Arbeitskörpers aufgenommen und entschlüsselt werden. Denn dass hier in den letzten Jahren oder Jahrzehnten – abgekürzt und verkürzend als Übergang vom Fordismus zum Postfordismus gekennzeichnet – maßgebliche Veränderungen erfolgt sind bzw. durchgeführt wurden, ist offensichtlich und wird in den folgenden Beiträgen des Bandes diskutiert.

Allein mit der Thematisierung dieser Veränderungen im Rahmen einer Kapitalismustheorie ist aber die in Frage stehende Klassenproblematik nicht geklärt sondern vorerst nur verschoben. Denn zwar kann damit in Anschluss an Etienne Balibar (1990, 2006) der Gesichtspunkt stark gemacht werden, dass durch die Bewegung des Kapitals durch seine verschiedenen Stadien, durch Akkumulation und Kontraktion, immer wieder auch gewissermaßen die Grundfigur des Gegensatzes von Arbeit und Kapital, also des Klassenverhältnisses, produziert und reproduziert wird. Aber dieses stellt sich dann dar als historische Vielfalt von unterschiedlichen und letztlich vereinzelten ArbeiterInnenindividuen und möglichen Gruppierungen unter ihnen (z.B. Arbeiter – Angestellte, Facharbei-

2 Ohne den Aussagewert der Untersuchung von Boltanski/Chiapello zu unterschätzen, überrascht doch die hierzulande fast ausschließlich unkritische Übernahme ihrer Ergebnisse; vgl. demgegenüber die Einwände von Harald Wolf (2004).

terInnen – unqualifizierte ArbeiterInnen, Männer – Frauen, nicht-migrantische – migrantische) womit die Frage nach einer ArbeiterInnenklasse erneut gestellt werden kann und muss. Immerhin ist nunmehr klar, dass es nicht nur um soziale Lagen geht, sondern es sich um ein soziales Verhältnis handelt, das zudem historischen Konjunkturen unterworfen ist.

Auch wenn man nicht mehr davon ausgeht, wovon tatsächlich *nie* ausgegangen werden konnte, dass nämlich die Klasse der ArbeiterInnen sich *notwendig* bildet und den Klassenkampf, möglicherweise auch noch erfolgreich, führt, bleibt die ja keineswegs unmaßgebliche Frage nach dem oder einem Klassenbewusstsein. Und diese Frage ist vertrackt, auch wenn man nicht auf die berühmt-berüchtigte Denkfigur der „Klasse an und für sich" zurück greift. Auf jeden Fall stellt sich die Frage nach dem Bewusstsein oder Bewusstseinen und nach Handlungen.

Poulantzas (1975), und an ihn anknüpfend viele andere, versuchen den Knoten dadurch zu durchschlagen, dass sie den Klassenkampf als Konstituens für die Klassenbildung bezeichnen. So schreibt neuerdings Alex Demirović: „Die Existenz der Klassen, so könnte man sagen, ist gar nichts anderes als die Art ihres Kampfes" (Demirović 2009, 80). – Das mag allgemein so sein, lässt aber gleichzeitig noch viele Fragen offen und ist zudem nahe an einer Tautologie: Klassen resultieren aus dem Klassenkampf, der wiederum auf den Klassen basiert. Man könnte auch sagen, Klassen sind letztlich Klassenkampf, aber worin besteht dieser dann? Denn die Klassen kämpfen doch gar nicht, es kämpfen Einzelne und unterschiedliche Gruppierungen und Organisationen, vielleicht stellvertretend für andere, die möglicherweise im Kampf für diesen gewonnen werden sollen und können.

Sprechen wir die Problematik mit Marx an, dem jungen Marx:

> „Unser Wahlspruch muß also sein: Reform des Bewusstseins nicht durch Dogmen, sondern durch Analysierung des mystischen, sich selbst unklaren Bewusstseins, trete es nun religiös oder politisch auf. Es wird sich dann zeigen, dass die Welt längst den Traum von einer Sache besitzt, von der sie *nur* das Bewusstsein besitzen muß, um sie wirklich zu besitzen." (Marx, 1972, Hervorh. HGT)

Eine eigenartige Mischung von unterschiedlichen Ebenen und Fixpunkten: „Die Welt" (wie fern scheint „*das* Proletariat") soll einen Traum besitzen, der durch eine „Reform" des Bewusstseins realisiert werden soll, was aber durch die (wissenschaftliche) Analyse geschehen könne; denn, so die hier besonders interessierende Bemerkung, „nur" das Bewusstsein fehle. Dieses unscheinbare „nur" bezeichnet eines der zentralen Diskussionsfelder marxistischer Theorie, wenn es nicht das zentrale Feld überhaupt ist. Der Weg von der Utopie zur Wissenschaft schien klar, aber wie konnte er von „der Wissenschaft" zur politischen „Realität" werden? Um wessen Bewusstsein ging es? Und ist dies nicht doch, angesichts der Erfahrungen der letzten 150 Jahre, ein geradezu hoffnungsloses Unterfangen?

In der Regel kommt hier nun bei besonders hartnäckigen Vertretern marxistischer Theorie (seien sie nun dogmatische Verteidiger einer reinen marxistischen Lehre oder undogmatische Vertreter der Kritischen Theorie und auch manche Poststrukturalisten sind nicht fern) angesichts eines Fehlens von Klassenkampf der Hinweis auf die den kapitalistischen Gesellschaften eigentümliche Verdinglichung der Verhältnisse, auf den allgemeinen Verblendungszusammenhang, der das Bewusstsein gebannt halte. Hatte noch Lukács in „Geschichte und Klassenbewusstsein" (1967) durch die Konstruktion einer Subjekt-Objekt-Identität dem Proletariat durch die Bildung eines revolutionären Klassenbewusstseins eine Aufspaltung dieser gesamten Konstellation unterstellt, so scheint heute kaum etwas ferner zu liegen als eine solche Vorstellung. Wiederbelebungsversuche eines oder gar *des* Proletariats wirken angesichts der Verhaltensweisen von ArbeiterInnen in den letzen 50 Jahren eher komisch. Trotz periodisch durchaus vorhandener Arbeitskämpfe, gewerkschaftlicher und betrieblicher Auseinandersetzungen und trotz der ebenfalls nicht gering zu schätzenden verdeckten Formen des Kampfes um die Arbeit auch in der Bundesrepublik können nur wirklich Uneinsichtige heute davon ausgehen, dass in einer Art Neuschöpfungsakt die Unterdrückten der Welt (oder wenigstens Deutschlands) – heißen sie nun Proletariat, Multitude oder Subalterne – mit einem Schlage eine nicht-entfremdete/verdinglichte Menschheit aus sich selbst heraussetzen werden.

Aber auch der „Realismus" angesichts einer anscheinend undurchdringlichen Totalität von Verblendung hat seine Tücken; nicht selten wird er zur immer wieder erfolgenden Bestätigung einer allgemeinen Denkfigur, dem die empirischen Verlaufsformen allein zum beliebigen Material werden. Auch unter Rückgriff auf die Marxsche „Verdinglichung" sollte diese nicht gleichzeitig mit einer notwendigen Dominanz zu einer allumfassenden Verblendung gleich gesetzt werden.

Denn bei Marx ist die Verdinglichung innerhalb der Analyse des Kapitals im Allgemeinen zentral, aber damit ist ihre Wirkungsweise im historischen Verlauf noch nicht gesetzt und erfasst. Und dieser umfasst mehr als nur den allgemeinen Verblendungszusammenhang und seinen konkreten Niederschlag. Gemeint sind Widerspruchsmomente im alltäglichen Leben, sind Erinnerungen an Unterdrückungserfahrungen, sind Überlieferungen von Kampferfahrungen, von Siegen und Niederlagen. Auch wenn wir wissen, dass die Geschichtsschreibung frei nach Benjamin eine der Sieger ist, so bedeutet dies doch nicht notwendig das

Ende von Geschichte, wie manche anscheinend meinen.[3] Wenn ich hier also in der hierzulande erst seit kurzem wieder wahrnehmbaren Klassendiskussion einen Erfahrungsbegriff stark zu machen suche, so sind mir die Gegenargumente mancher Kapital-Logiker, Systemtheoretiker und Poststrukturalisten wohl bekannt, aber sie erscheinen mir letztendlich nicht überzeugend oder zumindest zu kurz gegriffen. Zugegeben – man wäre geradezu töricht, einzig auf „die“ Erfahrungen der Menschen, sprich Klassenindividuen, zu setzen. Aber das ist hier gar nicht der Punkt. Hier wird erst einmal gefordert, deren Lebensweisen und ihre Verbindungen zum herrschenden Diskurs zur Kenntnis zu nehmen, was anspruchsvoll genug ist. Aber man kann die Perspektive auch ändern und umgekehrt fragen: Wie sollte eine emanzipatorische Politik, die diese Bezeichnung auch nur annähernd verdient, formuliert oder gar durchgeführt werden können, ohne sich auf eben jene Erfahrungen der, und ich sage das mit Bedacht, *Massen* zu beziehen und sie aufzunehmen? Wohlgemerkt der „Massen“, die sich aus Einzelnen zusammensetzen und als solche wiederum im Kräfteparallelogramm der Klassen als besondere Klassenindividuen im heutigen Kapitalismus situiert sind. Diese Situierung ist nicht – und war nie – stationär, wie sollte das auch anders sein angesichts der Transformationen von Produktion und Reproduktion wie auch der Kapitalseite und der sich auf sie beziehenden Politik? Und sind hier nicht die Voraussetzungen für eine emanzipatorische Politik zu finden? Wenn nicht hier, wo sonst? Wenn nicht mit den „Subalternen“, mit wem dann? Gegenüber dem Begriff der Verdinglichung bietet deshalb der Begriff der Hegemonie oder – angesichts der hierzulande vorherrschenden Stereotypisierung des Gramscischen Hegemonie-Begriffs, der zu einer Argumentationsfloskel zu geraten droht – der *Hegemonialisierung* mitsamt dem hegemonialen Feld und seinen Verschiebungen weit mehr Möglichkeiten für die Klärung der Art und Weise der auch politischen Einbindung der Subalternen in den kapitalistischen Produktions- und Reproduktionszusammenhang heutiger Tage. Eine solche Klärung kann letztendlich nur konkret sein.

So verweist ein Begriff wie „die Subalternen“, dem seit einiger Zeit eine auch modische Komponente anhaftet, auf die dahinter liegende Problematik, nämlich

3 Es war nicht überraschend, dass nach der euphorischen Wiederentdeckung einer „zweiten Kultur“, nämlich der „der“ Arbeitenden, in den 70er Jahren (vgl. Emmerich 1975), die mitunter auch Züge eines Proletkults aufwies, sich im Laufe der Zeit eine prosaischere Umgangsweise einstellte; es hat mich aber schon überrascht, dass dieses Feld schließlich kaum noch betreten wurde. Dass damit wichtige Zugangswege ungenutzt bleiben, macht die Lektüre neuerer Arbeiterbiographien deutlich; vgl. Balko (2005), Hoss (2006). – Vgl. inzwischen kritisch Opratko ([2]2014).

auf die eben nicht identische Art der Unterwerfung dieser „Unterworfenen" unter die ökonomischen und politischen Machtimperative; die Rede von ihnen als einer (womöglich noch einheitlichen) sozialen Einheit läuft Gefahr eine vordergründige Substanzialisierung zu befördern (wie etwa beim Multitude-Begriff von Hardt und Negri). Bilden sie etwa eine Klasse? Oder ist die Klassenbegrifflichkeit ohnehin am Ende, da nur noch für vergangene Zeiten aussagekräftig, während heutzutage es nun einmal nur noch so sei, dass ein gesellschaftlicher Mechanismus auf soziale Einheiten wirke, deren Mitglieder ihm nun einmal – im allumfassenden Diskurs – unterworfen sind, sie ihn am Laufen halten (müssen)? Nein, das würde ich nicht sagen, aber die Rede von Klasse und hier von der Arbeiterklasse ist insofern und dann am Ende, solange in ihr noch jener Glaube an eine der Klasse qua Klasse eigene Substanz von Fortschrittlichkeit oder, wem es lieber ist, revolutionärem Potential wirksam ist, der die Geschichte der ArbeiterInnenbewegung ein gut Stück weit begleitet und eingeengt hat. Der Transformationsprozess des Kapitalverhältnisses und des Klassengegensatzes hat nun einmal kein vorgegebenes Ziel, das es von irgendjemandem zu erfüllen gelte; ebenso wie für gemeine ArbeiterInnen gilt das in gleicher Weise für andere Gruppierungen des sozialen Spektrums, in denen manche möglicherweise schon wieder neue Subjekte (z.B. neuerdings immaterielle Arbeit, MigrantInnen) der Gesellschaftsveränderung sehen.

Letztlich hängt nach wie vor alles an der historischen Ausprägung des Kapitalverhältnisses und seiner politischen Vermitteltheit, womit selbstverständlich die Bedeutung anderer Konfliktlinien keineswegs negiert ist (siehe die bekannte Trias von class, race, gender, vgl. kritisch Demirović 2009; Türkmen 2010). Aber sowohl die einen wie die anderen sind erst einmal aufzunehmen und in ihrem Zusammenhang zu entschlüsseln, und zwar immer wieder. Dass ein genereller Abgesang auf auch heute gegebene Möglichkeiten einer ArbeiterInnenbewegung verfrüht ist, kann etwa durch die Ergebnisse der Forschungen Beverly Silvers (2005) belegt werden, die mit guten Argumenten und reichhaltigem empirischen Material aus den vergangenen 100 Jahren nachweist, dass, wie und mit welchen regionalen Schwerpunkten in den gegebenen Konjunkturen weltweit Kämpfe zwischen LohnarbeiterInnen und Kapitalisten stattgefunden haben und stattfinden. Dass sich dabei, um nur ein Ergebnis zu nennen, die Schwerpunkte vom Westen zum Osten verlagert haben, ist kein Geheimnis. Aber das sollte nicht Anlass sein, nun Verändertes in gewohnten Bahnen in letztlich althergebrachter Weise zu denken. Es erscheint mir evident, dass im Zuge einer Neuzusammensetzung des gesellschaftlichen Arbeitskörpers, jener ArbeiterInnenklasse also, durch technologische Umwälzungen, veränderte Migrationsprozesse und die

Finanzkrise und ihre Auswirkungen in massiver Weise Fragmentierungsprozesse stattfinden, bei denen selbstverständlich immer auch ihre inter- und transnationalen Dimensionen zu berücksichtigen sind; aber statt mancher Hoffnungen auf ein nunmehr in Reichweite realisierbares „Multiversum der Arbeiterinnen und Arbeiter"[4] scheint deren Wirkung bisher eher in einer transnationalen Zersprengung der „GesamtarbeiterIn" zu bestehen (vgl. Haug 2009, 891).

Zwar deutet sich auch hierzulande mehr als nur an, dass der zwischenzeitlich in der lang anhaltenden Phase des Fordismus scheinbar stillgelegte Klassenantagonismus nach deren Ende und nicht zuletzt herausgesetzt durch „Globalisierung" und Finanzmarktkrise auch bei den beteiligten sozialen Gruppierungen seine Wirkungen zeitigt. Man könnte also, vielleicht ein wenig schnell, sagen, dass auch hierzulande Arbeiterinnen und Arbeiter zunehmend ein realistisches Bild von den vor ihren Augen ablaufenden Veränderungen gewinnen.[5] Ob daraus auch und möglicherweise welche Kämpfe resultieren, ist damit allerdings noch keineswegs gesagt; man sollte eher skeptisch sein …

Zu den folgenden Aufsätzen: Alle Aufsätze sind schon einmal publiziert worden, allerdings teilweise in eher randständigen Zusammenhängen. Sie sind in der Chronologie ihres Erscheinens angeordnet. Da in ihnen letztlich die gleiche Thematik, wenn auch unter unterschiedlichen Fragestellungen, behandelt wird, kommt es mitunter zu Überschneidungen; mit Absicht wurde nicht versucht, diese für diese Buchausgabe zu beseitigen. Auch ansonsten wurden allenfalls redaktionelle Änderungen vorgenommen und nur punktuell Literaturergänzungen eingefügt. Dies nicht um eine vermeintliche Originalität zu bewahren, sondern um den Charakter der Beiträge beizubehalten. Ich verstehe sie als Wortmeldungen angesichts komplizierter werdender oder zumindest scheinender Fragen gesellschaftlicher Herrschaft und Befreiung, die zwar kein abruf- und verwertbares Ergebnis erbringen mögen, aber vielleicht doch zur Beförderung weiterer Denkanstrengungen führen können. Für mich war es ein wenig über-

---

4 Bei den Abschlussarbeiten an dieser Aufsatzsammlung stieß ich auf den von Marcel van der Linden und Karl Heinz Roth herausgegebenen voluminösen Band „Über Marx hinaus" (2009), der mich zunächst ein wenig durcheinander brachte angesichts der Diskrepanz zwischen dem dort erhobenen erheblichen Anspruch und der bescheidenen Reichweite der im Folgenden zusammengestellten eigenen Beiträge. Ein solcher Anspruch ist schon beeindruckend. Aber bringen diese tatsächlich so viel Neues außer vor allem Absichten? Über Marx hinaus? – Ja sicher, aber das ist für undogmatische Marxisten doch ohnehin seit Jahrzehnten eine Selbstverständlichkeit.

5 Vgl. hierzu Neckel (2008). Siehe aber auch die Einwände von Dörre u.a. (2010).

raschend und gleichzeitig erfreulich, dass sich durch ihre Zusammenstellung in meinen Augen mehr als nur eine Addition von Beiträgen ergibt sondern sich ein Argumentationszusammenhang andeutet, den es weiter zu verfolgen gilt. Dies war die Voraussetzung, um es überhaupt zu wagen, einen solchen Band zu realisieren. Das letzte Wort aber haben, wie immer, die Leserin und der Leser.

Einstieg: Zur Klassenstruktur kapitalistischer Gesellschaften

I. Zum Ausgangspunkt: Klassen, Schichten und Individuen

Wenn eine Textsammlung zur Lage von ArbeiterInnen in Deutschland mit einem Beitrag beginnt, der sich auf die „Klassenstruktur der kapitalistischen Gesellschaft“ bezieht, dann stellt sich sogleich die Frage nach dem Grund dieses Ausgangspunktes. Was hat die Gesellschaftsstruktur zu tun mit Klassen und der kapitalistischen Gesellschaft? Werden die beiden Kategorien ‘Sozialstruktur’ und ‘Klassen’ hier möglicherweise synonym verwendet oder in welcher inhaltlichen Beziehung stehen sie zueinander? – Die Fragen ließen sich vermehren.

Ich ziehe zur ersten Orientierung eines der am weitesten verbreiteten soziologischen Lexika hinzu; unter dem Stichwort ‘Sozialstruktur’ heißt es im Lexikon zur Soziologie: „die Struktur einer Gesellschaft oder allgemeiner: eines sozialen Systems“ (Lüdtke 1978: 716). Was aber ist ‘Gesellschaft’, was 'soziales System', was ‘Struktur‘? Das Stichwort liefert uns nur den Verweis auf andere Stichworte. In Bezug auf das zuletzt genannte heißt es: „Struktur, die Elemente, aus denen ein Gegenstand (System) aufgebaut ist, und die Art und Weise, in der sie zusammenhängen. Wesentlich für den Strukturbegriff ist nicht das Vorhandensein oder die bloße Anordnung, wohl aber eine bestimmte Ordnung der Elemente, durch welche Systeme als identisch charakterisiert werden können (Lüdtke 1978 b: 753). Also: die Gesellschaft (welche?) ist durch eine Ordnung charakterisiert, in der ihre verschiedenen Elemente (welche gibt es?) miteinander zusammenhängen; diese Ordnung nennen wir Sozialstruktur. Wir wissen aber noch immer nicht, welcher Art diese Struktur ist. Vielleicht hilft nun das Stichwort ‘Klassenstruktur’ weiter, denn es geht bisher ja um den Zusammenhang/Unterschied zwischen Sozial- und Klassenstruktur. Es heißt: „Klassenstruktur, ist jene Art der Gliederung der Gesellschaft, der als ordnendes Prinzip oder als Realität ihre Aufteilung und *Schichtung* in Klassen zugrunde liegt und bei der besonders die Kräfteverhältnisse, Beziehungen und Interdependenzen der einzelnen Klassen und ihrer Zugehörigen maßgebliche Elemente der Beschreibung sind“ (Balla 1978: 389). Vorerst einmal abgesehen von der Bezeichnung von Klassen als einem Schichtungsphänomen, auf die unten zurückzukommen sein wird, erbringt auch diese Definition inhaltlich wenig Neues; denn was sind Klassen, wie setzen sie sich nach welchen Kriterien zusammen, in welchem Verhältnis stehen sie zueinander …? Fragen über Fragen. Auch der nochmalige Blick ins Lexikon hilft nicht weiter, denn unter dem Stichwort 'Klasse' sind nicht weniger als neun verschiedene Angaben zu finden, die teils gegensätzlich zueinander stehen, teils sich überschneiden (u.a. taucht 'Klasse' als Synonym für 'Status' und 'Schicht' auf). Aber welche dieser Definitionen ist auszuwählen, und welche ist möglicherweise richtig, da ja kaum alle zugleich richtig, d.h. die gesellschaftlichen Verhältnisse erklärend, sein können? – Man sieht, die lexikalische Suche führt hier nicht weiter, sie kann allenfalls zu Fragestellungen führen, die gewisse Hinweise zur Sozial-/Klassenstruktur beinhalten: Weder beim einen noch beim anderen geht es primär um einzelne Persönlichkeiten, Menschen, sondern um die Art der Beziehungen zwischen diesen Menschen, also um Strukturen; diese Strukturen sind gesellschaftliche.

Dieser insgesamt doch recht dürftige Ertrag, der sich beim Rückgriff auf ein maßgebliches Lexikon ergibt, läßt sich durch die erneute Aufnahme des im Folgenden im Vordergrund stehenden Themas präzisieren; denn dort heißt es nicht wie in den betreffenden Stichworten des Lexikons 'Klasse' oder 'Klassenstruktur', sondern die Rede ist von Klassenstruktur „der kapitalistischen Gesellschaft".[1] Dieser Unterschied ist insofern wichtig, als in der zweiten Formulierung von vornherein eine historische Differenzierung angelegt ist, welche die Rede von *den* Klassen oder *der* Sozialstruktur ausschließt. Denn unter dem Gesichtspunkt allgemeiner gesellschaftlicher Entwicklung gerät dabei schnell die Struktur der Bundesrepublik Deutschland als einer besonderen Klassengesellschaft aus dem Blick. Da es bekanntlich auch in Gesellschaften, die nicht die gleiche Struktur aufweisen oder -wiesen wie die BRD, Klassen gibt oder gab – man denke etwa an den Feudalismus – ist der Ausdruck Klassengesellschaft oder -struktur von vornherein zu spezifizieren. Den Springpunkt bildet dabei deshalb nunmehr der Begriff kapitalistische Gesellschaft.

Die Frage, wie eine solche Analyse der kapitalistischen Klassenstruktur vorzunehmen ist, hat damit allerdings nach wie vor keine Klärung gefunden; die in der kapitalistischen Gesellschaft, wie in jeder anderen Form gesellschaftlichen Lebens, lebende Bevölkerung stellt sich noch immer als eine Zusammenballung

1 Das Faktum, daß selbst sich marxistisch verstehende Soziologen bemüht sind, eine *allgemeine* Evolutionstheorie aufzustellen und dabei zumindest Gefahr laufen, die Besonderheiten der unterschiedlichen Gesellschaftsformationen zu unterschlagen, mag den Stellenwert dieser wenigen Anmerkungen verdeutlichen; als Beispiel: Tjaden (1977). Zur Kritik Kuchenbuch/Michael (1978).

von Menschen dar, die sich in den verschiedensten Merkmalen voneinander unterscheiden oder einander gleichen (Beruf, Alter, Qualifikation, Größe, Verdienst, Augenfarbe, Familienstand, usw. usf.). Vielfältige Kombinationen lassen sich herstellen.

Der bisher angesprochene und in Frage stehende Zusammenhang der historischen Entwicklung von Klassengesellschaften, der besonderen Struktur der kapitalistischen Klassengesellschaft und ihrer jeweiligen Analyse kann schlaglichtartig durch eine Aussage von Marx verdeutlicht werden. Er schreibt:

> „Wenn wir ein gegebnes Land politisch-ökonomisch betrachten, so beginnen wir mit seiner Bevölkerung, ihrer Verteilung in Klassen, Stadt, Land, See, den verschiednen Produktionszweigen, Aus- und Einfuhr, jährlicher Produktion und Konsumtion, Warenpreisen etc. Es scheint das Richtige zu sein mit dem Realen und Konkreten, der wirklichen Voraussetzung zu beginnen, also z.B. in der Ökonomie mit der Bevölkerung, die die Grundlage und das Subjekt des ganzen gesellschaftlichen Produktionsakts ist. Indes zeigt sich dies bei näherer Betrachtung (als) falsch. Die Bevölkerung ist eine Abstraktion, wenn ich z.B. die Klassen, aus denen sie besteht, weglasse. Diese Klassen sind wieder ein leeres Wort, wenn ich die Elemente nicht kenne, auf denen sie beruhn. Z.B. Lohnarbeit, Kapital etc. Diese unterstellen Austausch, Teilung der Arbeit, Preise etc. Kapital z.B. ohne Lohnarbeit ist nichts, ohne Wert, Geld, Preis etc. Finge ich also mit der Bevölkerung an, so wäre das eine chaotische Vorstellung des Ganzen und durch nähere Bestimmung würde ich analytisch immer mehr auf einfachere Begriffe kommen; von dem vorgestellten Konkreten auf immer dünnere Abstrakta, bis ich bei den einfachsten Bestimmungen angelangt wäre. Von da an wäre nun die Reise wieder rückwärts anzutreten, bis ich endlich wieder bei der Bevölkerung anlangte, diesmal aber nicht als bei einer chaotischen Vorstellung eines Ganzen, sondern als einer reichen Totalität von vielen Bestimmungen und Beziehungen“ (Marx 1974: 21).

Zweierlei ist hervorzuheben: Zum einen betont Marx, der hier ausschließlich die Analyse der kapitalistischen Gesellschaft im Auge hat, daß die Bestimmung der Klassenverhältnisse nicht einfach von einzelnen sichtbaren Merkmalen der Bevölkerung, ihrer Gruppen oder der Individuen ausgehen kann, sondern nichts anderes voraussetzt als die Bestimmung der Grundlage des gesamten gesellschaftlichen Geschehens; diese besteht nach Marx in der spezifischen Art der Erzeugung der Mittel zum Leben der Menschen, in der Arbeit. Bei der Bestimmung der Klassenstruktur ist ansetzend (nicht aufhörend!) an der Produktion und Reproduktion des gesellschaftlichen Prozesses die spezifische Einbezogenheit der Menschen in diesen Zusammenhang herauszuarbeiten. Zum anderen – und hierdurch gewinnt diese scheinbar inhaltsleere Akzentuierung schärfere Konturen – spricht Marx von der politisch-ökonomischen Analyse nicht als einer die geschichtliche Entwicklung im Detail nachvollziehenden Universalgeschichte, sondern er weist auf die Notwendigkeit einer speziell die Besonderheiten der kapitalistischen Gesellschaft beachtenden Vorgehensweise hin. Von ihrer Kernstruktur ist auszugehen und von hier aus soll die gesellschaftliche Totalität erschlossen werden, wobei gesellschaftliche Totalität hier für Gesellschaftsstruktur stehen mag, eben die kapitalistische Bestimmtheit der Gesellschaft. Die zentrale Bedeutung dieses Adjektivs 'kapitalistisch' wird von Marx betont, wenn er auf die hier und im Folgenden thematisierten strukturellen Widersprüche bezogen schreibt:

> „Die exakte Entwicklung des Kapitalbegriffs nötig, da er der Grundbegriff der modernen Ökonomie, wie das Kapital selbst, dessen abstraktes Gegenbild sein Begriff, die Grundlage der bürgerlichen Gesellschaft. Aus der scharfen Auffassung der Grundvoraussetzung des Verhältnisses müssen sich alle Widersprüche der bürgerlichen Gesellschaft ergeben, wie die Grenze, an der es über sich selbst hinaustreibt" (Marx 1974: 237).

Vorerst einmal abgesehen von der sehr hegelsch anmutenden Formulierung über die Widersprüche, auf sie ist weiter unten zurückzukommen, enthält die Marxsche Aussage in verschärfter Formulierung eine Erweiterung der oben angeführten Vorgehensweise; denn indem Marx den Kapitalbegriff in seiner zentralen Bedeutung ausschließlich auf die bürgerliche, d.h. kapitalistische Gesellschaft bezieht – er ist eine Realabstraktion, ihr „abstraktes Gegenbild" – begegnet er von vornherein möglichen und aus der älteren wie neueren 'Marx-Diskussion' reichlich vorhandenen Mißverständnissen über die Reichweite seiner Analysen und Theorie als vorgeblichem Universalschlüssel für jedwede historische Situation! Die Kritik der politischen Ökonomie (vorliegend in den Hauptwerken 'Grundrisse der Kritik der politischen Ökonomie' und 'Das Kapital'), in der eine Klassenbestimmung angelegt ist, ist im Kern Analyse einer Gesellschaft und ihrer Produktionsweise, nämlich der kapitalistischen. Nochmals in Marx eigenen Worten:

> „Was mich nun betrifft, so gebührt mir nicht das Verdienst, weder die Existenz der Klassen in der modernen Gesellschaft, noch ihren Kampf unter sich entdeckt zu haben. Bürgerliche Geschichtsschreiber hatten längst vor mir die historische Entwicklung dieses Kampfes der Klassen und bürgerliche Ökonomen die ökonomische Anatomie derselben dargestellt. Was ich neu tat, war 1. nachweisen, daß die Existenz der Klassen bloß an bestimmte historische Entwicklungsphasen der Produktion gebunden ist, 2. daß der Klassenkampf notwendig zur Diktatur des Proletariats führt; 3. daß diese Diktatur selbst nur den Übergang zur Aufhebung aller Klassen und zu einer klassenlosen Gesellschaft bildet" (Marx 1953: 86).

Diese Äußerung mag vornehmlich in ihrem letzten Teil auf Widerspruch treffen – zu Recht; denn der dort verwendete Begriff der 'Diktatur des Proletariats' ist schillernd und von 'Klassenloser Gesellschaft' ist wenig zu sehen. Hier sind nicht erst seit dem Ende des sozialistischen Lagers notwendig Vorbehalte angebracht, die auf der Grundlage von präzisen Textanalysen und Analysen der Länder, die sich selbst einmal das Etikett 'realer Sozialismus' verliehen haben, zu diskutieren sind (Vgl. z.B. für die DDR Hürtgen 2009).

An dieser Stelle aber geht es mir um eine Verdeutlichung der Marxschen Bestimmung der kapitalistischen Gesellschaft in ihrem Stellenwert für die Klassenanalyse, wobei sich bisher der von Marx so bezeichnete 'Kapitalbegriff' als zentral dargestellt hat. Damit ist gemeint, daß die kapitalistische Gesellschaft (zumindest in den obengenannten Texten) ihrer allgemeinen Form nach analysiert wird, als allgemeiner Typus, bei dem abstrahiert wird von den empirischen Besonderheiten der jeweiligen Situation eines bestimmten kapitalistischen Landes (vgl. Marx 1969 c: 800; Rosdolsky 1968; Reichelt 1973). Marx geht also davon aus, daß die modernen Länder der westlichen Welt wie England, Frankreich, Deutschland und USA neben ihren zweifellos vorhandenen nationalen Besonderheiten auch und vor allem wesentliche Gemeinsamkeiten aufweisen, die das gesellschaftliche Geschehen in letzter Instanz bestimmen; sie alle sind kapitalistische Länder, die zudem durch den Weltmarkt zusammengehalten werden. Marx konzentriert sich nun nicht auf die Analyse der jeweiligen Besonderheiten, die damit keineswegs unwichtig sind (nicht zuletzt, weil sie auch das politische Geschehen beeinflussen), sondern ihm geht es primär um die Darstellung des kapitalistischen Charakters dieser Gesellschaftsformation; ihr „ökonomisches Bewegungsgesetz" ist zu entschlüsseln. Die jeweiligen Besonderheiten sind sodann auf der Grundlage der allgemeinen Bestimmung als notwendige historische Detailanalysen aufzunehmen.

Für die entsprechende Klassen*struktur* kann nach Marx ebenfalls von solchen Gemeinsamkeiten der betreffenden Länder ausgegangen werden. Im Vordergrund der folgenden Ausführungen steht deshalb die allgemeine Formbestimmtheit der kapitalistischen Gesellschaft in ihrem Stellenwert für die Klassenverhältnisse.

Aber, so wird mancher fragen, ist es überhaupt zulässig (auch in Hinsicht auf die politischen Implikationen der Marxschen Theorie) und möglich, sich bei der Analyse der heutigen Gesellschaft – denn es geht hier ja insgesamt um ArbeiterInnen in der BRD – auf einen Theoretiker des 19. Jahrhunderts zu stützen, der seine wichtigsten Untersuchungen vor mehr als 100 Jahren verfaßte. Die Mehrheit der Soziologen wird dies verneinen, angestrebte Widerlegungen der Marxschen Klassentheorie lassen sich kaum noch überblicken und die ihr entgegengesetzten Schichtungs- und Stratifikationsmodelle nehmen sowohl an Masse als auch an technischer Ausgeklügeltheit zu.

In der Abgrenzung von Marx weiß man sich dabei einig, die Ausgestaltung des eigenen Tuns unterliegt aber dem konjunkturellen Wandel, dem man eher nachläuft als ihn zu bestimmen. So ist in der Bundesrepublik seit einiger Zeit angesichts der unübersehbaren Massenarbeitslosigkeit eine neue Debatte um die „soziale Ungleichheit" entbrannt, in der wieder einmal das völlig Neue der heutigen Situation beschworen und in vielfältigen Materialanhäufungen und Paradigmen zu erfassen versucht wird. Gegenüber diesem geschäftigen Treiben muß Marx einfach unmodern sein, auch wenn man in der Regel kaum dazu gekommen ist, seinen Argumentationsgang genau zur Kenntnis zu nehmen.[2] Die Einwände gegen die Marxsche Theorie unterscheiden sich denn auch, aufs Ganze gesehen, kaum von solchen, die schon von den Vorläufern der heutigen Soziologen-Generation vorformuliert wurden. Das gilt etwa für die generelle Kritik, wie sie von Schelsky (und nach ihm von vielen anderen) vorgebracht wurde:

> „Der Klassenbegriff steht zu beliebigen, aus wissenshypothetischen Annahmen erfolgenden Umdefinitionen gar nicht mehr zur Verfügung. Daß 'die ganze Gesellschaft sich mehr und mehr in zwei feindliche Lager, in zwei große, einander direkt gegenüberstehende Klassen spaltet' (Marx) .. hat es einmal als das entscheidende Entwicklungsgesetz und die dominante Struktur der Gesellschaft sozialgeschichtlich

---

2 Vgl. etwa Hörning 1976; Handl et al. 1977; Schäfers 1981; Herz 1983; Kreckel 1983; Bolte/Hradil 1984; Strasser/Goldthorpe 1985, Luhmann 1985; wichtig und lehrreich insbesondere Geißler 2002. – Damit ist diesen Studien bzw. den Beiträgen in den Sammelbänden keineswegs jeglicher Informationsgehalt abgesprochen – wichtig erscheinen mir insbesondere die Aufsatzsammlungen von Kreckel und Strasser/Goldthorpe –, aber es ist symptomatisch, wenn noch immer das Vorurteil verbreitet wird, Marx' Theorie basiere auf 'Eigentumsverhältnissen" (Herz: 26) oder wenn das Anwachsen der Angestelltenschaft als eindeutige Widerlegung der Klassentheorie behauptet wird (ebd.: 28; Bolte/Hradil: 100). Gründlicher demgegenüber Claessens et al. 1985, auch wenn über weite Strecken eine ausschließlich deskriptive Ebene gewählt wird; wichtige Fragen einer Klassentheorie unter den heutigen Bedingungen werden angeschnitten bei Giddens 1979 und Haller 1983. – Gegenüber der vorherrschenden Anhäufung empirischen Materials, mit der man die Klassentheorie zu widerlegen meint, ist an den Einwand Adornos zu erinnern: „Was die Soziologie gegen die Realität der Klassen vorbringt, ist nichts anderes als das Prinzip der Klassengesellschaft: die Allgemeinheit der Vergesellschaftung ist die Form, unter der Herrschaft historisch sich durchsetzt. Die abstrakte Einheit selber, in deren Herstellung aus blinden Fakten die Soziologie ihr Trugbild des Klassenlosen vollendet meint, ist die Disqualifizierung der Menschen zu Objekten, die von Herrschaft bewirkt wird und heute auch die Klassen ergriffen hat. Die soziologische Neutralität wiederholt die soziale Gewalttat, und die blinden Fakten, hinter die sie sich verschanzt, sind die Trümmer, in welche die Welt von der Ordnung geschlagen ward, mit der die Soziologen sich vertragen" (Adorno 1980: 382 f).

gegeben; auf diese Struktur bleibt der Klassenbegriff bezogen“ (Schelsky 1965: 361; zur detaillierten Kritik vgl. Riege 1976: 63ff).

Entscheidend ist nach Schelsky damit die heute gegebene soziale Mobilität der Menschen:

> „Die Aufstiegsprozesse zerstören den Klassenstatus der Arbeiterschaft, und die Abstiegsprozesse entdifferenzieren die soziale Geformtheit der bürgerlichen Berufs- und Besitzgruppen“ (Schelsky, zit. nach Riege 1976: 66).

Festgemacht wird dieses ständige Hin und Her zwischen Auf- und Abstieg und die darin eingeschlossene Angleichung der sozialen Positionen aller einzelnen an ihrer individuellen Lage, dem jeweiligen Umfang ihrer Beteiligung an den Leistungen der Massenproduktion. An die Stelle eines Klassengegensatzes, der im 19. Jahrhundert bestanden habe, seien mehr und mehr Momente der Individualisierung und Mobilisierung getreten, die unsere heutige Gesellschaft letztendlich zu einer ‘nivellierten Mittelstandsgesellschaft’ gemacht hätten: *der* Mensch in der Massengesellschaft/-zivilisation.[3]

Nun wird wohl niemand das Vorhandensein einer solchen Form von Mobilität bestreiten können, obwohl sie in der Regel in ihrem Umfang überschätzt wird (vgl. etwa Kaelble 1983); aber darum geht es hier nicht primär. Wichtig ist vielmehr die Art und Weise, in der Schelsky und auch andere Schichtungs- und Mobilitätsforscher ihren Bezugspunkt – individuelle Mobilität – mit der gesellschaftlichen Realität in Verbindung bringen und ihre Behauptung vom Fehlen eines Klassengegensatzes zu stützen suchen. Denn untersucht „werden Lebensformen, Verhaltensweisen und Bewußtseinsformen in ihren unmittelbaren Beziehungen zu den sichtbaren Lebensverhältnissen der gesellschaftlichen Individuen. Umgekehrt müssen die Ergebnisse der empirischen Schichtuntersuchungen (dann, d.V.) die zunächst theoretisch entwickelte Entschichtungsthese in dem Maße empirisch bestätigen, als sie in ihrer Beschränkung auf den bewußtseinsmäßigen Reflex der erscheinenden Bewegung deren Konstitutionsbedingungen von vornherein aus der Untersuchung ausgeschlossen haben (Riege 1976: 86 f). Das heißt die bean-

3 Der von Ulrich Beck vehement ins Feld geführte Gedanke einer Individualisierung „jenseits von Stand und Klasse“ (1983) ist also keineswegs so neu, wie es manchem Diskutanten innerhalb der neuen Debatte um die „Soziale Ungleichheit“ zu dünken scheint. Abgesehen von den immanenten Widersprüchlichkeiten seiner Argumentation sprengt das Becksche Konzept keineswegs die Marxsche Gedankenführung, der der Aufweis der indirekten Vergesellschaftung in Form der Konkurrenz der Individuen/bürgerlichen Rechtssubjekte gerade zentral ist. Diese bleiben allerdings Klassenindividuen; hierzu siehe weiter unten.

spruchte 'Widerlegung' der Marxschen Theorie stützt sich auf einen Kunstgriff, da sie sich auf einen anderen Gegenstand bezieht, nämlich auf die Distribution, die Verteilungssphäre. Marx leugnet ja keineswegs die Existenz von Individuen und individueller Mobilität; aber er fragt nach der gesellschaftsstrukturellen Art der Beziehungen zwischen diesen Individuen und dem Grund ihrer Existenz als gesellschaftliche Individuen. Der dabei verwendete Klassenbegriff, das wurde oben skizziert, gründet in der gesellschaftlichen Form der *Produktion* und *Reproduktion* des Lebens der Menschen und ihrer historischen Entwicklung. An dieser grundsätzlichen Form der gesellschaftlichen Struktur aber hat sich seit dem letzten Drittel des 19. Jahrhunderts in Deutschland/der BRD *im Kern* nichts Wesentliches geändert, so die hier im Anschluß an Marx vertretene Position. Es haben zweifellos wichtige Differenzierungsprozesse, Verschiebungen und Verlagerungen innerhalb des gesellschaftlichen Produktions- und Reproduktionsprozesses stattgefunden, die unbedingt zu beachten sein werden, aber die Form selbst ist die gleiche und mit der Marxschen Theorie zu bestimmen.

Die gegensätzliche Auffassung Schelskys wie mehr oder weniger der gesamten Mobilitäts- und Schichtungsforscher der BRD geht dadurch an diesem Zusammenhang vorbei, daß sie ihn von vornherein definitorisch ausgrenzt. Denn wenn man per Definition „... soziale Schichtung als den *Verteilungsprozeß* in menschlichen Gesellschaften, als den Prozeß, durch den knappe Werte verteilt werden" (Lenski 1977: 12) betrachtet, dann wird systematisch die Ursache dieser Verteilung ausgeblendet. Die Art und Weise der gesellschaftlichen Produktion wird nicht nur unbeachtet gelassen, sondern sie ist immer schon vorausgesetzt bei der Suche, in welchem Umfang die einzelnen Mitglieder der heutigen Gesellschaft an 'knappen Gütern' partizipieren, wie ihre Chancen im Verteilungskarussel aussehen, in welchem Maße sie in die soziale Differenzierung einbezogen sind. Wenn in den betreffenden Untersuchungen dann sporadisch doch einmal von 'Klassen' statt wie üblich von 'Schicht' gesprochen wird, so ist nicht mehr das von Marx und anderen thematisierte gesellschaftliche Verhältnis gemeint, sondern die Stellung von *einzelnen,* die bestimmt ist durch eine jeweilige Chancenverteilung. Schichtungs- und Mobilitätstheorien sind im Kern Distributionstheorien (vgl. ausführlich Herkommer 1975: 122ff; insbesondere die gründliche Kritik von Kirchberger 1975: 44ff, 70ff).

Die solcherart die Produktion und damit die 'Ökonomie' ausblendenden Schichtungstheoretiker sind in ihrem grundlegenden Ansatz allerdings keineswegs unabhängig von jenen nicht in ihr Ressort fallenden Sphären. Im Gegenteil, nicht nur die Rede von der Verteilung 'knapper Güter' – immerhin in dieser Wortverbindung ein theoretischer Grundpfeiler der Volkswirtschaftslehre –, sondern die grundsätzliche Festlegung auf die Erfassung der Lage und des Verhaltens von Individuen innerhalb des 'distributiven Bezirks' (Dahrendorf) zeigt die ebenso grundsätzliche wie unkritische Verhaftetheit jener Theoretiker an die historische Phase gesellschaftlicher Entwicklung an, die durch die Privatautonomie der Individuen (vordergründig) gekennzeichnet und als bürgerliche Gesellschaft bekannt ist. Indem die Schichtungsforschung Ungleichheit als einen Sachverhalt aufnimmt, „der sich nur aus der theoretischen Perspektive und den daraus resultierenden Verhaltensweisen des Einzelindividuums ermitteln läßt" (Kirchberger 1975: 77; vgl. Ritsert 1976), sie also die Privatautonomie als allgemeines Rechtsprinzip der bürgerlichen Gesellschaft durch einen methodologischen Individualismus voraussetzt und fortschreibt, stellt sie sich auf den Standpunkt der fertigen Phänomene der gesellschaftlichen Wirklichkeit. Deren innere Strukturiertheit als gesellschaftliche Produktionsweise, in der und durch die die Aktionen der Menschen in bestimmter, noch zu klärender Weise geprägt werden und ihrerseits auf jene 'Wirklichkeit' einwirken, wird in der Schichtungsforschung letztlich verdünnt zum Handeln der Individuen; dieses findet seine unüberschreitbare Grenze an der äußeren Natur – nicht zufällig bildet der Satz von der 'Knappheit der Mittel' seit dem 19. Jahrhundert einen der unumstößlichen Bezugspunkte dieser Art theoretischen Bemühens. Aus dem Handeln der Individuen ergeben sich dann irgendwie – zwar möglicherweise von Auseinandersetzungen und Konflikten begleitet, aber nicht strukturell widersprüchlich – der gesamte gesellschaftliche Prozeß und seine Entwicklung. Marx:

> „Die Ökonomen drücken das so aus: Jeder verfolgt sein Privatinteresse und nur sein Privatinteresse; und dient dadurch, ohne es zu wollen und zu wissen, den Privatinteressen aller, den allgemeinen Interessen. Der Witz besteht nicht darin, daß, indem jeder sein Privatinteresse verfolgt, die Gesamtheit der Privatinteressen, also das allgemeine Interesse erreicht wird. Vielmehr könnte aus dieser abstrakten Phrase gefolgert werden, daß jeder wechselseitig die Geltendmachung des Interesses der andern hemmt, und statt einer allgemeinen Affirmation, vielmehr eine allgemeine Negation aus diesem bellum omnium contra omnes resultiert. Die Pointe liegt vielmehr darin, daß das Privatinteresse selbst schon ein gesellschaftlich bestimmtes Interesse ist und nur innerhalb der von der Gesellschaft gesetzten Bedingungen und mit den von ihr gegebnen Mitteln erreicht werden kann; also an die Reproduktion dieser Bedingungen und Mittel gebunden ist. Es ist das Interesse der Privaten; aber dessen Inhalt, wie Form und Mittel der Verwirklichung, durch von allen unabhängige gesellschaftliche Bedingungen gegeben" (Marx 1974: 74).

Um diesen Inhalt, die Form und die Mittel des Privatinteresses von miteinander konkurrierenden Individuen also geht es und um ihre Verankerung in der Art und Weise der gesellschaftlichen Bedingungen. Denn:

> „Die Gesellschaft besteht nicht aus Individuen, sondern drückt die Summe der Beziehungen, Verhältnisse aus, worin diese Individuen zueinander stehn" (ebd.: 176).

Ausgehend von der Ungleichheit als einem ubiquitären Phänomen, dem aus der Perspektive der Individuen als Handlungsträger, die an der Durchsetzung von ihnen vorausgesetzten gesellschaftlichen Zwecken beteiligt sind, nachgegangen wird, kann die Schichtungsforschung demgegenüber allenfalls Unterschiede feststellen, die in letztlich unendlichen Reihungen und Kombinationen immer neue Ergebnisse vorweisen, ohne die Realität des Alltags in ihrer gesellschaftlichen Bestimmtheit zu erfassen. Es würde zu weit gehen, den dabei auftretenden Aporien hier im einzelnen nachzugehen (vgl. die Nachweise bei Kirchberger 1975: 110ff; Haller 1983); festzuhalten bleibt an dieser Stelle vor allem, daß in der kritisierten Vorgehensweise als reale, aber unbegriffene Voraussetzung – ihr materielles Substrat – die bürgerliche Gesellschaft in ihrer Oberflächengestalt wiedergegeben wird.

In der überhistorischen Ausrichtung der Schichtungsforschung auf das Individuum, das als abstrakter Handlungsträger (Positionsinhaber, Statusträger etc.) ins Blickfeld gerückt und verfolgt wird, drückt sich also durchaus Realität aus, aber es ist nicht die Wirklichkeit gesellschaftlichen Zusammenlebens schlechthin, die hier zugrunde liegt. Es ist nicht der – um es ein wenig überspitzt zu formulieren – Mensch in seiner grundsätzlichen Bindung an und Auseinandersetzung mit *der* Welt oder, wie eine andere beliebte Formulierung lautet, die Dichotomie von Individuum und Gesellschaft, die als alle Gesellschaften erfassende Grundtatbestände in geheimnisvoller Weise wirken und sich historisch ausbreiten. Es ist vielmehr die Formbestimmtheit bürgerlicher Gesellschaft, die in jenen Formulierungen unbegriffen auftaucht und die sich in Westeuropa (in den einzelnen Ländern unterschiedlich) seit dem Beginn des 19. Jahrhunderts durchgesetzt hat. Erst in ihr

> „treten die verschiednen Formen des gesellschaftlichen Zusammenhangs dem Einzelnen als bloßes Mittel für seine Privatzwecke entgegen, als äußerliche Notwendigkeit. Aber die Epoche, die diesen Standpunkt erzeugt, den des vereinzelten Einzelnen, ist gerade die der bisher entwickeltsten gesellschaftlichen (allgemeinen von diesem Standpunkt aus) Verhältnisse" (Marx 1974: 6).

Kann die Epoche der modernsten gesellschaftlichen Verhältnisse, d.h. hier die der kapitalistischen Gesellschaft, nach dieser Aussage als diejenige bezeichnet werden, in der die Kategorie des Individuums – in Abwandlung eines Marx'schen Ausdrucks – praktisch 'wahr' wird[4], so ist zwar bisher angedeutet, daß es sich

4 Die Aussage mag insofern zum Widerspruch herausfordern, als aus der Geschichte schon der Antike Sachverhalte bekannt sind, die einen Bezug zur Privatautonomie

dabei nicht um die Verwirklichung einer Individualität (entfalteten Persönlichkeit) handelt, aber nach wie vor ist nicht präzise bestimmt, in welcher Weise die Individuen durch die spezifische Art der Gesellschaft geprägt werden. Mehr noch: Trotz der verschiedenen Hinweise auf die gesellschaftliche Bestimmtheit der Individuen und ihrer Privatinteressen scheint allein deren Existenz auf den ersten Blick konträr zur Marx'schen Aussage der bürgerlichen Gesellschaft als einer Klassengesellschaft mit dem Kapitalverhältnis als ihrem Zentrum zu stehen. Zu bestimmen bleibt also, in welcher Weise und aus welchen Gründen die Individuen Klassen konstituieren und wie sich ihre Einbezogenheit in die Sphäre der 'Ökonomie' im einzelnen darstellt. Wenn das Kapitalverhältnis die Grundlage des gesellschaftlichen Prozesses bildet, dann ist zu zeigen, wie es auch die wesentliche Voraussetzung für das Handeln der Individuen bildet (ohne dieses damit bis ins letzte zu determinieren, wie man bis heute nicht überdrüssig wird, Marx zu unterstellen). Es liegt nahe, einen solchen Versuch mit der Klärung des Begriffs 'Ökonomie' zu beginnen, handelt diese doch nach Engels

> „... nicht von Dingen, sondern von Verhältnissen zwischen Personen und in letzter Instanz zwischen Klassen; diese Verhältnisse sind aber stets an Dinge gebunden und erscheinen als Dinge" (Engels 1971: 476).

II. Kapitalverhältnis und Klassenbildung

Für jede historische Form gesellschaftlichen Lebens gilt, *daß* die Mittel für dieses Leben und seine Reproduktion (Regeneration) hergestellt werden müssen, *daß* also den Notwendigkeiten der Bedürfnisbefriedigung entsprechende Produkte vorhanden und dazu entsprechende Massen an Gesamtarbeit verausgabt werden. In Frage steht, *wie* diese Produktion und Reproduktion der Mittel und der Form des Lebens in der bürgerlichen Gesellschaft erfolgt und in welcher Weise hierin Klassenverhältnisse eingeschlossen sind.[5] Greifen wir zur Verdeutlichung kurz auf frühe Formen gemeinwirtschaftlicher Produktion zurück, auf Formen, die

---

des Individuums nahelegen (etwa auf dem Gebiet des Rechts); es handelt sich hierbei allerdings nur um einzelne Momente, deren volle Entfaltung durch die Begrenztheit der Produktionsweise und das Fehlen einer sanktionsfähigen öffentlichen Instanz verhindert wurde; vgl. Müller (1975). Zu den theoriegeschichtlichen Implikationen vgl. Macpherson (1973); Neuendorff (1973); Massing/Reichel (1977).

5 Die Ausführungen dieses Abschnitts halten sich eng an den Argumentationsgang im 'Kapital' und in den 'Grundrissen' von Marx – sie können und sollen deren Lektüre nicht ersetzen. Ich stütze mich dabei auf Diskussionen mit Johannes Gröll und einen grundlegenden, m.W. nicht veröffentlichten Text von ihm (Gröll 1977: 5ff).

in einer Art naturwüchsigen Gemeinschaft beruhen (Gemeineigentum in der frühen Dorfwirtschaft): „1. Die Produktion ist gemeinschaftlich; es gibt keine von dem Gemeinwesen unabhängigen, 'privaten' Produzenten. 2. Die Verteilung der Arbeiten und Produkte geht direkt aus der Organisation des Gemeinwesens hervor; jede besondere Arbeit ist unmittelbar eine Funktion des gesellschaftlichen Organismus. 3. Die Arbeitsprodukte gehen unmittelbar, ohne weitere gesellschaftliche Vermittlungsakte ... in den gemeinschaftlichen Funktionskreislauf zum Verbrauch zurück. (...) 4. Folglich sind alle einzelnen Arbeiten für jedermann durchsichtige Funktionen der Gesamtarbeit; jedes Glied des gesellschaftlichen Organismus ist *unmittelbar* gesellschaftlich bestimmt" (Gröll 1977: 5 f).

Der Unterschied zur heutigen Form gesellschaftlichen Lebens ist augenscheinlich, denn statt einer unmittelbaren Bindung des individuellen Handelns an das der Gemeinschaft springt in den modernen Gesellschaften eine über den Markt vermittelte Form der Vergesellschaftung ins Auge; die Produktion und Reproduktion gesellschaftlichen Lebens in der bürgerlichen Gesellschaft setzt sich über die Aktion der unabhängigen Individuen, aber auch irgendwie losgelöst von ihnen durch (man denke an die *invisible hand* bei A. Smith). In den Bahnen einer fortgeschrittenen Arbeitsteilung stellen die Produzenten getrennt voneinander ihre verschiedenen Produkte her, deren gesellschaftlicher Charakter – ihre Eigenschaft, Produkt für andere, für diese von Nutzen zu sein –, sich erst im Nachhinein, im Austausch und letztendlich in der Konsumtion herausstellt.

Eine widersprüchliche Konstellation:

„Die Arbeiten erfolgen vereinzelt, voneinander unabhängig (= privat), als Privatarbeit;	und sie müssen sich zugleich als integrale Teile der gesellschaftlichen Gesamtarbeit erweisen, ja, in Gestalt des Arbeitsprodukts gesellschaftlich *sein*.
Die Arbeiten (Tätigkeiten) – sind stofflich verschieden (konkrete, je spezifische nützliche Arbeit);	Und doch gelten sie in ihrer gesellschaftlichen Eigenschaft, Bildner von Wert zu sein, als unterschiedlos gleich (abstrakt menschliche Arbeit).

Die Arbeitsprodukte haben je verschiedene stoffliche Eigenschaften von bestimmter Nützlichkeit (Gebrauchswert);
als in gleicher Tauschbeziehung stehende (als Tauschwerte) haben sie keine andere Eigenschaft als die, Vergegenständlichung allgemeiner gesellschaftlicher Arbeit, 'Wert' zu sein" (Gröll 1977: 8).

Die Frage ist nun, wie die besondere Arbeit voneinander unabhängiger Privatproduzenten den Charakter der Allgemeinheit erhält, damit die Privatarbeit tatsächlich als Teil der gesellschaftlichen Gesamtarbeit in Erscheinung tritt, allgemeine, gesellschaftlich gültige Wertform wird. Marx erläutert den Zusammenhang des Verhältnisses zwischen den Privatproduzenten, der als Verhältnis zwischen ihren Produkten, ihren Waren erscheint, in aller Klarheit im ersten Abschnitt des 'Kapitals', auf das ich hier erneut verweise. Zusammengefaßt:

> „Die Arbeit, auf Grundlage des Tauschwerts, setzt eben voraus, daß weder die Arbeit des Einzelnen noch sein Produkt unmittelbar allgemein ist; daß es diese Form erst durch eine gegenständliche Vermittlung erlangt, durch ein von ihm verschiedenes Geld" (Marx 1974: 89). Das heißt: „Die Gleichheit der menschlichen Arbeiten erhält die sachliche Form der gleichen Wertegenständlichkeit der Arbeitsprodukte, das Maß der Verausgabung menschlicher Arbeitskraft durch ihre Zeitdauer erhält die Form der Wertgröße der Arbeitsprodukte, endlich die Verhältnisse der Produzenten, worin jene gesellschaftliche Bestimmungen ihrer Arbeiten betätigt werden, erhalten die Form eines gesellschaftlichen Verhältnisses der Arbeitsprodukte" (Marx 1969a: 86).

Der in der Ware enthaltene Gegensatz von Gebrauchswert und Wert, dem die Spaltung der Arbeit in eine konkrete und abstrakte 'Seite' entspricht, findet seine widersprüchliche Lösungsform im Wertverhältnis der Waren, das sich im Austausch zeigt und im Geld sein Medium findet (allgemeines Äquivalent für jedwede Ware). Die Warenbesitzer treten zwar als Austauschende in gesellschaftlichen Kontakt miteinander, aber da sie weder Teil eines 'naturwüchsigen' Gemeinwesens sind, noch als bewußt Gesellschaftliche die Produktion von vornherein auf gesellschaftlichem Niveau planen, tendiert diese dahin, sich zu verselbständigen, als Sachliches ihnen gegenüberzutreten. Die Wertform birgt in sich die Möglichkeit einer Verkehrung von Subjekt und Objekt, in welcher nicht mehr die Menschen selbst Subjekt der Geschichte sind, sondern diese ihnen entgegentritt als über sie herrschende (als Ereignis), reguliert durch den Wert.

> „Da die Produzenten erst in gesellschaftlichen Kontakt treten durch den Austausch ihrer Arbeitsprodukte, erscheinen auch die spezifisch gesellschaftlichen Charaktere ihrer Arbeiten erst innerhalb dieses Austausches. Oder die Privatarbeiten betätigen sich in der Tat erst als Glieder der gesellschaftlichen Gesamtarbeit durch die Beziehungen, worin der Austausch die Arbeitsprodukte und vermittelst derselben die Produzenten versetzt. Den letzteren erscheinen daher die gesellschaftlichen Beziehungen ihrer Privatarbeiten als das, was sie sind, d.h. nicht als unmittelbar gesellschaftliche Verhältnisse der Personen in ihren Arbeiten selbst, sondern vielmehr als sachliche Verhältnisse der Personen und gesellschaftliche Verhältnisse der Sachen" (Marx 1969a: 87).

Wir finden hier – allerdings in unterschiedlichem Argumentationskontext – nichts anderes wieder als die oben mehrfach angesprochene Ebene des freien

Handelns der Individuen als eines *Momentes* der gesellschaftlichen Verhältnisse, das in der Schichtungstheorie letztlich fürs Ganze genommen wird. Dieser Aspekt der Warenform wird von Marx hervorgehoben:

> „Um diese Dinge (die Produkte, d.V.) als Waren aufeinander zu beziehn, müssen die Warenhüter sich zueinander als Personen verhalten, deren Willen in jenen Dingen haust, so daß der eine nur mit dem Willen des andren, also jeder nur vermittelst eines, beiden gemeinsamen Willensakts sich die fremde Ware aneignet, indem er die eigne veräußert. Sie müssen sich daher wechselseitig als Privateigentümer anerkennen. Dies Rechtsverhältnis, dessen Form der Vertrag ist, ob nun legal entwickelt oder nicht, ist ein Willensverhältnis, worin sich das ökonomische Verhältnis widerspiegelt. Der Inhalt dieses Rechts- oder Willensverhältnisses ist durch das ökonomische Verhältnis selbst gegeben“ (Marx 1969 a: 99).

Insofern scheinen die bisherigen Überlegungen kaum weiter gediehen als zu Ende des vorigen Abschnitts, der ebenfalls mit dem Verweis auf die Ökonomie, jetzt genauer: das ökonomische Verhältnis schloß; Freiheit, Gleichheit und Eigentumsrecht der unabhängigen Warenbesitzer (Privateigentümer) sind die willensmäßigen Ausdrücke, in denen ihre durch den Warenaustausch vermittelte gegenseitige Abhängigkeit verläuft (Schematisch: Ware-Geld-Ware: W-G-W).

Eine Erweiterung bietet sich beim Blick auf die Art des Privateigentums der jeweils Austauschenden an; denn ohne große Mühe ist erkennbar, daß die Ware der überwiegenden Mehrheit der Bevölkerung, die sie am Austauschprozeß teilhaben läßt, in nichts anderem besteht als ihrer eigenen Arbeitskraft; diese bietet sie zum Tausch gegen Geld für die Bestreitung ihres Lebensunterhalts (Lohn) an, während der Tauschpartner eben dieses Geld besitzt und als Äquivalent gegen die Arbeitskraft anbietet. (Es ist an dieser Stelle ohne Belang, wie groß die jeweiligen Bevölkerungsteile angesetzt werden und in welcher Gestalt die Geldbesitzer beteiligt sind: Produktionsmittelbesitzer, Aktionäre etc.; gleichfalls, daß innerhalb der Besitzer der Ware Arbeitskraft zu differenzieren ist – hierzu unten.) Dem gesunden Menschenverstand ist gleichfalls bekannt, daß der die beiden Tauschpartner verbindende Produktionsprozeß neuer Waren keineswegs einem Selbstzweck dient, sondern den Zweck hat, aus dem vorhandenen Geld mehr Geld zu machen. Formal stellt sich der Prozeß nunmehr dar als: G-W-G', wobei G' den Geldzuwachs anzeigt. Die Frage ist, wie dieser Vermehrungsprozeß vonstatten geht und in welcher Weise die Tauschpartner an ihm beteiligt sind, wobei vorausgesetzt wird, daß nicht die „... Natur ... auf der einen Seite Geld- oder Warenbesitzer“ produziert, „und auf der anderen bloße Besitzer der eigenen Arbeitskraft“ (Marx 1969 a: 183). Die Wertveränderung kann nicht aus dem Austauschakt selbst erfolgen, da dieser auf der Gleichheit der Tauschpartner basiert, ein Tausch von Äquivalenten; der Geldbesitzer zahlt dem Besitzer der Ware Arbeitskraft deren Wert, der wie bei allen Waren durch die zu ihrer Produktion gesellschaftlich notwendige Arbeitszeit bestimmt wird. Auch der Wiederverkauf der im Produktionsakt erzeugten neuen Waren verändert nicht deren Wert. Die Veränderung muß sich also ergeben aus der Ware Arbeitskraft, aber nicht aus ihrem im ersten Zirkulationsakt interessierenden Wert, sondern aus ihrem Gebrauchswert, d.h. aus ihrem Gebrauch in der Produktion selbst. „Um aus dem Verbrauch einer Ware Wert herauszuziehen, müßte unser Geldbesitzer so glücklich sein, innerhalb der Zirkulationssphäre, auf dem Markt, eine Ware zu entdecken, deren Gebrauchswert selbst die eigentümliche Beschaffenheit besäße, Quelle von Wert zu sein, deren wirklicher Verbrauch also selbst Vergegenständlichung von Arbeit wäre, daher Wertschöpfung“ (Marx 1969 a: 181).

Diese Ware kann nur die Arbeitskraft sein, der ein doppelter Stellenwert zukommt (in Produktion und Zirkulation); der Prozeß G-W-G' ist zu differenzieren:

$G - W < \genfrac{}{}{0pt}{}{A}{p_m}$	$\dots P \dots$	$W' - G'$
Zirkulation	Produktion	Zirkulation
I	II	III

Die Wertveränderung kann nur in II vonstatten gehen, da nur Arbeit Quelle von neuem Wert ist, sie im Produktionsakt nicht nur den Wert der Produktionsmittel und der Arbeitskraft zu ersetzen und auf die neue Ware zu übertragen hat, sondern mehr Wert als anfangs vorhanden schaffen muß. Dies kann geschehen aufgrund des Doppelcharakters der Arbeit: Ist der Wert der Arbeitskraft des Arbeiters bestimmt durch das zu ihrer Reproduktion gesellschaftlich notwendige Äquivalent, so besteht ihr Gebrauchswert darin, einen Überschuß über diesen Wert hinaus zu schaffen, also mehr Wert zu schaffen als sie selbst wert ist. Die Nutzung dieses Gebrauchswerts und die Aneignung seines Resultats sind Privatsache des Käufers der Arbeitskraft; nachdem der ‘Privateigentümer’ der Arbeitskraft in der Zirkulation ein Äquivalent für deren Wert ausgehandelt und erhalten hat, ist ihr Gebrauchswert wie bei jeder anderen Ware auf ihren Käufer, den Geldbesitzer, übergegangen. Das Verhältnis von Geldbesitzer und Besitzer der Ware Arbeitskraft – Zirkulation – hat sich damit als in der Produktion zusammenlaufendes und durch die Schaffung von Mehrwert gekennzeichnetes Verhältnis von Kapitalisten und Lohnarbeitern entpuppt – das für die bürgerliche Gesellschaft grundlegende Klassenverhältnis. Die Zirkulation verdeckt diesen Zusammenhang und ist sein unabdingbarer Teil zugleich; der auf Freiheit, Gleichheit und

Eigentum der Warenbesitzer gründende Austauschprozeß leitet den Produktionsprozeß jeweils ein und läßt diesen als einen tatsächlich nur noch sachlichen Akt erscheinen – die 'Ökonomie', eine allen Produktionsweisen gleiche Auseinandersetzung des Menschen mit der Natur. Die doppelte Freiheit des Besitzers der Ware Arbeitskraft, frei von Produktionsmitteln und frei, d.h. bei Strafe des persönlichen Untergangs gezwungen, seine Arbeitskraft zum Tausch anzubieten, gerät einem solchen auf die Oberfläche fixierten Blick gleichermaßen zu einer überhistorischen 'Tatsache'. Ausgeblendet werden in solcher Betrachtungsweise die realen geschichtlichen Voraussetzungen des gesellschaftlichen Lebensprozesses: die Existenz einer Klasse 'freier' Arbeiter, der Inhalt des gesellschaftlichen Verkehrs der Individuen/Privateigentümer und d.h. die Spezifik der Produktion als über die einfache Warenzirkulation hinausgehende Produktion von Mehrwert. Deren Konsequenzen lassen sich demgegenüber zusammenfassen: „Der in der Ware enthaltene Widerspruch von Privatarbeit und über den Austausch gesellschaftlich vermittelter Arbeit, von konkreter, Gebrauchswerte schaffender und abstrakter, wertschaffender Arbeit, von Gebrauchswert und Wert, zeigt sich in seiner entwickelten Form, der Kapitalform, als widersprüchliche Einheit von Arbeits- und Verwertungsprozeß mit der Konsequenz, daß den Wert zu verwerten, Kapital zu produzieren, der bestimmende Zweck der konkreten, nützlichen Arbeit ist" (Gröll 1977: 30).

Das solcherart bestimmte Kapitalverhältnis als ein über gegenständliche Bedingungen vermitteltes Klassenverhältnis enthält weitreichende Auswirkungen für die in der Produktion tätigen Lohnarbeiter wie für die kapitalistische Gesellschaft insgesamt:

- die Unterordnung des Gebrauchswerts unter den Wert: die Produktion von Mehrwert ist der Befriedigung von Bedürfnissen vor- und übergeordnet und bestimmt diese,
- die Unterordnung der lebendigen Arbeit, des Arbeiters selbst, unter die vergegenständlichte Arbeit, das Kapital; der Arbeiter wird Anhängsel der Maschinerie, die in ihrer kapitalistischen Bestimmtheit als Mittel zur erweiterten Mehrwertproduktion wirkt (relativer Mehrwert). Während beim absoluten Mehrwert bei gegebener Arbeitszeit, die notwendig ist, den Wert der Arbeitskraft zu reproduzieren, eine Steigerung des Mehrwerts nur möglich ist durch eine absolute Verlängerung der Arbeitszeit, findet beim relativen Mehrwert bei gegebener Arbeitszeit eine Senkung der Zeit statt, die erforderlich ist, den Wert der Arbeitskraft zu reproduzieren; dadurch wird die Mehrarbeitszeit vergrößert. Hierzu erforderlich ist die forcierte Umwälzung der technischen Bedingungen der Produktion (vgl. Marx 1969a: 331ff; 1974: 582ff),

– die Verselbständigung der Kapitalbewegung gegenüber Menschen und Natur als Selbstzweck: 'mehrwertheckender Wert', der in der maßlosen Anhäufung abstrakten Reichtums dahin tendiert, sich alle Bereiche unterzuordnen und Menschen wie Natur zu Mitteln dieses Zwecks zu machen, „Das von Menschen (den eigentlichen Subjekten) Geschaffene und immer erneut zu Schaffende (das Objekt) wird zum 'automatischen Subjekt', sich selbst bewegenden Beweger, wodurch der gesellschaftliche Prozeß *im Kern* bestimmt wird" (Gröll 1977: 31).

Auf die Auswirkungen des Kapitalverhältnisses auf die verschiedenen gesellschaftlichen Lebensbereiche (individuelle Reproduktion: Familie, Ausbildung, Einkommenssituation etc.) wird in den anderen Beiträgen dieses Bandes näher eingegangen.

In Hinblick auf die an dieser Stelle im Vordergrund stehende Klassenstruktur ist zumindest kurz darauf einzugehen, daß der bisher behandelte Produktionsprozeß, in seiner Kontinuität betrachtet, immer zugleich Reproduktionsprozeß des Kapitals ist (G – W A_m ... P ... W' – G' als ständige Wiederholung), woraus eine weitere Differenzierung der Lage der Lohnarbeiter folgt. Denn die bisher ausschließlich als irgendwie vorhandene Voraussetzung behandelte Existenz der Lohnarbeiter wird durch die Kontinuität des Produktionsprozesses zugleich Resultat. Der Lohnarbeiter verläßt den Prozeß stets wieder als „bedürftiges Individuum" (Marx), gehalten, in ihn erneut als Voraussetzung einzugehen, um seine individuelle Reproduktion zu sichern. „Der kapitalistische Produktionsprozeß, im Zusammenhang betrachtet, oder als Reproduktionsprozeß, produziert also nicht nur Ware, nicht nur Mehrwert, er produziert und reproduziert das Kapitalverhältnis selbst, auf der einen Seite den Kapitalisten, auf der andren den Lohnarbeiter" (Marx 1969a: 604).

Das gilt um so mehr bei Produktion auf erweiterter Stufenleiter – dem typischen Verhältnis –, bei welcher der erzielte Gewinn nicht verbraucht wird (wie im obigen Beispiel), sondern zum Teil wieder in die Produktion eingeht, wodurch eine Erweiterung der Produktionsvoraussetzungen (Produktionsmittel, Arbeitskräfte) möglich wird, welche wiederum eine erhöhte Mehrwertproduktion zuläßt usw. usf. usf. Der anfänglich als Austausch von Äquivalenten erscheinende Zirkulationsprozeß erweist sich hiermit als Schein der Oberfläche: „Ursprünglich erschien uns das Eigentumsrecht gegründet auf eigne Arbeit. Wenigstens mußte diese Annahme gelten, da sich nur gleichberechtigte Warenbesitzer gegenüberstehn, das Mittel zur Aneignung fremder Ware aber nur die Veräußerung der eignen Ware, und letztere nur durch Arbeit herstellbar ist. Eigentum erscheint jetzt auf Seite des Kapitalisten als das Recht, fremde unbezahlte Arbeit oder ihr

Produkt, auf Seite des Arbeiters als Unmöglichkeit, sich sein eignes Produkt anzueignen. Die Scheidung zwischen Eigentum und Arbeit wird zur notwendigen Konsequenz eines Gesetzes, das scheinbar von ihrer Identität ausging" (Marx 1969 a: 610). Das ursprünglich vorhandene und vorgeschossene Kapital verschwindet, die Produktion in ihrer Kontinuität betrachtet, mehr und mehr gegenüber dem akkumulierten Kapital, dem in Kapital zurückverwandelten Mehrwert. Die Gesamtheit der dem Kapital im Produktionsprozeß untergeordneten Arbeiter produziert das Kapital als ihr eigenes Produkt, welches sie beherrscht (Verkehrung von Subjekt und Objekt, siehe oben).

Das springt dann ins Auge, wenn berücksichtigt wird, daß auch die individuelle Konsumtion der Arbeiter, ihre 'Privat'angelegenheit, nicht unberührt bleibt vom Kapitalverhältnis; denn betrachtet man die Kapitale in ihrer Gesamtheit (Produktions- und Konsumgüterbereich), dann ist die

> „... Arbeiterklasse, auch außerhalb des unmittelbaren Arbeitsprozesses, ebensosehr Zubehör des Kapitals als das tote Arbeitsinstrument. Selbst ihre individuelle Konsumtion ist innerhalb gewisser Grenzen nur ein Moment des Reproduktionsprozesses des Kapitals. Der Prozeß aber sorgt dafür, daß diese selbstbewußten Produktionsinstrumente nicht weglaufen, indem er ihr Produkt beständig von ihrem Pol zum Gegenpol des Kapitals entfernt. Die individuelle Konsumtion sorgt einerseits für ihre eigne Erhaltung und Reproduktion, andrerseits durch Vernichtung der Lebensmittel für ihr beständiges Wiedererscheinen auf dem Arbeitsmarkt. Der römische Sklave war durch Ketten, der Lohnarbeiter ist durch unsichtbare Fäden an seinen Eigentümer gebunden. Der Schein seiner Unabhängigkeit wird durch den beständigen Wechsel der individuellen Lohnherrn und die fictio juris des Kontrakts aufrechterhalten" (Marx 1969 a: 598 f).

Die Lohnarbeiter werden somit zwar durch den Produktions- und Reproduktionsprozeß des Kapitals insgesamt ebenfalls reproduziert, aber sie bilden keine in sich geschlossene Einheit, sondern unter bestimmten Bedingungen (Sparsamkeit und Geiz, besondere Fähigkeiten in für sie günstigen Konjunkturen etc.) ist einzelnen Lohnarbeitern auch ein Verlassen ihrer Klasse möglich. Das nicht nur in der Literatur vielstrapazierte Bild vom sozialen Aufstieg des „Tellerwäschers zum Millionär" ist aber mehr Mythos denn Realität; zudem änderte ein solcher Positionswechsel, wenn er denn doch einmal geglückt sein sollte, nichts an der hier im Vordergrund stehenden *Klassenstruktur,* sondern einzig etwas an der *Klassenposition* des betreffenden Individuums in dieser, was für dieses selbst natürlich durchaus folgenreich ist.[6] Für die im Produktionsprozeß angewendeten

---

6 Ausschließlich die Klassenposition des Einzelnen bildet als sozialer Status den Bezugspunkt der Schichtungs- und Mobilitätsanalysen. In kritischeren Mobilitätsanalysen,

Lohnarbeiter spielt es demgegenüber kaum eine Rolle, welcher *Klassenherkunft* der sie jeweils einstellende Einzelkapitalist ist, sei er ehemaliger Adliger oder ehemaliger Arbeiter, entscheidend ist die sie betreffende Stellung und Funktion, die das Verhältnis von Lohnarbeit und Kapital konstituiert und in dem die Unternehmer eine ihnen entgegengesetzte Stellung einnehmen.

Wie schon erwähnt wurde, bewirkt die für einzelne Lohnarbeiter (in begrenztem Maße) mögliche Veränderung ihrer Lage durch sozialen Aufstieg einen Schein von Unabhängigkeit, und wenn auch nur als Illusion oder Traum; die durch die Warenform gegebene Verdinglichung der gesellschaftlichen Verhältnisse wird hierdurch verstärkt. Besonderes Gewicht erhält eine solcherart der spezifischen Weise gesellschaftlichen Lebens entspringende Tendenz zur Erzeugung falschen Bewußtseins durch die Form des Lohnes, der den Arbeitern gezahlt wird; denn indem der Lohn nicht unmittelbar als Preis der Ware Arbeitskraft sichtbar ist, erscheint er den Arbeitern als Äquivalent für die Arbeit selbst, die Teilung des Arbeitstages in notwendige und Mehrarbeit, in bezahlte und unbezahlte Arbeit erscheint damit ausgelöscht.

> „Man begreift daher die entscheidende Wichtigkeit der Verwandlung von Wert und Preis der Arbeitskraft in die Form des Arbeitslohns oder in Wert und Preis der Arbeit selbst. Auf dieser Erscheinungsform, die das wirkliche Verhältnis unsichtbar macht und grade sein Gegenteil zeigt, beruhn alle Rechtsvorstellungen des Arbeiters wie des Kapitalisten, alle Mystifikationen der kapitalistischen Produktionsweise, alle ihre Freiheitsillusionen, alle apologetischen Flausen der Vulgärökonomie" (Marx 1969 a: 562).

Diese Mystifikationen sind auf die Spitze getrieben in der von Marx so bezeichneten „trinitarischen Formel": nach ihr erscheint in der Gleichrangigkeit der Einkommensquellen (Revenuequellen) Arbeit, Boden und Kapital die kapitalistische Formbestimmtheit von Produktion und Reproduktion der gesellschaftlichen Verhältnisse als eine solche von Gesellschaft schlechthin; denn es scheint so, als wenn die unterschiedlichen Einkommensarten aus diesen Quellen selbst entspringen und nicht transformierte Wertteile des in der Produktion geschaffenen Werts sind. Die gesellschaftsspezifische Produktion und Reproduktion werden hiernach nur mehr als Auseinandersetzung mit der Natur wahrgenommen (vgl. Marx 1969 c: 822ff).

---

die auf der Grundlage klassentheoretischer Bestimmungen sicherlich verschiedene Aspekte des hier interessierenden Zusammenhangs vertiefen helfen können, wird allerdings ebenfalls festgestellt, daß von einer 'Klassenmobilität' in der bürgerlichen Gesellschaft und ihrer historischen Entwicklung kaum die Rede sein kann. Vgl. die Zusammenfassung bei Kaelble (1978: 40ff), Kleining (1975) Geißler (2002).

Überlagert werden die hiermit ausschließlich benannten bewußtseinsförmigen Verkehrungen durch die historische Bewegung des Kapitals mit ökonomischen und politischen Krisen als ihren Begleiterscheinungen und Kulminationspunkten, die nachdrückliche Auswirkungen auf die Lage und das Bewußtsein der Arbeiter haben. Aus dem in der Konkurrenz der Einzelkapitale erscheinenden Zwang und Drang des Kapitals, möglichst viel an Mehrarbeit aus den Lohnarbeitern herauszupressen, was eine ständige Umwandlung der technischen Bestandteile des Produktionsprozesses impliziert (Erweiterung der Maschinerie, Automatisierung, relative Verminderung der lebendigen gegenüber der vergegenständlichten Arbeit, des variablen gegenüber dem konstanten, in Produktionsmitteln angelegten Kapitals), und aus der Suche nach immer neuen profitableren Anlagemöglichkeiten folgen für die Lohnarbeiter nicht nur Erhöhung der Arbeitsbelastung, der oft vorzeitige Verschleiß ihrer Arbeitskraft und eine fortwährende Umschichtung innerhalb und zwischen den einzelnen Produktionssphären (Braverman 1977). Schwergewichtiger noch ist die dem Krisenzyklus des Kapitals folgende, periodisch hervorbrechende Arbeitslosigkeit großer Teile der ArbeiterInnenschaft.

Damit stellt sich die Frage, ob die bisher betonten Verschleierungsmomente des Kapitalverhältnisses, denen die Lohnarbeiter praktisch ausgesetzt sind und die auf ihr Bewußtsein einwirken, durch die angedeuteten Auswirkungen berührt und möglicherweise teilweise aufgebrochen werden können (siehe unten). Daß hierbei auch die aufgrund der beschriebenen Tendenzen des Kapitals notwendigen organisierten Abwehrmaßnahmen der LohnarbeiterInnen eine wichtige Rolle spielen können und worin diese besteht, wird später im einzelnen zu erörtern sein, wie ja in allen folgenden Beiträgen Konkretisierungen des hier vorwiegend von seiner strukturellen Bestimmtheit her aufgenommenen Kapitalverhältnisses zu finden sein werden.

III. Die Klassenstruktur kapitalistischer Gesellschaften

Aus den Ausführungen zur kapitalistischen Formbestimmtheit des Produktionsprozesses könnte möglicherweise der Eindruck entstehen, die Klassenstruktur bestünde lediglich aus den sich antagonistisch gegenüberstehenden Klassen von Arbeitern und Kapitalisten – die Assoziation zu der in vulgärmarxistischen Kreisen vielverwendeten Worthülse vom 'Grundwiderspruch' der kapitalistischen Gesellschaft liegt nahe. Und tatsächlich findet sich auch bei Marx eine vielzitierte und heftig umstrittene Aussage in diesem Sinne im 'Kommunistischen Manifest':

> „Unsere Epoche, die Epoche der Bourgeoisie, zeichnet sich ... dadurch aus, daß sie die Klassengegensätze vereinfacht hat. Die ganze Gesellschaft spaltet sich mehr und mehr in zwei große feindliche Lager, in zwei große, einander direkt gegenüberstehende Klassen: Bourgeoisie und Proletariat" (Marx/Engels 1972: 463).

Sollte das die „reiche Totalität von vielen Bestimmungen und Beziehungen" sein, als welche eine zu Anfang wiedergegebene Marxsche Aussage das Ergebnis einer politisch-ökonomischen Betrachtungsweise der Bevölkerung bezeichnete? – eine rhetorische Frage, wie man leicht erkennt; aber doch eine Frage, die auf die erforderliche weitergehende Erfassung des gesellschaftlichen Lebens verweist, da schon der Augenschein weitere Gruppierungen anzeigt: Welche Stellung nehmen die Angestellten ein, was ist mit den kleinen Warenproduzenten (Handwerkern), den Bauern oder den Kleinhändlern und welche Stellung nehmen die seit Beginn des 20. Jahrhunderts zahlenmäßig stark zunehmenden Staatsbediensteten ein? Eine umstandslose und eindeutige Zuordnung zu einem der beiden Pole 'Lohnarbeit-Kapital' zumindest erscheint nicht möglich.

Nun muß man sicherlich berücksichtigen, daß eine genaue Auslegung des umstrittenen Manifest-Satzes (ich erinnere an das Schelsky-Verdikt) den Kontext und den Stellenwert des Textes als einer ausgesprochenen Propagandaschrift zu berücksichtigen hätte; zudem wäre es in bezug auf die in Frage stehenden Gruppierungen ein Leichtes, aus verschiedenen zeitgeschichtlichen Schriften von Marx sie betreffende Äußerungen zusammenzutragen, die im Kontrast zur Manifest-Aussage stehen (vgl. z.B. Marx 1973: 111ff; 1976: 313ff).

Es wäre eine sinnvolle Aufgabe, diese miteinander zu vergleichen, sie auf die ihnen zugrunde liegenden konkret-historischen gesellschaftlichen Bedingungen zurückzubeziehen und unter Einbeziehung der Entwicklung der Marxschen Theorie und der dabei auftretenden Veränderungen und Brüche zu untersuchen.[7] Ein solcher Nachvollzug ist an dieser Stelle selbstverständlich nicht möglich; denn es ist daran zu erinnern, daß es hier nicht um die detailgetreue Nachzeichnung Marxscher Aussagen zur Klassenbestimmung und um die Geschichte der Klassenentwicklung vor und innerhalb der kapitalistischen Gesellschaft geht, sondern um die Klassenstruktur in dieser. Es wurde gleichzeitig behauptet, daß eine solche Klassenbestimmung für die kapitalistische Gesellschaft, ihrer allgemeinen Form nach, ihre Grundlage im Kapitalbegriff findet; daran ist festzuhalten, wenn im

7 Im Fehlen dieses Zusammenhangs besteht die Schwäche der lesenswerten Kritik von Stuke (1976); siehe auch die Hinweise von Becker (1985, 2010), Elster (1985), Cottrell (1984) und Bourdieu (1985).

folgenden zumindest mit einigen Hinweisen auf die angeschnittenen Fragen eingegangen wird (vgl. Projekt Klassenanalyse 1973; Mauke 1970).

Als erstes ist der oben verwendete Begriff der Lohnarbeiter, der 'Eigentümer ihrer Arbeitskraft' also, genauer zu fassen. Denn zählen hierzu nicht fast alle Mitglieder der bürgerlichen Gesellschaft, der Fabrikarbeiter wie der beamtete Lehrer, der Butler des Großindustriellen wie der hochbezahlte Manager? Sind sie nicht alle gezwungen, ihre Arbeitskraft anzubieten und gegen Geld zu tauschen? Sollten sie deshalb alle zur Arbeiterklasse gehören? – Diese Vorstellung von der *einen,* fast die gesamte Gesellschaft umfassenden Arbeiterklasse ist durchaus anzutreffen, ebenso wie die Meinung zu finden ist, der Klassengegensatz ergebe sich aus dem Unterschied von 'arm' und 'reich'. Beide Vorstellungen beziehen sich zwar auf sichtbare Phänomene, aber sie gehen ebenso gemeinsam am oben dargestellten Charakter des Kapitalverhältnisses vorbei, in das die Arbeitskräfte einbezogen sind (oder nicht). Wird also berücksichtigt, daß nicht einfach das Kriterium des Eigentums oder Nicht-Eigentums an Produktionsmitteln für die kapitalistische Lohnarbeit bestimmend ist, sondern die Stellung zum Kapital und seinem Kreislauf, dann ergibt sich eine erste Differenzierung für die Bestimmung der Arbeiterklasse. All die Beschäftigten, die nicht unmittelbar einem Einzelkapital untergeordnet sind, zählen nicht zur Lohnarbeiterklasse, auch wenn sie keine Produktionsmittel besitzen.

Innerhalb der Lohnarbeiter des Kapitals wiederum ist zu unterscheiden zwischen produktiven und unproduktiven Arbeitern, eine Differenzierung, die auf die ökonomische Formbestimmtheit der Arbeit der jeweiligen Personengruppe verweist. Produktive Arbeit ist dabei solche, die Mehrwert für den Kapitaleigner produziert und damit ihr eigenes Produkt sich selbst gegenüber als Kapital produziert. Der im zweiten Abschnitt verwendete Begriff der Lohnarbeiter meint im strengen Sinne die produktiven Arbeiter: „Es ist also nicht einfach Austausch *vergegenständlichter* Arbeit gegen *lebendige* ..., welcher Kapital und daher Lohnarbeit konstituiert, sondern Austausch vergegenständlichter Arbeit als *Wertes,* an sich haltenden Wertes, gegen lebendige als *ihren* Gebrauchswert, als Gebrauchswert nicht zu einem bestimmten, besondren Gebrauch oder Konsum, sondern als Gebrauchswert für den *Wert*" (Marx 1974: 372).

Als vereinfachtes Beispiel: a) Ein Gärtner ist bei einem Bankier angestellt, um den Garten seiner Villa in Münster instand zu halten; hierfür bekommt er Geld, Lohn. Dieser Gärtner leistet unproduktive Arbeit; denn das vom Bankier ausgelegte Geld wird durch die Tätigkeit des Gärtners nicht zu mehr Geld, sondern es wandert ausschließlich in dessen Taschen und stellt für den Bankier einen unproduktiven Kostenbetrag dar. b) Dem gleichen Gärtner ist gekündigt worden und er hat eine neue Anstellung in einer großen Gärtnerei gefunden, in der er als einer unter vielen Arbeitskräften seine Tätigkeit verrichtet: Produktion von Blumen, die vom Besitzer der Gärtnerei auf dem Warenmarkt verkauft werden. Der von ihm verauslagte Lohn verursacht ihm zwar auch Kosten (Wert/Preis der Ware Arbeitskraft), aber diese werden vom angestellten Gärtner selbst produziert und darüber hinaus (d.h. über die notwendige Arbeit zur Reproduktion des Werts der Arbeitskraft) wird Mehrarbeit geleistet, die im Gewinn des Gärtner-Unternehmers resultiert. Dieser Gärtner leistet produktive Arbeit, da die von ihm produzierten Waren vom Gärtnereibesitzer auf dem Warenmarkt mit einem Gewinn verkauft werden können.

Produktive Arbeit ist also nicht identisch mit körperlicher Arbeit – die kann im obigen Beispiel gleich sein –, auch nicht mit nützlicher Arbeit – das Resultat der Gärtnerarbeit kann im Beispiel das gleiche sein: schöne Blumen – wie man vielleicht meinen könnte. Produktive Arbeit ist vielmehr diejenige Arbeit, die durch die Schaffung von Wert und Mehrwert das Kapital als sie selbst beherrschende Macht sich gegenüber produziert und die produktiven Arbeiter als seine unmittelbaren Verwertungsmittel behandelt. Innerhalb des Produktionsprozesses verwandelt sich das hergestellte Produkt aufgrund der reellen Subsumtion der Arbeit unter das Kapital (d.i. die kapitalistische Bestimmtheit auch des Arbeitsprozesses seiner technologischen Seite nach, die den Arbeiter zum Anhängsel der Maschinerie degradiert). „... aus dem unmittelbaren Produkt des 'individuellen Produzenten in ein gesellschaftliches, in das gemeinsame Produkt eines Gesamtarbeiters, d.h. eines kombinierten Arbeitspersonals, dessen Glieder der Handhabung des Arbeitsgegenstandes näher oder ferner stehen. Mit dem kooperativen Charakter des Arbeitsprozesses selbst erweitert sich daher notwendig der Begriff der produktiven Arbeit und ihres Trägers, des produktiven Arbeiters. Um produktiv zu arbeiten, ist es nun nicht mehr nötig, selbst Hand anzulegen; es genügt, Organ des Gesamtarbeiters zu sein, irgendeine seiner Unterfunktionen zu vollziehn“ (Marx 1969a: 531; 1969d: 60ff). Wesentlich ist hier insgesamt, daß in der Lohnform gesetzt ist, daß die produktiven Arbeiten stets erneut das Kapitalverhältnis selbst produzieren.

Die Lohnarbeiter des Kapitals umfassen noch eine zweite Gruppe, nämlich diejenigen Lohnarbeiter, die zwar ihre Arbeitskraft gegen Geld als Kapital tauschen, deren Arbeit aber nicht unmittelbar im Produktionsprozeß erfolgt, sondern diesen in der Zirkulation (Verkauf, Vertrieb) ergänzen, und die unproduktive Arbeiten leisten. Denn diese Zirkulationssphäre ist zwar eine notwendige Bedingung des Kapitals, aber in ihr werden weder Wert noch Mehrwert geschaffen, es findet ausschließlich eine Formverwandlung der Waren statt. Die Zirkulationskosten sind erforderlich zur Realisierung von Wert und Mehrwert, zu seiner Übersetzung in seine Geldform. Die hierfür anfallenden Kosten müssen aus dem Mehrprodukt aufgewendet werden und bilden, die Kapitalistenklasse als Gesamtheit betrachtet, einen Abzug von Mehrwert und Mehrprodukt. Die mit dieser Funktion betrauten Lohnarbeiter des Kapitals, also die Zirkulationsarbeiter, sind deshalb zwar für den reibungslosen Ablauf des Gesamtprozesses notwendig, aber nicht wertschaffend und d.h. unproduktiv. Dennoch sind sie mit ihrer Arbeit und durch Mehrarbeit an der Bestimmung der quantitativen Menge des auf das betreffende Einzelkapital entfallenden Anteils am Mehrwert beteiligt: Was der Zirkulationsarbeiter „... dem Kapitalisten kostet und was er ihm einbringt, sind verschiedne Größen. Er bringt ihm ein, nicht indem er direkt Mehrwert schafft, aber indem er die Kosten der Realisierung des Mehrwerts vermindern hilft, soweit er, zum Teil unbezahlte Arbeit verrichtet" (Marx 1969 c: 311; vgl. 1969 b: 150ff). Für den kommerziellen Kapitalisten, den mit der Realisierung des Mehrwerts befaßten verselbständigten Teil des Gesamtkapitals, hängt die Masse des Profits ab „von der Masse Kapital, die er in diesem Prozeß anwenden kann, und er kann um so mehr davon anwenden, im Kaufen und Verkaufen, je größer die unbezahlte Arbeit seiner Kommis" (Marx 1969 c: 305). Insofern können die kommerziellen Lohnarbeiter des Kapitals trotz des unproduktiven Charakters ihrer Arbeit als in grundlegend gleicher Lage wie die produktiven Arbeiter befindlich bezeichnet werden; zwar sind sie durch die besondere Zahlungsweise ihres Lohns (Gehalt), die für einzelne mögliche Beteiligung am Profit und die im Durchschnitt höhere Qualifikation gegenüber jenen ausgezeichnet, aber auch sie unterliegen (wenn auch durch die genannten Momente gefiltert) der Bewegung des Kapitals mit ihrer widersprüchlichen Tendenz, einerseits die notwendige Arbeit zu reduzieren und andererseits möglichst viele Arbeitskräfte auszubeuten, wodurch eine ständige Umwälzung der stofflichen Bestandteile von Produktions- und Zirkulationsprozeß erforderlich wird.

Die oft zu findende Herausstellung der Zirkulationsarbeiten als 'Angestellte' – zumal in einer speziellen Angestelltensoziologie – unterliegt in der Regel der Gefahr, den skizzierten Zusammenhang und mit ihm insgesamt die innere Differenziertheit der Lohnarbeiter des Kapitals zu unterschlagen. Indem man sich auf die in Deutschland seit 1911 bestehende besondere Sozialversicherung für Angestellte bezieht und (nicht nur) darin den Beginn einer die Zeit der Klassen und des Klassenkampfs ablösenden Epoche – sei es als Beginn der „postindustriellen" oder der „Dienstleistungsgesellschaft" (vgl. etwa Gartner/Riessman 1978; Berger/Offe 1981) – sieht, wird von vornherein die Unterordnung unter die Lohnarbeit ausgeblendet, der sich in zunehmendem Maße auch die Mehrheit der Angestellten gegenübersah und -sieht.[8] In bezug auf die Arbeiterklasse und ihre unterschiedlichen Gruppierungen bleibt demgegenüber festzuhalten: „In dem übergreifenden Begriff der Arbeiterklasse (Lohnarbeiter des Kapitals) sind all die Lohnarbeiter (Arbeiter und 'Angestellte') erfaßt, die ihre Arbeitskraft gegen Geld *in der Form von Kapital* tauschen. Zwar sind produktive und kommerzielle Lohnarbeiter als die beiden Untereinheiten der Arbeiterklasse in unterschiedlicher Weise in den Produktions- und Reproduktionsprozeß des Kapitals einbezogen, gemeinsam ist ihnen aber wesentlich, daß sie dem Kapital direkt gegenüberstehen und seiner Despotie in ihrer Arbeit selbst grundlegend unterworfen sind. Diese Gemeinsamkeit konstituiert sowohl für die produktiven wie für die kommerziellen Arbeiter des Kapitals ihre antagonistische Stellung gegenüber der Kapitalistenklasse" (Thien 1976: 184).

Die Kapitalistenklasse besteht ebenso wie die Arbeiterklasse nicht als monolithischer Block, sondern ist in sich differenziert: so ist von den bisher behandelten Einzelkapitalisten, den fungierenden Kapitalisten die Gruppe der Kapitaleigentümer zu unterscheiden. Mag der Begriff auch paradox anmuten – 'Kapital' wurde bisher als Prozeß der Mehrwertbildung verstanden –, so zeigt er doch den realen Prozeß der Bereitstellung von Geldmitteln für die Betreibung des Produktionsprozesses an, mit welchen Geldbesitzer fungierende Kapitalisten versehen. Über die Form des Zinses sind diese Geldbesitzer, als potentielle Kapitaleigentümer, anteilig an der Mehrwertproduktion beteiligt. „Mit Verallgemeinerung der Aktiengesellschaften und des Bankwesens verwandelt sich tendenziell der fungierende Kapitalist in einen bloßen Dirigenten, in einen Verwalter fremden Kapitals auf der einen Seite, während auf der anderen Seite der Kapitalist zu einem bloßen Eigentümer, Geldkapitalisten wird" (Projekt Klassenanalyse 1973: 185). Verstärkt wird diese Tendenz durch die insgesamt für die kapitalistische Entwicklung charakteristische Konzentration und Zentralisation des Kapitals, durch die immer größere Produktionseinheiten entstehen. Auch die Kapitalistenklasse ist also keine homogene Einheit; neben der Differenzierung in fungierende und Geldkapitalisten ist auch noch die zwischen industriellem und kommerziellem Kapital zu erwähnen und auf die jeweiligen Besonderheiten der einzelnen Branchen

---

8 Vgl. hierzu Kocka (1981), Mangold (1981) und insbesondere die grundlegenden Untersuchungen von Kadritzke (1976: 13ff, 84ff und 1982); wichtig das Aufgreifen dieser Argumentation für Angestellte in der DDR durch Hürtgen (2009).

hinzuweisen.[9] Daß zwischen diesen 'Kapitalfraktionen' keineswegs immer ein einheitliches Interesse bei der Erreichung des höchstmöglichen Profits besteht, der durch die jeweilige Anlagesphäre, die Größe des jeweiligen Kapitals und die Stellung auf dem Weltmarkt mitbestimmt wird, kann hier nur angemerkt werden; für die Analyse des politischen Geschehens ist dieser Zusammenhang unbedingt zu beachten, wie nicht zuletzt der Rückblick auf die nationalsozialistische Machtergreifung in Deutschland und die Beteiligung von Kapitalgruppierungen zeigen kann (vgl. Sohn-Rethel 1973: 531; Abraham 1981; Hoffmann 2009). Auf die Stellung der Grundeigentümer sei hier gleichfalls nur verwiesen (vgl. Projekt Klassenanalyse 1973: 181ff; siehe aber auch die Kritik von Kostede 1976: 123 ff; zur Besonderheit der Bauern Poppinga 1975).

Die bisherige Aufschlüsselung der der Bevölkerung eines kapitalistischen Landes zugrunde liegenden Klassenstruktur erbrachte das allgemeine Ergebnis des sachlich vermittelten strukturellen Gegensatzes von Lohnarbeiter- und Kapitalistenklasse, die in sich wiederum zu beachtende Differenzierungen aufweisen; kommen wir nun zu den anderen in Frage stehenden Bevölkerungsgruppen. Das Projekt Klassenanalyse, dessen Bestimmungen ich hier vorerst folge, faßt diese Gruppierungen unter der Kategorie „Dritte Personenrubriken oder Zwischen- und Mittelklassen“ (1973: 269ff) zusammen, worunter die Kleinbürger (Handwerker, Kleinhandel), die noch nicht der Trennung von Eigentum und Lohnarbeit unterliegen, und die dienstleistenden Lohnarbeiter, die zwar ihre Arbeitskraft verkaufen, aber nicht an ein Einzelkapital, subsumiert werden; letztere beinhalten Beamte, Beschäftigte im Staatsdienst (außer denjenigen, die in vom Staat getragenen, Kapital verwertenden Produktionsbetrieben eingesetzt und damit Teil der Arbeiterklasse sind) und persönliche Bedienstete. Während das Kleinbürgertum als 'alte Mittelklasse', als Überrest der feudalistischen Gesellschaft bezeichnet wird, gelten die dienstleistenden Lohnarbeiter als 'neue Mittelklasse', also als Resultat der inneren Strukturgesetzmäßigkeit der kapitalistischen Gesellschaft, das in historisch je besonderer Weise ausgeprägt ist.

Von der für die Klassenbestimmung ausschlaggebenden ökonomischen Formbestimmtheit ihrer Tätigkeit her liegen die Unterschiede der beiden Gruppierungen sowohl zur Arbeiter- wie zur Kapitalistenklasse auf der Hand (was nicht ausschließt, daß es Übergänge zwischen ihnen gibt). Das Kleinbürgertum ist nicht wie die Arbeiterklasse dem Kapital unterworfen, sondern selbständig, es

9 Vgl. die Hinweise bei Rilling (1982). Für einen Teilausschnitt findet sich Material bei Biermann (1971); wichtiger: Bourdieu (1982). Neuerdings mit Literatur Wienold (2010) und Hirsch/Wissel (2010).

produziert (repariert) auf kleinem Niveau oder verteilt entsprechend Waren. Der Kleinbürger schafft also nicht für andere Wert und Mehrwert, sondern produziert bzw. verteilt für sich selbst; er ist keinem Ausbeutungsverhältnis unterworfen, es sei denn, er beute sich selbst für sich selbst aus (oder, was vermutlich wichtiger ist, seine Familienangehörigen). Im Zuge der fortschreitenden Erweiterung des Kapitalverhältnisses werden die Gruppierungen des Kleinbürgertums, vornehmlich kleine Warenproduzenten und Kleinhändler, aber immer stärker durch die Konkurrenz der auch in ihre Bereiche eindringenden Einzelkapitale bedrängt und relevante Teile von ihnen werden in die Arbeiterklasse heruntergedrückt (werden). Dem steht auf der anderen Seite die Tendenz und Notwendigkeit gegenüber, den Unterschied zur Kapitalistenklasse – das Fehlen einer angemessenen Zahl von Lohnarbeitern zur Gewinnproduktion, wobei die Zahl unterschiedlich hoch angesetzt wird (das PKA spricht von vier Arbeitern) – aufzuheben und selbst auf höherem Niveau produzieren zu lassen. Als dritte Möglichkeit bietet sich die Ausnutzung von von Einzelkapitalen nicht besetzbaren Nischen an, etwa aufgrund der Besonderheit des herzustellenden Produkts, die eine Massenproduktion nicht zuläßt. Von daher ist das Kleinbürgertum nicht nur der möglichen 'Proletarisierung' ausgesetzt und besteht für einen (kleineren) Teil die Möglichkeit, in die Kapitalistenklasse aufzusteigen, sondern es findet insgesamt eine interne Umschichtung und Differenzierung statt, die nur in der empirischen Analyse der historischen Entwicklung zu erfassen sind.[10]

Anders als beim Kleinbürgertum findet bei den unter die neue Mittelklasse zusammengefaßten dienstleistenden Lohnarbeitern ein Austausch von vergegenständlichter gegen lebendige Arbeit statt; die betreffenden Personengruppen leisten also abhängige Arbeit, aber die geleistete Arbeit enthält weder Wert noch Mehrwert. Das vom jeweiligen Anwender der Lohnarbeit vorgeschossene Geld, beispielsweise in der Hand des Staates, fungiert nicht als Kapital, sondern als Geld, es ist nicht eingesetzt, mehr Geld zu werden, sondere dazu bestimmt, notwendige Dienstleistungen zu erbringen; die hierzu erforderlichen Mittel sind Abzüge von dem von den produktiven Arbeitern geschaffenen Wertprodukt, die Löhne/Gehälter der betreffenden dienstleistenden Lohnarbeiter sind hiervon abgeleitete Einkommen. Die hiermit gegebene ökonomische Formbestimmtheit ihrer Tätigkeit und die Besonderheit der Lohnform vor allem von staatlichen

10 In der knappen Zusammenfassung erscheint die Bestimmung des Kleinbürgertums vielleicht einfacher als sie ist und sich in der äußerst kontroversen Diskussion darstellt. Vgl. statt vieler Belege: Haupt (1978), Leppert-Fögen (1974), Bourdieu (1982: 531 ff), Haupt (1985).

Lohnarbeitern äußert sich in ihrer relativen Unabhängigkeit von der Bewegungsform des Kapitals (Krisenzyklus) und des Arbeitsmarktes in der weitgehenden Sicherheit des Arbeitsplatzes, in festem Einkommen und einem geregelten Maß der Arbeitsverausgabung. Auch für die dienstleistenden Lohnarbeiter aber gilt die schon bei den anderen Klassen festgestellte innere Differenziertheit hervorzuheben, wodurch eine vorschnelle – auch politisch folgenreiche – Zusammenfassung als 'neue Mittelklasse' fragwürdig wird. Was verbindet z.B. den Eisenbahnarbeiter beim Staat mit dem Studienrat, den persönlichen Diener, Chauffeur, Koch o.ä. von Herrn Flick mit dem höheren Polizeibeamten oder dem Müllwerker? Gibt es zwischen ihnen trotz gleicher ökonomischer Formbestimmtheit ihrer Tätigkeit vielleicht in ihren Handlungen, ihrer Interessenvertretung, ihrem politischen Bewußtsein mehr Unterschiede als Gemeinsamkeiten? – Solange diese und andere Fragen nicht geklärt sind und die innere Differenziertheit der dienstleistenden Lohnarbeiter keine präzisere inhaltliche Bestimmtheit erfahren hat, als sie hier möglich und oft anzutreffen ist, sollte der Begriff der 'neuen Mittelklasse' nur vorläufig und unter Vorbehalt verwendet werden (vgl. Projekt Klassenanalyse 1973: 286ff; die Kritik von Kostede 1976: 119ff; Walker 1979; Wright 1985. Zu den Staatsbediensteten als einer Teilgruppe: Armanski 1974; Thien 1976).

Mit dieser Einschränkung wird nochmals auf die hier zugrunde liegende allgemeine Ebene der Klassenstrukturbestimmung hingewiesen; in ihr findet in der Abstraktion von der Vielfalt der sichtbaren Empirie eine Konzentration auf die Kernstruktur der kapitalistischen Gesellschaft, das Kapitalverhältnis also, statt, die es überhaupt erst erlaubt, die Empirie als eine strukturierte Totalität zu erfassen. Marx macht auf den Stellenwert dieses Zusammenhangs aufmerksam:

> „Dies hindert nicht, daß dieselbe ökonomische Basis – dieselbe den Hauptbedingungen nach – durch zahllos verschiedne empirische Umstände, Naturbedingungen, Racenverhältnisse, von außen wirkende geschichtliche Einflüsse usw., unendliche Variationen und Abstufungen in der *Erscheinung* zeigen kann, die nur durch Analyse dieser empirisch gegebnen Umstände zu begreifen sind" (Marx 1969 c: 800; vgl. auch Wienold 1982).

Dieser Hinweis auf die Begrenztheit der bisher vorgenommenen strukturellen Klassenbestimmung kann durchaus wörtlich genommen werden, wenn etwa an die ausländischen oder die weiblichen Arbeitskräfte (Heckmann 1983) gedacht wird; denn obgleich diese je nach ihrer Stellung im kapitalistischen Produktions- und Reproduktionsprozeß in die bisher dargestellte Klassenstruktur einbezogen sind, weisen sie darüber hinaus Besonderheiten auf (Tätigkeiten als un- bzw. angelernte Arbeitskräfte, schlechte Wohnbedingungen, bei Frauen Doppelbelastung durch Produktions- und Hausarbeit etc.), die aufbauend auf der Formbestimmtheit kapitalistischer Produktion in ihrer Besonderheit zu klären sind. Um den gesellschaftlichen Stellenwert dieser bisher nicht behandelten *besonderen* Lage etwa von lohnabhängigen Frauen zu bestimmen, ist es aber nicht nur erforderlich, ihre Zahl, die Art ihrer Beschäftigung, das Ausmaß ihrer lohnmäßigen Benachteiligung empirisch zu erfassen, sondern gleichfalls notwendig ist die Einbeziehung der individuellen Reproduktion, die in der Regel familienförmig erfolgt (Friedmann/Pfau 1985). Hierbei wäre auch die Bedeutung von Bildungsprozessen einzubeziehen. (zur Schule vgl. Bourdieu 1982; Krais 1983). Auf all dies kann hier nur aufmerksam gemacht werden, um die inhaltliche Reichweite des vorliegenden Beitrags zu veranschaulichen: weder die für sich genommene allgemeine Klassenbestimmung noch die von dieser isoliert durchgeführte empirische Untersuchung können jeweils getrennt voneinander den Anspruch einlösen, eine Klassenbestimmung im Sinne der schon erwähnten 'Totalität' erkannter gesellschaftlicher Zusammenhänge zu sein.

Da eine solch weitergehende Aufnahme empirischer Besonderheiten diesen einführenden Beitrag übersteigen würde – eine Einschränkung, die, um nochmals möglichen Mißverständnissen zu begegnen, keine Zurücknahme der hier getroffenen Klassenstrukturbestimmung darstellt, sondern auf von hier aus gangbare und notwendige Differenzierungsschritte verweist – soll vornehmlich zum Zwecke der Veranschaulichung und als Vorlage für die folgenden Beiträge das Ergebnis des Versuchs einer empirisch fundierten Klassenanalyse wiedergegeben werden (siehe Tab. 1 und Abb. 1).[11] Während in der tabellarischen Auflistung die historische Entwicklung der Klassenstruktur innerhalb des 20. Jahrhunderts im Vordergrund steht, wird mit Abbildung 1 eine Veranschaulichung angestrebt. Auch ohne die dabei erkennbaren Entwicklungslinien im einzelnen aufzuschlüsseln, sollen einige der schon erwähnten Tendenzen zumindest angesprochen werden, da sie manchen Vorurteilen widersprechen. Das gilt etwa für das Anwachsen der Arbeiterklasse von 50% (1907) auf 66% (1978), das allerdings eine interne Verschiebung beinhaltet; denn langfristig nahm insbesondere die Zahl der Zirkulationsarbeiter des Kapitals (Angestellte) zu, während die der produktiven Lohnarbeiter abnahm. Hinzu kommt, daß der Anteil des Nichtkapitalistischen Sektors gravierend zurückgegangen ist. Ähnlich bedeutsam ist die Abnahme des Anteils der Mittelklassen an der erwerbstätigen Bevölkerung (von 48% im Jahre 1907 auf 31% 1978). Das resultiert allerdings aus einer gegenläufigen Ent-

11 Ich verzichte hier auf die Einbeziehung und Diskussion anderer Konzepte, wie sie etwa vom IMSF (1974) oder von Poulantzas (1975) vorgelegt wurden; vgl. auch Szymanski (1983) und neuerdings die Beiträge in Thien (2010).

wicklung: denn während der Anteil der traditionellen Mittelklassen (also des klassischen Kleinbürgertums) in gravierender Weise zurückgegangen ist, sind Zahl und Anteil der staatlichen Lohnabhängigen erheblich angewachsen.

Tabelle 1: Klassenstruktur der Weimarer Republik und der BRD (in 1.000 und% der Erwerbspersonen)

	1907		*1933*		*1950*		*1970*	
	Erwerbspersonen				*Erwerbstätige*			
Erwerbspers./ Erwerbstätige[1]	28.420	100	32.296	100	20.376	100	25.063	100
Arbeiterklasse	14.173	50	17.039	53	13.083	64	17.583	70
beim Kapital	10.879	38	13.286	41	9.127	45	16.551	66
– Agrikultur	1.926	7	1.293	4	280[2]	1	88	1
– Industrie	8.214	29	10.432	32	7.942	39	13.461	54
– Handel	739	3	1.561	5	1.185	5	3.089	12
Nichtkap.	3.294	12	3.753	12	2.082	10	1.032	4
– Agrikultur	1.561	6	1.600	5	734	4	393[3]	-
– Industrie	1.402	5	1.430	5		6	638	3
– Handel	331	1	723	2	1.348	6	340	1
Arbeitslose			5.855	18	1.500	7	200	1
Kapitalisten	736	3	765	1	583	3	742	3
Mittelklassen	13.513	48	14.444	45	6.721	33	6.738	27
traditionell	9.716	34	9.803	30	2.853	14	1.954	8
– Agrikultur	6.009	21	6.174	19	1.209	6	563	2
– Industrie	2.708	10	2.374	7	1.056	5	782	3
– Handel	997	4	1.255	4	588	3	609	2
lohnabhängige	3.797	13	4.621	15	3.868	19	4.784	19
– Staat	2.139	8	3.372	11	2.645	13	4.261	17
– Hauspersonal u.a.	1.658	6	1.269	4	1.223	6	525	2
Gesamtbevölkerung	62.013		65.218		49.989		60.651	

[1] 1907, 1925 und 1933 = Arbeitslose eingeschlossen; [2] 1949; [3] 1971

Quelle: Bischoff et al. 1982: 70f (Für alle Jahre wurde vom jeweiligen Gebietsstand ausgegangen).

Mit diesen Übersichten ist allerdings kaum mehr als das 'Gerüst' für die erforderliche Konkretion erstellt. Denn die Art der internen Differenzierung innerhalb der unterschiedlichen Klassen ist nur unzureichend erfaßt (für die Arbeiterklasse wären etwa die Bedeutung von Qualifikation und Lohnhöhe oder die oben erwähnten Besonderheiten des Geschlechtsunterschiedes sowie der ethnischen Aus-

Quelle: Bischoff et al. 1982: 72

prägung zu bestimmen). Auch ist der Stellenwert der historischen Entwicklung nur äußerst global angesprochen, so daß trotz der genannten Veränderungen doch eher ein statischer Eindruck entsteht; durch die Einbeziehung der Akkumulationsbewegung des Kapitals und ihr Durchschlagen auf die Klassen könnte ein weiterer Einblick gewonnen werden, in dem zugleich die Auswirkungen von Konjunktur und Krise auf die unterschiedlichen Klassenindividuen geklärt werden könnten. Neben dem Verweis auf die folgenden Beiträge (vgl. auch Osterland et al. 1973; Heinze et al. 1981; Bischoff et al.1982: 80ff; Friedmann/Pfau 1985; insbes. Geißler 2002) kann hier auf diese Begrenztheit vorerst nur aufmerksam gemacht und das Bestehen einer weitergehenden Aufgabenstellung festgehalten werden.

IV. Kapitalverhältnis, Klassenstruktur und Erfahrungen

Statt einer umfassenderen Aufnahme der empirischen Ausprägung der Klassenverhältnisse halte ich es an dieser Stelle für sinnvoller, das bisherige Ergebnis durch einige Akzentsetzungen zu präzisieren; dadurch soll gleichzeitig ein argumentativer Bezug auf die folgenden Beiträge angedeutet werden.

Ein wichtiges Ergebnis der vorstehenden Bestimmung ist, daß die Formbestimmtheit der Klassenstruktur der kapitalistischen Gesellschaft nicht in einer einfachen Schematik erfaßt werden kann, etwa nach dem Motto: 'die Herrschenden – die Beherrschten' oder 'die Armen – die Reichen'; auch die darüber hinausgehende Vorstellung vom antagonistischen Widerspruch zwischen Lohnarbeit und Kapital bleibt solange vordergründig, wie nicht die kapitalistische Form der Produktion und Reproduktion in ihren Implikationen für die Klassen und Klassenindividuen dargestellt wird. Denn zwar wurden auch in den vorherigen Ausführungen die Klassenverhältnisse als primär durch den Gegensatz von Lohnarbeiter- und Kapitalistenklasse strukturiert herausgearbeitet, aber es wurde zugleich deutlich, daß hiermit keineswegs die beliebte Redeweise vom 'Grundwiderspruch der Klassengesellschaft' gemeint ist, der in seiner spezifisch kapitalistischen Ausprägung auf dem Widerspruch zwischen 'gesellschaftlicher Arbeit und privater Aneignung' – so eine gleichfalls verbreitete Ausdrucksweise – beruhe. Eine solche Anschauung, die sich primär am Faktum des Besitzes oder Nichtbesitzes an Produktionsmitteln festmacht und damit auf einer juristischen Ebene verbleibt, kann die kapitalistische Bestimmtheit der Klassenverhältnisse nicht erfassen. Im Gegensatz dazu werden hier mit Marx – da dieser allerdings bekanntlich von äußerst heterogenen marxistischen Theorierichtungen für sich beansprucht wird, präzisiere ich: mit dem Marx der '*Kritik* der politischen Ökonomie' – Klassen als Träger des Prozesses kapitalistischer Produktion und Reproduktion verstanden – eines Prozesses, der zwar durch ihr eigenes Tun und Verhalten erzeugt wird, dem sie aber gleichzeitig selbst unterworfen sind, der sich (bisher) als Resultat des sich hinter ihrem Rücken durchsetzenden Wertgesetzes ergibt.

Der Warencharakter der Produktion, die zum Zwecke der Erzielung von Profit in Gang gehalten wird, schließt nicht nur die dargestellte Klassenstruktur und den Klassenwiderspruch, sondern ebenso die konkurrenzförmigen Beziehungen zwischen den Klassenindividuen ein; darüber hinaus beinhaltet er die Regulierung der gesellschaftlichen Gesamtproduktion und -reproduktion nach Maßgabe des Werts.

> „In dieser ganz spezifischen Form des Werts gilt die Arbeit einerseits nur als gesellschaftliche Arbeit; andrerseits ist die Verteilung dieser gesellschaftlichen Arbeit und die wechselseitige Ergänzung, der Stoffwechsel ihrer Produkte, die Unterordnung unter und Einschiebung in das gesellschaftliche Triebwerk, dem zufälligen, sich wechselseitig aufhebenden Treiben der einzelnen kapitalistischen Produzenten überlassen. Da diese sich nur als Warenbesitzer gegenübertreten und jeder seine Ware so hoch als möglich zu verkaufen sucht (auch scheinbar in der Regulierung der Produktion selbst nur durch seine Willkür geleitet ist), setzt sich das innere Gesetz nur durch vermittelst ihrer Konkurrenz, ihres wechselseitigen Drucks aufeinander, wodurch sich die Abweichungen gegenseitig aufheben. Nur als inneres Gesetz, den einzelnen Agenten gegenüber als blindes Naturgesetz, wirkt hier das Gesetz des Werts und setzt das gesellschaftliche Gleichgewicht inmitten ihrer zufälligen Fluktuationen durch“ (Marx 1969 c: 887).

Die Menschen/Produktionsagenten/Klassenindividuen schaffen zwar den gesellschaftlichen Lebensprozeß, aber nicht als selbstbewußte Praxis, sondern als

Anhängsel ihrer eigenen Resultate – Geschichte verdünnt sich zum Geschehen, Ablauf von Ereignissen.

Der hier von Marx verwendete Begriff der 'Naturgesetzlichkeit' kapitalistischer Produktion bezeichnet also keineswegs einen allgemeinen, möglicherweise noch linear gefaßten Evolutionsprozeß, sondern er entschleiert gerade die Mystifikationen kapitalistischer Entwicklung dadurch, daß er ihre gesellschaftsspezifischen Ursachen aufweist; er ist kritisch gegen die diese scheinbare 'Natur'-gesetzlichkeit hervorbringenden gesellschaftlichen Verhältnisse gerichtet. In einer Sichtweise, die diese Verkehrung 'umzudrehen' versucht, indem statt der in der Regel anzutreffenden Verhimmelung kapitalistischer Entwicklung von ihrem allgemeinen Niedergang oder gar der historischen Determination zum Sozialismus, Kommunismus o.ä. gesprochen wird, bleibt man ihr selbst noch verhaftet. Denn mit einer solchen mechanischen Geschichtskonstruktion ebnet man sowohl die Widersprüchlichkeit der kapitalistischen Produktionsweise als auch ihre Auswirkungen auf die Klassenstruktur, die materielle Lage der Klassenindividuen und das gesellschaftliche Leben in seiner Gesamtheit ein. Indem in dieser Vorstellung auf 'die' Geschichte, die Produktivkräfte (die Auseinandersetzung des Menschen mit der Natur) als Motor zum Progreß menschlichen Daseins gesetzt wird, denen nur noch zu folgen ist, gerät aus dem Denk- und Handlungsfeld, daß das Kapital wesentlich Kapital (das Klassenverhältnis) produziert und diesem Zweck die Entwicklung der Produktivkräfte als den Arbeitern gegenüber verselbständigter Kräfte des Kapitals und, die Entwicklung der bürgerlichen Gesellschaft insgesamt untergeordnet ist.

> „So schafft das Kapital erst die bürgerliche Gesellschaft und die universelle Aneignung der Natur wie des gesellschaftlichen Zusammenhangs selbst durch die Glieder der Gesellschaft. Hence the great civilising influence of capital; seine Produktion einer Gesellschaftsstufe, gegen die alle frühren nur als lokale Entwicklungen der Menschheit und als Naturidolatrie erscheinen. Die Natur wird erst rein Gegenstand für den Menschen, reine Sache der Nützlichkeit; hört auf als Macht für sich anerkannt zu werden; und die theoretische Erkenntnis ihrer selbständigen Gesetze erscheint selbst nur als List, um sie den menschlichen Bedürfnissen, sei es als Gegenstand des Konsums, sei es als Mittel der Produktion zu unterwerfen. Das Kapital treibt dieser seiner Tendenz nach ebensosehr hinaus über nationale Schranken und Vorteile, wie über Naturvergötterung, und überlieferte, in bestimmten Grenzen selbstgenügsam eingepfählte Befriedigung vorhandner Bedürfnisse und Reproduktion alter Lebensweise. Es ist destruktiv gegen alles dies und beständig revolutionierend, alle Schranken niederreißend, die die Entwicklung der Produktivkräfte, die Erweiterung der Bedürfnisse, die Mannigfaltigkeit der Produktion und Exploitation und den Austausch der Natur- und Geisteskräfte hemmen" (Marx 1974: 313).

Die Aktualität dieser Aussage eines 'Denkers des 19. Jahrhunderts' springt ins Auge, man denke nur an die Auspowerung der Umweltressourcen bis hin zur

Umweltzerstörung, an den Bau von Kernkraftwerken oder die Kolonialisierung der Völker der Peripherie und ihre inzwischen in eine strukturelle Form geronnene Abhängigkeit. Aber nicht nur das; das Abstreifen der 'Natürlichkeit' menschlichen Daseins und d.h. die Prägung menschlichen Lebens durch gesellschaftliche – hier also kapitalistische – Spezifika prägt sich allen seinen Bereichen auf. Das gilt für die Form der individuellen Reproduktion, für das Heranwachsen und die Vorbereitung auf die selbstverantwortliche Teilnahme am gesellschaftlichen Prozeß, es gilt aber auch für die Art der Behandlung nicht-gesellschaftskonformen Verhaltens.

Für den vorliegenden Zusammenhang ist etwas anderes von grundsätzlicher Bedeutung, nämlich der strukturell widersprüchliche Charakter der bezeichneten Unterordnung des gesellschaftlichen Lebens unter das Kapitalverhältnis und seine Bewegung:

> „Daraus aber, daß das Kapital jede solche Grenze als Schranke setzt und daher *ideell* darüber weg ist, folgt keineswegs, daß es sie *real* überwunden hat, und da jede solche Schranke seiner Bestimmung widerspricht, bewegt sich seine Produktion in Widersprüchen, die beständig überwunden, aber ebenso beständig gesetzt werden. Noch mehr. Die Universalität, nach der es unaufhaltsam hintreibt, findet Schranken an seiner eignen Natur, die auf einer gewissen Stufe seiner Entwicklung es selbst als die größte Schranke dieser Tendenz werden erkennen lassen und daher zu seiner Aufhebung durch es selbst treiben" (Marx 1974: 313 f).

Der bisher in den Vordergrund gestellte Charakter des Kapitalverhältnisses, sich alle gesellschaftlichen Bereiche unterzuordnen, bezeichnet insofern zwar die grundlegende Tendenz des gesellschaftlichen Prozesses, aber er ist ohne Berücksichtigung seiner ihm innewohnenden Widersprüche nicht zureichend erfaßt. Ohne solche durch die Kapitalbewegung herausgesetzten Widersprüche könnte die Produktion und Reproduktion der Klassenverhältnisse und der Gesellschaft insgesamt in ihrer Kernstruktur nur eine ständige Wiederholung sein, die in der historischen Entwicklung ausschließlich auf erweiterter Stufenleiter stattfinden könnte.

Gemeint sind mit diesen immanenten Widersprüchen des Kapitals etwa der im Verbund mit der Konzentration und Zentralisation des Kapitals (d.i. die Bildung immer größerer Kapitaleinheiten mit ständig wachsendem Anteil des konstanten gegenüber dem variablen Kapital, der Produktionsmittel gegenüber der Arbeitskraft) sich durchsetzende tendenzielle Fall der Profitrate, die Notwendigkeit zyklischer Krisen, die sich in zyklischer und struktureller Arbeitslosigkeit niederschlagen und auch eine fortschreitenden Entleerung der Arbeit, wie eine Fraktionierung innerhalb der Arbeiterklasse bewirken, wodurch zugleich die

Gegensätzlichkeit einzelner ihrer Gruppierungen zu den Mittelklassen verstärkt werden (zur Krisenhaftigkeit vgl. für die BRD: Altvater et al. 1979; zur Veränderung der Arbeit: Braverman 1977; Kern/Schumann 1984; zur Fraktionierung der erwerbstätigen Bevölkerung: Heinze et al. 1981). In all diesen Entwicklungssträngen setzt sich der grundsätzliche Widerspruch durch, der schon im Gegensatz zwischen Tauschwert und Gebrauchswert angelegt ist:

> „Das Kapital ist selbst der prozessierende Widerspruch (dadurch), daß es die Arbeitszeit auf ein Minimum zu reduzieren stört, während es andrerseits die Arbeitszeit als einziges Maß und Quelle des Reichtums setzt. Es vermindert die Arbeitszeit daher in der Form der notwendigen, um sie zu vermehren in der Form der überflüssigen; setzt daher die überflüssige in wachsendem Maß als Bedingung ... für die notwendige. Nach der einen Seite ruft es also alle Mächte der Wissenschaft und der Natur, wie der gesellschaftlichen Kombination und des gesellschaftlichen Verkehrs ins Leben, um die Schöpfung des Reichtums unabhängig (relativ) zu machen von der auf sie angewandten Arbeitszeit. Nach der andren Seite will es diese so geschaffnen riesigen Gesellschaftskräfte messen an der Arbeitszeit, und sie einbannen in die Grenzen, die erheischt sind, um den schon geschaffnen Wert als Wert zu erhalten. Die Produktivkräfte und gesellschaftlichen Beziehungen – beides verschiedne Seiten des gesellschaftlichen Individuums – erscheinen dem Kapital nur als Mittel, und sind für es nur Mittel, um von seiner bornierten Grundlage aus zu produzieren. In fact aber sind sie die materiellen Bedingungen, um sie in die Luft zu sprengen" (Marx 1974: 593 f).

Neben all den bisher genannten negativen Begleiterscheinungen sind in der strukturellen Widersprüchlichkeit der kapitalistischen Gesellschaft nach Marx also auch die Bedingungen ihrer eigenen Auflösung angelegt. Hiermit kann allerdings – um an die obigen Hinweise zum Geschichtsprozeß anzuknüpfen – keineswegs ein wie auch immer gearteter Automatismus gemeint sein und möglich werden; denn neben den schon erwähnten Argumenten verbietet nicht zuletzt der Blick auf die Resultate der Bemühungen der Arbeiterbewegung die Vorstellung eines schlichten Lösungsmodells. Der Verlauf und insbesondere die Mißerfolge der Arbeiterbewegung in den letzten 100 Jahren, der notwendig umstrittene 'real existierende Sozialismus' mitsamt seinen bekannten Begleiterscheinungen[12] und nicht

12 Die möglichen Beispiele sind Legion: das geht von den 'stalinistischen Prozessen' und die Internationalismuspolitik' der Komintern über die Niederschlagung des Ungarn- Aufstands bis zum sowjetischen Einmarsch in die CSSR ... Ich erinnere hier nur an 'den Fall' DDR, deren politische Führung meinte, zur Verwirklichung des Sozialismus verschiedene kritische Theoretiker aufgrund ihrer theoretischen Beiträge zur Entwicklung des Sozialismus mit Hausarrest versehen, ins Gefängnis stecken oder außer Landes weisen zu müssen.

zuletzt die seit einiger Zeit entbrannten Kontroversen um eine der politischen Situation in den hochentwickelten kapitalistischen Ländern adäquate politische Strategie verweisen darauf, daß es sich hierbei um einen im wörtlichen Sinne fragwürdigen Zusammenhang handelt, dem nicht mit einigen, aufgrund des vorliegenden Rahmens allenfalls möglichen Randbemerkungen beizukommen ist.

Das ist zu berücksichtigen, wenn im Folgenden – auch auf die Gefahr hin, einer Versimplifizierung und Orthodoxie gescholten zu werden, mit solchen Vorwürfen sind zumindest die Vertreter der herrschenden Meinung ohnehin schnell zur Stelle – einige Hinweise zur möglichen Rolle der Arbeiter(klasse) innerhalb jenes Umwälzungsprozesses angedeutet werden. – Mochte es nach den bisherigen Ausführungen vielleicht so scheinen, als wenn den Arbeitern aufgrund des 'allgemeinen Verblendungszusammenhanges' der kapitalistischen Gesellschaft (Zirkulationssphäre, Lohnfetisch) ein gedankliches und in seiner Folge praktisches Durchbrechen des Kapitalverhältnisses nicht möglich sei, so ist spätestens mit dessen strukturell widersprüchlichem Charakter auch seine Erkenntnismöglichkeit angesprochen. Die widersprüchlichen Tendenzen des Kapitals haben nicht nur Auswirkungen auf die materielle Lage der Klassenindividuen, sondern sie sind an die Klassenstruktur gebunden, d.h. die Grenzen, auf die das Kapital in seinem Selbstverwertungstrieb stößt, sind wesentlich gesetzt in der Arbeiterklasse. Den ständigen Versuchen, die Voraussetzungen und Bedingungen der Produktion in ihren Kosten zu minimieren und dadurch den Profit zu erhöhen, steht das Interesse von ArbeiterInnen entgegen, ihre Arbeitskraft so teuer wie möglich zu verkaufen und den ständigen Fluß ihrer Einkommensquelle zu sichern. Der hierdurch grundsätzlich gegebene Konfliktherd zwischen den beiden Kontrahenten hat sich bekanntlich organisatorisch in entsprechenden Interessenverbänden verkörpert und stellt sich von Seiten der Arbeiter insbesondere als gewerkschaftlicher Kampf dar. Die durch den Interessengegensatz bestimmten Auseinandersetzungen wären zu eng gefaßt, wenn man sie – was des öfteren geschieht – ausschließlich als Versuch versteht, eine durch die Kapitalbewegung drohende 'ökonomische oder materielle Verelendung' abzumildern. Zwar besteht eine der Hauptfunktionen der Gewerkschaften im unmittelbaren Lohnkampf, aber gleichzeitig stellen Maßnahmen gegen Arbeitslosigkeit und um eine Verbesserung der Arbeitsbedingungen wichtige Bereiche gewerkschaftlichen Handelns dar, die eine ökonomische Handlungsweise im verengten 'materiellen' Sinne übersteigen.

Es kann zu Recht der Einwand erhoben werden, daß damit noch keineswegs notwendig die in Frage stehende Erkenntnis des Klassengegensatzes und der Möglichkeit/Notwendigkeit seiner Umwälzung gegeben ist. Im Gegenteil:

Sowohl die geschichtliche wie die momentane Rolle der Gewerkschaften (in der BRD) lassen eher eine entgegengesetzte Auswirkung gewerkschaftlichen Kampfes vermuten; und tatsächlich ist ja insgesamt einer Interessenvertretung der Arbeiter das Verhältnis zwischen Interessenpartnern als Vertretern zwar unterschiedlicher, aber auch zusammengehöriger Einkommensquellen: Arbeitskraft – Kapital vorausgesetzt. Gründend auf dieser Verhandlungsbasis ist die gewerkschaftliche Zielsetzung zumindest primär auf Verbesserungen innerhalb des Verhältnisses und nicht auf dessen Abschaffung gerichtet. Sie scheint eher eine weitere Verfestigung, denn eine bewußtseinsmäßige und praktische Infragestellung des Interessengegensatzes als antagonistischem Klassenverhältnis zu bewirken. Auch wenn dies reale Gegengewicht außerordentlich ernst zu nehmen und genauer zu prüfen ist, möchte ich hier eher die gleichzeitig gegebene gegenläufige *Möglichkeit* des Interessenkampfes zu bedenken geben. Obwohl in der Interessenauseinandersetzung die der Zirkulationssphäre (Freiheit, Gleichheit) vorausgesetzte Mehrwertproduktion nicht unmittelbarer Ansatz- und Überwindungszusammenhang ist, schlägt das Kapital-/Klassenverhältnis auch in jene durch. In der Verteilungskonkurrenz und im betrieblichen Alltag mitsamt seinen oft verdeckten Auseinandersetzungen (vgl. Wagner 1976: 83ff) werden so *auch* Erfahrungen der Gegensätzlichkeit der bestehenden Verteilungs- und Produktionsverhältnisse gemacht, die zu Ausgangspunkten zu einer Klassenbewegung werden können. Im und durch den Interessenkampf kann dieser selbst überschritten werden, wächst „... aus den vereinzelten ökonomischen Bewegungen der Arbeiter eine politische Bewegung hervor, d.h. eine Bewegung der Klasse, um ihre Interessen durchzusetzen in einer allgemeinen Form, in einer Form, die allgemeine, gesellschaftlich zwingende Kraft besitzt (Marx 1953: 86).

Diese Bemerkung mag befremdlich und unsinnig erscheinen, als dogmatisches oder romantisches Relikt vergangener Zeiten. Sind Gewerkschaften und Arbeiter der BRD nicht seit geraumer Zeit 'befriedet', 'voll ins System integriert', zufrieden mit ihrer Lage und gibt es nicht zu Recht die Rede vom 'Ende der Arbeiterbewegung' und von der 'Krise des Marxismus' (vgl. informativ Ebbinghausen/Tiemann 1984)? – Wenn solche und ähnliche Zustandsbeschreibungen insgesamt auch vordergründig und irreführend erscheinen, sie verweisen doch auf die Gefahr, die bisherigen Bestimmungen politisch zu überziehen und aus der allgemeinen Klassenstruktur direkte Konsequenzen für die Arbeiterbewegung und das politische Bewußtsein von Arbeitern abzuleiten. Demgegenüber ist zu berücksichtigen, daß die von Marx angesprochene Verbindung von Ökonomie und Politik innerhalb der Arbeiterbewegung etwa unterschiedliche Formen annehmen kann (reformistisch, sozialistisch, kommunistisch, syndikalistisch o.ä.); sie ist weder gleichzusetzen etwa mit einer sozialistischen Politik noch folgt diese mit eherner Notwendigkeit aus jener Verbindung. Sie besteht vielmehr, allgemein gesprochen, als *Möglichkeit* unter kapitalistischen Bedingungen, die durch besondere historische Ausprägungen und auch organisatorische Vermittlungen gekennzeichnet ist, auf die hier nur aufmerksam gemacht werden kann. Das gilt etwa für die schon angesprochene innere Differenziertheit der ArbeiterInnenklasse, für die Bedeutung ihrer individuellen Reproduktion, die sich mit dem Anwachsen der Freizeit verändert hat, für den Medienkonsum und nicht zuletzt für die Entwicklung der Arbeits- und Einkommensverhältnisse, die zumindest zeitweise auch Verbesserungen der individuellen Situation ermöglicht. All diese Momente sind bedeutsam für das Leben und Bewußtsein von Arbeitern und Arbeiterinnen in der Bundesrepublik. Das gilt gleichfalls für das seit der Jahrhundertwende in zunehmendem Maße verbreitete System der sozialen Sicherung, auf dessen Bedeutung M. Krätke zu Recht hingewiesen hat (1985: 89ff). Aber nicht nur das: der Staat steht allein dadurch, daß er als Zentrum politischen Geschehens in der bürgerlichen Gesellschaft gilt, im Gegensatz zur angedeuteten Verbindung von Politik und Ökonomie innerhalb der Arbeiterbewegung. Dieser Gegensatz stellt sich in seinen Implikationen für die Bewußtseinsformen deutlicher dar, wenn Form und Funktion des Staates skizziert werden.

Denn indem der Staat einerseits den zentralen Bezugspunkt politischer Willensbildung und -äußerung, von Politik insgesamt also darstellt und hierin eine Form gefunden hat, die in relativer Autonomie von der 'Ökonomie' (d.h. dem Klassengegensatz) den Interessen aller Staatsbürger verpflichtet ist und durch deren politische Entscheidung mitgeformt wird (allgemeines Wahlrecht), ist die diesen vorausgesetzte Spezifik der gesellschaftlichen Verhältnisse aus dem politischen Handlungsfeld ausgeblendet. Die Gegensätzlichkeit der Klassenindividuen muß zurücktreten zugunsten ihrer Gemeinsamkeit als Staatsbürger, die einander gleich sind und als solche Gleiche ein gemeinsames Interesse an Politik haben *sollen*. Die politische Form des bürgerlichen Staates als eines allgemeinen öffentlichen Gewaltverhältnisses ist bezogen auf die Zirkulationsmerkmale der Freiheit, Gleichheit und des Eigentums *aller* Individuen/bürgerlichen Rechtssubjekte und befestigt sie. Indem die staatliche Tätigkeit zwar beeinflußt wird von gesellschaftlichen Sonderinteressen, aber getrennt von ihnen erfolgt, abstrahiert sie von der Besonderheit der einzelnen als Klassenindividuen und setzt gerade hierdurch deren Reproduktion voraus. Durch die Form des allgemeinen Gesetzes, eine außerökonomische Gewalt, wird mit der Festlegung des Verhaltens der Individuen auf die Ebene der Zirkulation (Verteilungssphäre) also sowohl das Recht von Lohnarbeitern wie Kapitaleignern an ihrem jeweiligen Eigentum und damit auch das Recht der letzteren am Resultat des Produktionsprozesses, dem in den Waren enthaltenen Mehrwert, gewährleistet. Hinter der Form des bürgerlichen Staates als Wahrer des Allgemeinwohls aller bürgerlichen Rechtssubjekte verbirgt sich die Funktion, in dieser Weise das Kapitalverhältnis und seine Reproduktion zu gewährleisten. Und indem der Staat nicht nur die Rechte der Privateigentümer sichert, sondern gleichzeitig selbst als Resultat ihres Willens, Repräsentant aller Staatsbürger *erscheint* (Volkssouveränität), wird die Vorstellung von ihm als Staat des ganzen Volkes, Volksstaat hervorgerufen. Dieser Schein wird für die bürgerlichen Rechtssubjekte/Individuen praktisch in den staatlichen Massenkulturinstitutionen verankert, die auf allgemeinem Zwang gründen (vgl. Thien 1984), aber deren freiwillige Benutzung Vorteile für das jeweilige Privatinteresse verspricht (Herstellung bürgerlicher Hegemonie). Die schon verschiedentlich angesprochene Verschleierung des Gesamtzusammenhangs gesellschaftlicher Produktion und Reproduktion scheint vollendet.

In bezug auf die Klassenstruktur der kapitalistischen Gesellschaft und ihr mögliches Erkennen durch ArbeiterInnen sind die genannten Auswirkungen der Staatsform allerdings insofern nicht einseitig, als sie weder die Widersprüche der Kapitalbewegung beseitigen noch selbst von ihnen unberührt bleiben. Der in den verschiedenartigen Inhalten der Interessen der Individuen enthaltene Klassenantagonismus, dem die Möglichkeit zu seiner Aufhebung innewohnt, was wiederum vom bürgerlichen Staat zu verhindern ist, besteht trotz dessen Tätigkeit weiter und schließt die schon angeführten bewußtseinsmäßigen Möglichkeiten ein. Zwar wird das Bewußtsein der bürgerlichen Individuen und damit auch das der Arbeiter durch die Trennung von 'Ökonomie' und 'Politik', durch die Schaffung einer besonderen politischen Sphäre affiziert, aber von einer vollen Durchsetzung einer Allgemeinwohlorientierung und -illusion kann kaum gesprochen werden. Entgegen einigen Konzepten einer ausschließlich auf die Staatstätigkeit konzentrierten „Legitimationskrise" des bürgerlichen Staates oder dem konträren Konzept einer allumfassenden Verblendung des Bewußtseins von Lohnarbeitern durch die Gesellschafts- und Staatsform (vgl. einerseits Habermas 1975; andererseits Ak-München 1974) ist allerdings weder eine positive noch negative *Fixierung* auf den Staat festzustellen; zumindest nicht in einer allumfassenden Weise (Baethge/Schumann 1975; Kudera et al. 1979; Herkommer et al. 1979). Man kann eher von einem generell distanzierten Verhältnis zur Staatstätigkeit sprechen, von einer Ambivalenz, in der zwar die periphere Bedeutung etwa der Sozialpolitik für die eigene Lage sich niederschlägt, daraus aber keine volle und positive Identifizierung mit der Staatsbürgereigenschaft erfolgt. „Der eigentliche gesellschaftliche Kampf um die Verteilung des Sozialprodukts lokalisiert sich im

Arbeiterbewußtsein offensichtlich nach wie vor in den unmittelbaren Auseinandersetzungen zwischen Kapital und Arbeit" (Baethge/Schumann 1975: 62).

Dieser empirische Befund beinhaltet nicht, daß die Arbeiter nun Form und Funktion des bürgerlichen Staates und die Mystifikationen der kapitalistischen Gesellschaft erkannt oder sich ein systematisiertes Klassenbewußtsein zu eigen gemacht hätten; charakteristisch erscheint vielmehr eine „skeptisch bis resignativ gebrochene Orientierung, nicht nur gegenüber den Bedingungen der eigenen Arbeit und Reproduktion, sondern gegenüber dem gesamten gesellschaftlichen System und seinen politischen Institutionen" (Kudera et al. 1979: 373). Eine solche Gegensätzlichkeit gleichzeitig vorhandener Bewußtseinsmomente verweist darauf, daß die Vorstellung von einer vollendeten „Verbürgerlichung" der Lohnarbeiter des Kapitals ebenso verkürzt ist wie die von einem quasi 'urwüchsigen' Ausbrechen des Klassenkampfes angesichts einer verschärften ökonomischen Krise mit Massenarbeitslosigkeit. Sie verweist eher darauf, daß zwischen den in der marxistischen Diskussion gemeinhin gedachten Polen von völliger Mystifikation ('Anpassung') und politischem Klassenbewußtsein ('revolutionärer Sozialismus') eine Zwischenzone besteht, die weder in einer allgemeinen Klassenstrukturbestimmung noch in Beschreibungen der materiellen Situation zureichend erfaßt werden kann.[13] Hiermit ist nicht nur die schon verschiedentlich erwähnte empirische Konkretion angesprochen, sondern mehr noch geht es um die Art der Beziehungen zwischen den Klassenindividuen, um ihre Lebensweise und die Art ihrer Verflochtenheit mit der dominanten Kultur. Ich schließe deshalb mit der Wiedergabe einer Stellungnahme zur Klassentheorie, die zwar in einem offensichtlichen Spannungsverhältnis zu meiner strukturellen Klassenbestimmung steht, in der implizit aber pointiert die Richtung weiterer notwendiger Analysen enthalten ist:

> „Unter Klasse verstehe ich ein historisches Phänomen; sie vereinigt eine Reihe disparater und scheinbar unverbundener Ereignisse, und zwar sowohl im Rohmaterial der Erfahrung wie im Bewußtsein. Ich betone, daß es ein *historisches* Phänomen ist. Ich sehe Klasse nicht als eine 'Struktur' oder gar einen 'Begriff', sondern als etwas, was in menschlichen Beziehungen tatsächlich geschieht … Und Klasse geschieht, wenn einige Menschen infolge gemeinsamer (überlieferter oder geteilter) Erfahrungen die Identität der Interessen zwischen sich selbst wie gegenüber anderen Menschen, deren Interessen von ihren eigenen verschieden (und ihnen gewöhnlich entgegengesetzt) sind, fühlen und artikulieren" (Thompson 1976: 9 f).

---

13 Vgl. genauer die fundierte Kritik von Mahnkopf (1982, 1985) an der industriesoziologischen Forschung wie insgesamt am Konzept der Verbürgerlichung; siehe auch Lockwood (1985/2010).

Diese Definition des großen englischen Sozialgeschichtlers E.P. Thompson enthält allerdings eine grundlegende Reduktion; denn indem er emphatisch die Unmittelbarkeit und Spontaneität des Klassenhandelns zum programmatischen Bezugspunkt seiner Bestimmung erhebt, wird der Klassenbegriff auf den Erfahrungsbegriff eingeschränkt, wodurch die strukturellen Reproduktionszusammenhänge ausgeblendet oder zu Interaktionszusammenhängen heruntergestuft werden. Thompson kann zwar die alltäglichen Kämpfe und Leiden der 'Unterschichten' in einer Detailgetreue und inneren Konsistenz erfassen, die manche (auch marxistischen) Strukturalisten nur verblüffen kann, aber zugleich läuft er insgesamt Gefahr, die registrierten Handlungen nur zu beschreiben und damit zu verdoppeln; die Formbestimmtheit der gesellschaftlichen Produktion und Reproduktion tritt dabei in den Hintergrund und wird weitgehend zur 'ökonomischen Randbedingung'.

Ich lasse den Einwand einfach in dieser ungeschützten Form stehen, denn auf ihn wie auf eine umfassende Diskussion der Untersuchungen Thompsons kommt es mir hier nicht vorrangig an.[14] Was dieser zu Recht in den Vordergrund rückt und in seinen ebenso vielfältigen wie materialreichen historischen Analysen dargestellt hat, ist der historische Charakter der Klassenerfahrungen und des Klassenkampfes, die zudem nicht nur im Bereich der 'Ökonomie', einer schematisierten 'materiellen Lage' oder der 'großen Staatspolitik' ablaufen, sondern zumindest auch *kulturelle* Dimensionen enthalten (etwa) im Familienleben, in der Nachbarschaft, im sogenannten Freizeitbereich: Sport, Musik etc.).

Die dabei anzutreffenden räumlichen und symbolischen Handlungskontexte, in denen sich die „feinen Unterschiede" (Bourdieu) zwischen den Klassenindividuen, aber wohl noch immer auch eher grobe Gegensätze ausdrücken, sind zwar in die „kulturelle Hegemonie" der Bourgeoisie eingebunden, aber zugleich können sie die herrschenden Orientierungsmuster lockern und ein Stück weit unterlaufen. Der hiermit mögliche Widerstandscharakter der Lebensweise von Arbeitern ist dem Augenschein nicht oder allenfalls als Vielfalt von Bruchstücken zugänglich, er muß erst entschlüsselt werden. Eine solche Fragestellung ist

---

14 Die wichtigsten historischen Untersuchungen, die E.P. Thompson in den letzten 20 Jahren veröffentlicht hat, sind in der BRD zwar übersetzt (1976; 1980), aber nur in Randbereichen inhaltlich ernstgenommen worden (Vester 1978). Das gilt um so mehr für die seit einigen Jahren in England andauernde Kontroverse um seinen Beitrag zu einer kritischen Geschichte der Arbeiterbewegung (vgl. den Versuch einer Bestandsaufnahme von Johnson (1979); Spohn (1981), auf den hier kaum mehr als aufmerksam gemacht werden kann. Siehe aber die Hinweise und Literaturangaben in den folgenden Beiträgen.

zugegebenermaßen noch sehr allgemein und mißverständlich; nicht gemeint sind damit etwa jene im Gefolge der neuerdings in der BRD überschwappenden Wellen eines folkloristischen Sozialromantizismus – der oft ein Konservatismus ist – überhand nehmenden beliebigen Alltagshistörchen; ebenfalls nicht gemeint sind die in der Regel ebenso beredten wie inhaltsarmen soziologischen oder psychologischen Diskussionen über 'den Alltag'.[15] Im Anschluß an Thompson erscheint es vielmehr erforderlich, die Subjektivität der *Geschichtsakteure* und ihren interaktiven Zusammenhang – d.h. ihre Lebensweise – als widersprüchliche *Momente* des gesellschaftlichen Strukturzusammenhangs aufzunehmen und darzustellen. Die im vorliegenden Beitrag ins Zentrum gestellte Klassenstruktur der kapitalistischen Gesellschaft ist zu erweitern um die Klassenbewegung und den Erfahrungsprozeß der Klassenindividuen.

1985

---

15 Weiterführend sind hier m.E. die Überlegungen von Prodoehl (1983) und Mahnkopf (1985). Aufschlußreich auch die hierzulande kaum beachtete Studie von Hoggart (1967); wichtig, wenn auch mit Material zu Frankreich: Bourdieu (1982). Siehe für die BRD auch Deppe (1982) und die Materialzusammenstellungen von Maase (1984) und Mooser (1984).

Arbeiterklasse, Klassenindividuen und Arbeiterkultur – Überlegungen zu einem fragwürdigen Zusammenhang

1. Abschied von der Klassentheorie?

Die Arbeiterklasse hat keine Konjunktur. Konfrontiert mit den Resultaten der Kapitalakkumulation, den technologischen Umwälzungen der Produktion und den internen Verschiebungen innerhalb der Arbeiterklasse wie sie sich etwa in Gestalt von Massenarbeitslosigkeit und damit einhergehend mit der fortschreitenden Marginalisierung einzelner Gruppen (Jugendliche, Frauen, Arbeitsimmigranten) darstellen, scheint es zwar einige Formationsprozesse in der gewerkschaftlichen Auseinandersetzung zu geben; aber das politische Herrschaftsgefüge gerät kaum ins Denk- und Handlungsfeld der Betroffenen. Von Klassenkampf ist wenig zu spüren, allenfalls auf Seiten der Bourgeoisie, die selbstbewußt eine schärfere Gangart anschlägt, der Adäquates nicht entgegengesetzt wird und schon gar nicht entgegenschlägt, wie man auf dem Boden eines ökonomistischen Marxismus erwarten müßte. Grund genug für den „Abschied vom Proletariat" und die „Krise des Marxismus"? Zumindest scheinen nunmehr endgültig die Zeiten jenes Klassenkampfes, wie er im 19.Jahrhundert und der Weimarer Republik seine Glanzpunkte hatte, dahin. An seine Stelle – und wenn (noch) nicht als Ersatz, dann zumindest als Inspirateur – sind die „Neuen sozialen Bewegungen" getreten, die auf dem Boden eines Postmaterialismus und im Bezug auf die Besonderheiten ihrer Lage und Zielsetzung (Frauen, Frieden, AKW) endlich über die 'dem System' verhafteten Zielsetzungen von Arbeitern hinausgehen. Eine eigenartige Konstellation ist entstanden, wie sie etwa von Habermas angenommen wird:

> „Es entsteht eine Konfliktlinie zwischen dem Zentrum der am Produktionsprozeß unmittelbar beteiligten Schichten, die ein Interesse daran haben, das kapitalistische Wachstum als Grundlage des sozialstaatlichen Kompromisses zu verteidigen, und einer bunt zusammengewürfelten Peripherie auf der anderen Seite. Dazu gehören jene Gruppen, die dem 'produktivistischen Leistungskern' spätkapitalistischer Gesellschaften fern stehen, die für die selbstdestruktiven Folgen des Komplexitätswachstums sensibilisiert oder von ihnen stärker betroffen sind" (Habermas 1981, 577).

Ins Auge springt dabei, daß in einer solchen Argumentation – wieder einmal – allein die Gruppen ein Veränderungspotential darstellen sollen, zu denen der Autor selbst gehört. Intellektuelle sind es, die sich selbst ihre Sensibilität bescheinigen und auf diese setzen. Der für die neuere Zeit mit der Studentenbewegung begonnene Weg zu den Arbeitern, der oft ein Um- und Irrweg war, scheint für viele von ihnen beendet oder nur noch als Schemen einer Stellvertreterbeziehung zu existieren, wie sie in der historischen Entwicklung verschiedentlich auftaucht. In Anbetracht einer gewünschten Verbindung mit einer vorgestellten Arbeiterbewegung, die sich nicht einstellen will, herrscht Enttäuschung vor; sie gilt es zu bewältigen.

Angesichts der Notwendigkeit des Überdenkens von Konzeptionen der Arbeiterbewegung, wie sie sich etwa mit dem Scheitern des 'realen Sozialismus' anschaulich aufdrängt, und der Resultate der realen Arbeiterbewegung, ihrer Erfolge und Mißerfolge herrscht eher Vordergründiges vor. Das gilt auch für die Debatte um eine „Krise des Marxismus". Denn zwar werden wichtige Hinweise zur Überwindung von Imitationen überholter Strategien von Arbeiterbewegung und bedenkenswerte Anregungen zur Einbeziehung gesellschaftlicher Veränderungsprozesse (etwa der Bedeutung Neuer Technologien) gegeben, aber zugleich findet in der Regel eine unmittelbare Konfrontation der Marxschen Theorie mit dem Verlauf der Arbeiterbewegung und angenommenen strukturellen Veränderungen der Klassenstruktur statt, bei der die Marxsche Theorie über Bord geworfen und die Möglichkeit des Sozialismus in Frage gestellt wird. Im notwendigen Abschied vom Mythos des Proletariats, wie er mitunter auch von Marx und insbesondere von den Vertretern der II. und III. Internationale mit dem Gedanken einer „historischen Mission des Proletariats" gepflegt wurde, gerät das Marxsche und marxistische Projekt einer Überwindung der kapitalistischen Gesellschaft insgesamt zunehmend aus dem Blick- und Handlungsfeld.[1] Daraus resultiert, daß man sich zwar von eigenen Vorurteilen befreien kann (etwa von dem der führenden Rolle der Partei), daß aber an deren Stelle häufig wiederum nur äußerst allgemeine Konzepte entwickelt werden, die insbesondere dazu dienen, die Integration der Arbeiterklasse in der Bundesrepublik zu belegen. Das Feld der Klassenanalyse, in den siebziger Jahren Gegenstand einer geradezu ausufernden Diskussion, wird inzwischen kaum noch betreten. Im Bruch mit der Klassentheorie setzt man vielmehr häufig auf Systemkonzepte, in denen zwar Umrisse einer Klassenbestimmung enthalten sind, die aber der empirischen Konkretion entbehren und mitunter nur aus allgemeinen Periodisierungen und modellhaften Konstruktionen bestehen. Gemeint sind damit auch etwa das Konzept des „Modell Deutschland", die Korporatismus-Debatte oder die neuerdings

1 Zur m.E. notwendigen Diskussion um eine 'Krise des Marxismus' vgl. Wolf 1983 und Haug 1985.

verbreitete These vom Neo- oder Nachfordismus. Denn bei allen bedenkenswerten Klärungen insbesondere der internationalen Vergleichbarkeiten und dabei wiederum der politökonomischen Dimensionen bleiben die Kontrahenten dieses Prozesses im Schatten. Dies gilt sowohl für die Bourgeoisie und ihre internen Gruppierungen (siehe Wienold 1986, 2010) als auch für die Arbeiterklasse; diese wird als integrierte wahrgenommen, die die Normen der kapitalistischen Gesellschaft internalisiert habe oder/und durch geschickte Manipulation (Medien) oder Bestechung ins herrschende Konsensgefüge eingebunden würden.

Beispielhaft für solche Vorstellungen, kann die Habermassche These einer „Kolonialisierung von Lebenswelten" (Habermas 1981) stehen; aber auch in solch avancierten Konzepten wie dem des Postfordismus dominieren sie. So heißt es etwa:

> „Generell impliziert die postfordistische Form der Hyperindustrialisierung einen gründlich veränderten Vergesellschaftungszusammenhang. Die durch neue Produktionstechnologien bewirkte Tendenz [!] zur Gesellschaftsspaltung, zur Individualisierung und [!] Vereinzelung könnte sich mittels [!] veränderter Konsummuster und Verhaltensweisen wiederum [!] nahtlos [!] in den Privat- und Freizeitbereich hinein verlängern [!]: Videos statt Massentourismus, Pay-TV statt Kino und Theater, Bildschirmkonferenzen statt geselligem Beisammenseins." (Hirsch 1985, 330, Hervorh. d.V.)

Ganz unabhängig vom Gehalt der angenommenen Tendenz springt hier ins Auge, wie vorbehaltlos der nachgewiesene Vergesellschaftungszusammenhang in die Handlungsbereiche der betroffenen Klassenindividuen verlängert und in Form eines in sich geschlossenen Regelkreislaufs gesehen wird, dem nichts entgeht. So sehr Hirsch auch auf Widerspruchsmomente hinweist und wie materialreich auch seine Kennzeichnung der Resultate des neuen Vergesellschaftungszusammenhangs sein mag (etwa Dualisierung und Segmentierung der Gesellschaft, Umgruppierung des Machtblocks, autoritärer Etatismus und segmentierter Korporatismus), in bezug auf die subjektive Seite führen seine Hinweise nicht weiter. Sie können beispielhaft stehen für einen häufig machttheoretisch gefaßten strukturalistischen Neomarxismus, in dem die dem kapitalistischen Prozeß Unterworfenen vornehmlich als Teil der Struktur angenommen werden, bzw. die Strukturen sich in ihnen auflösen.

Machen sich in diesen Konzeptionen Leerstellen der gesamten marxistischen Diskussion um eine Handlungstheorie geltend, auf die vor geraumer Zeit David Lockwood (1985/2010) und Rainer Paris (1984) hingewiesen haben, so ist gegenüber ähnlichen Kontroversen in der Weimarer Republik eine deutliche Akzentverschiebung festzustellen. Denn während damals noch die Variante einer ökonomistischen Verelendungstheorie vorherrschte, der z.B. mit dem Mittel einer gesellschaftstheoretisch erweiterten Psychoanalyse und eines interdisziplinären Materialismus zu begegnen versucht wurde (vgl. Bonß/Honneth 1982), dominiert seit einiger Zeit ein eher subjektiver „Verelendungsdiskurs" (Haug 1985; vgl. Floßdorf 1979), dem das Subjekt auch und gerade als Klassenindividuum entschwunden ist. Während in der Weimarer Republik noch Bezug genommen werden konnte auf eine organisierte Arbeiterbewegung, die sich in ihrer organisatorischen Stärke und internen Dichte als proletarisches Lager gegenüber der bürgerlichen Seite verstand, ist eine solche Bezugnahme nach dem Einschnitt des Faschismus und seinen Resultaten heute nicht mehr möglich. Konfrontiert mit einer Sozialdemokratie, die spätestens seit Godesberg das Gewand der Arbeiterpartei mit dem der Volkspartei vertauscht hat, den Resultaten sozialdemokratischer Politik und insbesondere unter dem Vorzeichen einer Neuen Technologie, die selbst das 'privateste' der menschlichen Existenz auszulöschen droht (Verkabelung) und in Anbetracht der Möglichkeit einer Selbstvernichtung der Gattung durch einen atomaren Krieg scheint sich ein grundsätzlicher Bruch mit der Vergangenheit vollzogen zu haben, der politisch nur negative Konsequenzen beinhaltet. Die Veränderungen scheinen vornehmlich die Arbeiterklasse zu betreffen, deren ehemals emanzipatorische Perspektive sich mit dem Durchsetzen einer neuen Qualität des Kapitalismus endgültig verflüchtigt zu haben scheint. In eigentümlicher Anknüpfung an die seinerzeitige Diskussion werden allerdings spezifische Elemente der Kritischen Theorie wiederaufgenommen, die etwa in der „Dialektik der Aufklärung" zu finden sind und die heutige Situation zu treffen scheinen. Gemeint ist die Rede von „subjektlosen Kapitalismus", der sich in den „technologisch erzogenen Massen" (Horkheimer/Adorno 1955, 136 und 8) fort- und durchsetzt.[2] Diese Anknüpfung erfolgt in unterschiedlichen Variationen, bei denen auch die Übernahme strukturalistischer Theorielemente in ihren wiederum unterschiedlichen Spielarten (etwa von Foucault 1979 oder von Althusser 1977) bedeutsam ist; aber als gemeinsames Band dominiert seit einiger Zeit der Verelendungsdiskurs.

---

2 Die 'Dialektik der Aufklärung' ist insofern ein eminent historischer Text als sie von der schockartigen Wirkung des faschistischen Sieges über die Arbeiterbewegung geprägt ist, der die Autoren in die Emigration trieb. Hieraus resultieren neben hellsichtigen Passagen auch Überspitzungen und Leerstellen, wie sie etwa in der Charakterisierung der faschistischen Herrschaftsform und der Beteiligung von Arbeitern an Machtübernahme und nationalsozialistischer Praxis vorliegen (vgl. Mason 1981 und 1982). Von den meisten Beiträgen des neueren subjekttheoretischen Verelendungsdiskurses, die mitunter ähnliche Themenstellungen aufgreifen, sind sie an Klarheit weit getrennt.

Es mag paradox erscheinen, daß zur gleichen Zeit in Gestalt der „Neuen sozialen Bewegungen“ oder auch der „Grünen“ Werte aktualisiert werden, die sich gerade auf die Subjektivität beziehen und aus der Betroffenheit der Einzelnen von den jeweils zugrundegelegten Problematiken aus eine politische Perspektive zu entwickeln versucht wird. Aber bei aller internen Buntscheckigkeit dieser Bewegungen wiegt doch eine Vernachlässigung oder Ausblendung der Klassenfrage ebenso vor wie sie sich hauptsächlich aus den mittleren Gruppierungen der Gesellschaft rekrutieren (vgl. Brand et al. 1983; Eder 1985). Insofern stellen sie – bei mitunter vorhandenen Überschneidungen mit dem zuvor skizzierten Theoriestrang – dessen spiegelverkehrtes Pendant dar, wobei aus der Not eine Tugend gemacht wird: der Appell an die Subjektivität, die verlorenzugehen droht, bildet eine einigende Klammer, die durch die Fremdheit gegenüber Personen oder Gruppen, die sich dem abgelehnten gesellschaftlichen Zusammenhang zu fügen scheinen, bestätigt wird. Ausgeblendet werden dabei die diesen, und d.h. insbesondere den Arbeitern und Arbeiterinnen vorausgesetzten strukturellen Handlungsformen, die allerdings nicht notwendig auch zur Übernahme der mit ihnen verbundenen und jenen abverlangten moralischen Kodices führen müssen. Wenn hier in der Anrufung der eigenen Subjektivität die Fremdheit gegenüber anderen Subjektivitätsformen und den ihnen vorausgesetzten Klassenlagen bestätigt wird, so trifft man sich zum Teil mit vielen Diskutanten des ‘Alltagslebens’ und der Alltagsgeschichte. Denn in der Aufnahme dieses viel zu lange vernachlässigten Aspekts menschlichen Zusammenlebens – nicht nur in Soziologie und Geschichtswissenschaft, sondern seit einiger Zeit auch in ‘Basis’aktivitäten vor Ort wie etwa dem Projekt der ‘Geschichtswerkstätten’ und der ‘oral history’ (vgl. Hammerich/Klein 1978; Niethammer 1980; Schöttler 1984) werden nicht nur außerordentlich wichtige Ergebnisse auch zur Lage und Lebensweise von Klassen und Klassenindividuen erarbeitet (vgl. etwa Niethammer et al. 1983a und b, 1985) –, sondern zugleich werden verstärkt bloße Verdoppelungen subjektiver Meinungsäußerungen zusammengefaßt, die auf einen neuen – wenn auch kritisch gemeinten – Historismus hinauslaufen. In der Nachzeichnung individueller Lebenslagen und auch subjektiven Elends oder nonkonformen Verhaltens mögen zwar sehr viel klarer als in strukturellen Betrachtungsweisen die Lebensbedingungen, Meinungsäußerungen und Lebensweisen auch von Arbeitern und Arbeiterinnen erfaßt werden können, aber häufig werden dabei die Lebenszusammenhänge ebenso vernachlässigt wie die Kultur der Herrschenden und die auch Arbeiter umfassende Hegemonie des herrschenden Blocks an der Macht. Dabei mag auch die Projektion von Intellektuellen eine Rolle spielen, denen die kleinste Arbeiterküche zuweilen behaglicher anzumuten scheint als die eigene luxuriöse Wohnung, der man sich ausgesetzt sieht (vgl. Kuntz 1984, 225ff; Lodovico 1986). Zumindest deutet die Suche nach *der* Arbeiterkultur an, daß hier auch Identitätsfragen artikuliert werden; diese versucht man vornehmlich durch den Rückgriff auf jene schon angesprochene Blütezeiten der Arbeiterbewegung, als die etwa die Weimarer Republik erscheint, zu klären. Die heutigen Verhältnisse können dann auch hier als 'das ganz Andere' erscheinen, das primär durch den Verlust von etwas früher anscheinend Vorhandenem charakterisiert wird.

Mit den folgenden Ausführungen wird versucht, den genannten Einseitigkeiten dadurch zu begegnen, daß in Bezug auf die Arbeiterklasse die Momente von struktureller Lage und Individualität in dem Argumentationsfeld von 'Arbeiterkultur' zusammengefaßt werden. Auch für die heutige Bundesrepublik halte ich es für erforderlich, den Marxschen Diskurs aufzunehmen und zu verfolgen. Dabei wird ausgegangen von einer kurzen Skizze der Verfaßtheit der Arbeiterklasse in der BRD (Abschnitt 2), die vornehmlich den strukturellen Zusammenhang berücksichtigt, wobei insbesondere auf die interne Strukturierung abgehoben wird. Anschließend geht es (Abschnitt 3) um die Frage der Individualisierung als historisch möglicherweise neuem Phänomen, mit dem die Arbeiterklasse und Klassenindividuen wenn schon nicht ihrer objektiven Stellung dann doch ihrer Subjektivität nach, ihrer bis vor geraumer Zeit beobachtbaren Lebensweisen entledigt würden. Im 4. Abschnitt wird diese Fragestellung mit einigen Anmerkungen zur historischen Ausprägung einer proletarischen Lebensweise weiter verfolgt, um dadurch die Vielfältigkeit und Gebrochenheit dessen, was in der Regel als Arbeiterkultur verstanden wird, ins theoretische Blickfeld zu rücken. Aufbauend hierauf wird abschließend versucht, zumindest einige Hinweise zur heutigen Lebensweise von Arbeitern und Arbeiterinnen zu geben (Abschnitt 5). Die kritisierten Einseitigkeiten werden dadurch nicht im Sinne einer erforderlichen inhaltlichen Klärung behoben, dazu sind die folgenden Überlegungen selbst zu sehr Moment des angedeuteten Diskussionsprozesses; aber vielleicht wird durch sie die Notwendigkeit der umfassenden Behandlung eines Untersuchungsfeldes verdeutlicht, das bisher vorwiegend in Einzeluntersuchungen, in Einzelaspekten und unter beschränkten Fragestellungen behandelt worden ist und vollends aus dem Blickfeld zu geraten droht.

2. Klassenstruktur und Arbeiterklasse

Die Marxsche Analyse der Klassenstruktur kapitalistischer Gesellschaften – und nur diese sind hier von Interesse – bezieht sich auf Klassen als Träger des Prozesses kapitalistischer Produktion und Reproduktion (Kapitalverhältnis) und als Subjekte an gesellschaftlichen Auseinandersetzungen (Klassenkampf). Das eine ist zwar mit dem anderen verbunden, aber nicht mit ihm identisch und analytisch von diesem zu trennen.

Verdeckt durch den Warenaustausch stehen sich zwei Grundklassen gegenüber: die eine, die den Mehrwert schafft und die andere, die ihn sich aneignet, da sie die Produktionsmittel besitzt. Innerhalb der Arbeiterklasse, auf die ich mich hier ausschließlich beziehe, lassen sich im Anschluß an Marx weitere Differenzierungen vornehmen. Das betrifft etwa den Unterschied zwischen den Arbeitern der beiden großen Abteilungen der Produktions- und Konsumtionsmittel oder die Unterschiedlichkeit ihrer Qualifikation (Facharbeiter, ungelernte ArbeiterInnen) oder die unterschiedliche Betroffenheit vom Gegensatz zwischen Hand- und Kopfarbeit in ihrer unmittelbaren Arbeitsverrichtung oder den Unterschied zwischen den direkt an den Produktionsmitteln beschäftigten Arbeitern und denen, die in der Zirkulation beschäftigt sind (produktiv-unproduktiv). Wird schon allein durch diese Aufzählung deutlich, daß es nicht möglich ist, die Arbeiterklasse als in sich geschlossene zu behandeln, sondern die internen Differenzierungen sich im Gefolge der durch die indirekte Vergesellschaftung gesetzten Konkurrenz auch zwischen den Arbeitern als Klassenindividuen zur Geltung bringen werden, so bleibt zugleich aufzunehmen, daß sie im Fluß sind. Aufgrund der Akkumulationsbewegung des Kapitals und der ihr folgenden Produktivkraftentwicklung verändert sich sowohl die interne Zusammensetzung der Arbeiterklasse wie auch ihr Umfang. Das gilt etwa für den von Marx verfolgten Übergang von der Manufaktur zur Großen Industrie, es gilt ebenfalls für Taylorismus wie Fordismus und seit geraumer Zeit den sog. Postfordismus. Erst unter Einbeziehung der empirischen Ausprägung dieses Sachverhalts als Bestandteil des kapitalistischen Produktions- und Reproduktionsprozesses wird es möglich, über eine allgemeine Strukturbestimmung ebenso hinauszukommen wie über die Aufzählung von Aspekten der Situation von Arbeitern. Das gilt um so mehr für die Frage des Klassenbewußtsein, auf die zurückzukommen sein wird.

Lassen wir diese Ebene der Klassenstrukturbestimmung[3] und die ihr immanenten Wandlungsprozesse vorerst einmal außer acht und begnügen uns mit seinem Resultat, wie es von den Sozialistischen Studiengruppen (SOST) für die Klassenstruktur der Weimarer Republik und der BRD zusammengestellt worden ist (Siehe Tabelle 1 im vorstehenden Aufsatz, S. 46)

---

3 Vgl. zusammenfassend und mit weiterer Literatur den vorherigen Text und die Beiträge in Prokla H. 58 (1985); neuerdings auch in Thien 2010.

In Bezug auf die Entwicklung der internen Differenzierung der Arbeiterklasse sind drei Kennzeichen bemerkenswert: die Ausdehnung von Lohnarbeit, der die Dezimierung der selbständigen Kleinproduzenten gegenübersteht; die Verschiebung des Verhältnisses von produktiver und unproduktiver Arbeit beim Kapital, d.h. vornehmlich das Anwachsen des Angestelltenbereichs; der zunehmende Anteil von Lohnarbeit, die nicht unmittelbar dem Kapitalverhältnis untergeordnet ist. Aber nicht nur das. Während bisher die Arbeiterklasse ausschließlich in Relation zur erwerbstätigen Bevölkerung betrachtet wurde, ist sowohl in Bezug auf die Lage von Klassenindividuen als auch in Bezug auf die Frage nach der politischen Hegemonie die Relation zur Gesamtbevölkerung und zu den Haushalten einbeziehen. Wiederum nach der SOST-Studie verschieben sich dabei die Größenordnungen erheblich: Auf der Grundlage der Erwerbstätigkeit umfaßt die Arbeiterklasse (d.h. produktive und unproduktive Lohnarbeiter des Kapitals sowie in nichtkapitalistischen Betrieben, inkl. Arbeitslose, ohne Rentner) 66% der Erwerbstätigen (17 Millionen von knapp 26). Von den 37 Millionen Einkommensbeziehern können allerdings nur 44%, von den 24 Millionen Haushalten mit einem Arbeiter als Haushaltsvorstand nur 39% der Arbeiterklasse zugerechnet werden (vgl. Bischoff et al. 1982, 160ff). Unter Einbeziehung der Pluralität der Einkommen in den privaten Haushalten faßt Herkommer ein weiteres wichtiges Resultat zusammen:

> „1.Von den gut 28 Millionen, die in Haushalten der Arbeiterklasse leben, gehören nach der Erwerbstätigkeit gut 13 Millionen auch tatsächlich der Arbeiterklasse an, 2 Millionen rechnen zu den Zwischenklassen, 13 Millionen beziehen kein Einkommen. 2. von den knapp 2 Millionen, die in Kapitalistenhaushalten leben, rechnen 600.000 als tätige Kapitalisten, 200.000 als sonstige Einkommensbezieher, 200.000 gehören zur Arbeiterklasse, 900.000 beziehen kein Einkommen. 3. Von den 29 Millionen, die in Haushalten der Zwischenklassen leben, sind 4,5 Millionen Angehörige der lohnabhängigen Zwischenklasse, 1,5 Millionen sind nichtkapitalistische Selbständige, 2,9 Millionen gehören zur Arbeiterklasse, 12,4 Millionen beziehen ihr Einkommen in der Form einer Rente, 7,7 Millionen haben kein Einkommen. Besonders hier muß von außerordentlicher Heterogenität gesprochen werden" (Herkommer 1984, 101)

Wichtig erscheint auch der Sachverhalt, daß die Haushalte eine in den einzelnen Klassen unterschiedlich stark ausgeprägte Überlagerung verschiedener Klassenlagen bewirken. Kann in Bezug auf die Arbeiterklasse noch von einer weitgehenden Homogenität gesprochen werden – die lohnarbeitenden Ehefrauen von männlichen Mitgliedern der Arbeiterklasse gehören zu 24% zu den lohnabhängigen Mittelklassen, so gilt das bei diesen nicht; denn die Ehefrauen von Mitgliedern der lohnabhängigen Zwischenschichten (d.h. insbesondere von Staatsbeschäftigen) gehören zu 70% zur Arbeiterklasse. Aus diesem Grunde findet – im Gegensatz zur Meinung der SOST (Bischoff et al. 1982, 165) – durchaus eine Verwirklichung der Klassenstruktur statt, deren Bedeutung vorerst fraglich bleiben muß (vgl. ALSO 1983, 111). Die hiermit angesprochene Überlagerung von Klassenlagen durch den familiären Zusammenhalt gilt in anderer Weise aber auch für die Haushalte der Arbeiterklasse, die in sich relativ homogen erscheinen und relativiert damit zugleich das Kriterium der puren Stellung im und zum Produktionsprozeß des Kapitals. Denn die typischen Bestimmungen der kapitalistischen Produktion werden überlagert durch nicht unmittelbar aus dem Kapitalverhältnis entspringende Momente wie etwa die Geschlechtszugehörigkeit, die unterschiedliche Nationalität von ArbeiterInnen oder auch das Generationenverhältnis. Als Beispiel hierfür kann die Beschäftigtenstruktur des verarbeitenden Gewerbes dienen.

Tabelle 3: Beschäftigtenstruktur im verarbeitenden Gewerbe (1978 in Tsd.)

	Insgesamt	*Männer*	*Frauen*
Lohnabhängige	8.374	5.898	2.476
– Angestellte	2.518	1.643	884
leitende	100	97	3
verantwortliche	605	552	53
mittlere	1.131	783	348
gelernte	516	140	376
einfache	53	7	46
Auszubildende	113	55	58
– Arbeiter	5.856	4.264	1.592
Meister und Facharbeiter	2.374	2.272	102
angelernte	1.899	1.247	652
ungelernte	1.232	430	802
Auszubildende	351	315	36
Angelernte u. ungelernte Arbeiter zus.	3.131	1.677	1.454
Ausländer	1.102	769	333
Anteil der Ausländer an den Angelernte und Ungelernte zus.	35%	46%	230/0
Anteil der Ausländer an allen	13%	13%	14%

Quelle: ALSO 1983, 110

Der hierin aufscheinende Sachverhalt einer „repressiven Hierarchie" (ALSO 1093, 109) ist als solcher keineswegs neu (siehe Gensior/Schöler (1986), Lappe (1986) und Schäfer (1986); aber seine Bedeutung für die Arbeiterklasse und die

Lage der Klassenindividuen ist bisher kaum in Ansätzen geklärt (siehe etwa das Konzept der „sozialen Schließung). Die Wichtigkeit der internen Differenzierung der Arbeiterklasse (und d.h. immer von Arbeitern und Arbeiterinnen) erschließt sich aber erst dann, wenn diese Hierarchie vor dem Hintergrund des Paternalismus in den Familien gesehen wird. Die zumindest für einen Teil der Arbeiterinnen unmittelbar erfahrbare Benachteiligung gegenüber Männern in Produktion und Dienstleistung setzt sich in anderer Weise in der familialen Reproduktion fort und vertieft zugleich die Hindernisse für eine gemeinsame Handlungsperspektive; empirische Bedeutung erhält dieser Sachverhalt insbesondere durch die Zunahme der Erwerbstätigkeit von verheirateten Frauen, die häufig Kinder haben.

Die bisher mit einigen Hinweisen behandelte innere Differenziertheit der Arbeiterklasse stellte sich vor allem als statischer Zustand dar; tatsächlich ist sie der historischen Entwicklung unterworfen, in der die Klassenindividuen und ihre Nachkommen auf dem Boden der jeweiligen Verhältnisse sich in den Produktions- und Reproduktionsprozeß einzuordnen haben. Vorerst einmal abgesehen von der Begründetheit der Einordnungen stellt sich dieser Zusammenhang als soziale Mobilität (Inter- und Intragenerationenmobilität) dar. Entgegen häufigen Vermutungen ist dabei zwar ein Anstieg der Mobilität in den letzten 100 Jahren feststellbar, aber sein Ausmaß ist äußerst begrenzt. Nach den Untersuchungen von Kaelble (1983, 70) ist die gravierendste Entwicklung, daß die Angehörigen der unteren Mittelschicht sich in wachsendem Maße aus den Unterschichten rekrutieren: „Söhne und Töchter von Arbeitern und unteren Angestellten und Beamten stiegen im Kaiserreich zu 11%, in der Weimarer Republik zu 16% und in der Bundesrepublik zu 22% (1955 und 1969) in die Mittelschicht auf." Als Gesamtergebnis hält er fest: „Eine wachsende Zahl von Arbeiterkindern wurde Angestellte und Beamte. Mittlere Angestellte, mittlere Beamte und Lehrer stammten in der frühen Bundesrepublik häufiger aus Arbeiterfamilien als im Kaiserreich. Die Aufstiegsmobilität in die untere Mittelschicht wurde dadurch umfangreicher. Unter Unternehmern, höheren Beamten, Professoren und Oberschullehrern nahmen soziale Aufsteiger aus der unteren Mittelschicht zu. Möglicherweise wurde die Rekrutierung der oberen Mittelschicht insgesamt dadurch ebenfalls langfristig offener" (ebd., 123). Bei aller Begrenztheit dieser Aufstiegsmobilität, die auf dem Hintergrund eines Wandels der Berufsstruktur und einer Ausdehnung des Aufenthalts im Ausbildungssektor zu sehen ist, ist mit ihr doch eine Überlagerung der internen Differenzierung der Arbeiterklasse gegeben, wodurch trotz grundsätzlich gemeinsamer Lage (etwa in bezug auf den größtenteils inzwischen künstlichen Unterschied zwischen Arbeitern und der Mehrheit der Angestellten) gegensätzliche Handlungsziele entstehen und bestätigt werden können.[4] Das Generationenverhältnis bildet die bestehende Struktur nicht einfach ab, sondern stellt zugleich eine Aushandlungsphase über die berufliche und Klassenzukunft dar, zu der sich die Heranwachsenden verhalten müssen. Insgesamt aber dominiert auch hier (ebenso wie etwa beim Heiratsverhalten) die Reproduktion des Vorhandenen.

Allerdings erfolgt diese – und das ist gegenüber ausschließlichen Hervorhebungen einer nicht zu bestreitenden Erneuerung der Vermögensverteilung und des Klassengegensatzes auch durch die Einkommensverteilung, die sich seit einiger Zeit zuungunsten der Arbeiterklasse verändert (vgl. Cramer 1985, 165ff), zu betonen – auf einem für alle Beteiligten höheren materiellen Niveau, das zugleich eine erweiterte Lebenshaltung (etwa im Wohnungs- und Hausbesitz) ermöglicht. Während sich „die Löhne im Kaiserreich innerhalb von gut 40 Jahren knapp verdoppelten, konnten die Arbeiter in den Jahren der Zwischenkriegszeit nur mühsam das Lohnniveau der Vorkriegszeit halten, bei einem lang anhaltenden Rückschlag zwischen 1929 und 1937 und einer leichten Erhöhung bis zum Ausbruch des Zweiten Weltkriegs. Nach der Überwindung der Hungerjahre der Nachkriegszeit erlebten die Arbeiter dagegen ein beispiellos beschleunigtes Ansteigen der Löhne. Diese verdreifachten sich innerhalb von zwanzig Jahren und stiegen von Jahr zu Jahr mit Ausnahme der Rezession von 1966/67“ (Mooser 1984, 74). Auch hier ist die interne Differenzierung der Arbeiterklasse ebenso zu berücksichtigen wie beim Ausbau der Sozialleistungen, auf deren Bedeutung für die Klassenlagen Krätke (1985) nachdrücklich hingewiesen hat. Zugleich belegt die jüngste Entwicklung, daß es sich nicht um einen gradlinigen Trend handelt, der nicht unterbrochen werden könnte. Nicht zuletzt der schlichte Sachverhalt der Arbeitslosigkeit, der sich inzwischen in der BRD auf die Dauergröße von 2-3 Millionen (offiziell gemeldeten) Arbeitslosen eingependelt hat und eine zunehmende Dauerarbeitslosigkeit beinhaltet (vgl. Büchtemann 1984 und die anderen Beiträge in Bonß/Heinze 1984), verweist darauf, daß die ungehemmte Entfaltung des Kapitals nicht notwendig ihr Pendant in einer Verbesserung der Lage von Arbeitern und Arbeiterinnen findet.

Ein widersprüchliches Bild: Zwar gibt es – neben den angeführten Veränderungen innerhalb der Arbeiterklasse – etwa im Vergleich zur Weimarer Republik insgesamt unübersehbare Verbesserungen der Lage von Arbeitern und Arbeiterinnen (Wohnungsversorgung, Hauseigentum, Einkommen, Arbeitszeit, Freizeit), die sich in ihrer Lebensführung geltend machen. Darüberhinaus hat sich eine trotz

4 Dieser Aspekt scheint mir in der grundlegenden Arbeit von Ulf Kadritzke (1982) zu wenig berücksichtigt.

ihrer Begrenztheit beachtenswerte Verbindung einer Anzahl von Arbeitern und insbesondere Arbeiterinnen mit Personen der Zwischenschichten ergeben und ist über den Weg der sozialen Mobilität einer allerdings kleinen Minderheit der soziale Aufstieg gelungen, wobei vor allem im Gefolge der Bildungsbestrebungen der 60er und 70er Jahre ein größerer Prozentsatz von Arbeiterkindern ins Höhere Schulwesen und auf die Universität gelangte und sich damit Voraussetzungen für einen Klassenwechsel schuf. Aber diesen Momenten stehen andere gegenüber, die sie in ihrer Bedeutung erheblich relativieren: Im Vergleich mit der Bourgeoisie und d.h. bezogen auf die gesamte Gesellschaftsstruktur ist die Lage der Arbeiterklasse nicht verbessert, sondern verschlechtert worden. Auch der soziale Aufstieg sowohl innerhalb einer Generation wie auch zwischen den Generationen bleibt eine machtvoll betriebene Verheißung, real aber sehr begrenzt. Das gilt sowohl für den betrieblichen Bereich als auch für den Weg über die Bildung. Insofern ist die Gesellschaftsstruktur bei allen Strukturverschiebungen in ihrer Reproduktion mitsamt den beiden „Grundklassen" Bourgeoisie und Arbeiterklasse insgesamt keinen grundlegenden Strukturveränderungen unterworfen.

Ebenso wenig wie die Klassenstruktur sind die Reproduktionsformen aufgebrochen worden. Allerdings – und hierin wird häufig ein qualitativer Wandel gesehen – wird durch das Anwachsen des Einkommens und die Verkürzung der Arbeitszeit der nivellierenden Macht des Geldes ein sehr viel reichhaltigeres Feld der Konsumtion eröffnet. Im Angebot von dazu geeignet erscheinenden Produkten wie Fernsehen und Video, aber auch Ferntourismus und Gartenlaube wird ein Betätigungsfeld eröffnet, das einen Ausgleich zu den Einschränkungen in der Arbeitssphäre verspricht. Hier endlich können auch Arbeiter und Arbeiterin Mensch sein, hier gilt das Reich der Freiheit, sieht man dem Geld doch seine Herkunft nicht an, auch wenn es zuweilen stinkt. Jenseits der Sphäre der Arbeit scheint sich somit der Warenfetischismus zu vollenden; die Subjekte können sich frei und gleich wähnen, aber als solche scheinen sie gleichermaßen blind.

3. Individualisierung „jenseits von Stand und Klasse"?

In einem ebenso aufsehenerregenden wie einflussreichen Aufsatz hat Ulrich Beck (1983)[5] vor einiger Zeit versucht, die Konsequenzen des historischen Wandlungsprozesses der Gesellschaftsstruktur darzustellen und auf den Begriff zu bringen.

---

5 Die folgenden Zitate beziehen sich auf den Text von Beck (1983); ähnliche Thesen vertritt auch Mooser (1983), der diese allerdings in modifizierter Form und mit sehr viel mehr Material versehen zurückhaltender interpretiert (Mooser 1984).

Im Anschluß an Marx und vor allem Max Weber formuliert und begründet er seine Thesen, mit denen versucht wird, das unvorhergesehene Aufkommen der 'Neuen sozialen Bewegungen' zu erklären und sie letztendlich zu den Trägern einer gesellschaftlichen Erneuerungsbewegung zu erheben, während die politische Perspektive von Arbeitern oder gar der Arbeiterklasse obsolet erscheint. Ausgehend von den vielfältigen Phänomenen eines Wandlungsprozesses der Lebenssituationen im Verlauf der letzten 100 Jahre formuliert Beck seine erste These:

> „Relativ konstant geblieben sind in der Entwicklung der Bundesrepublik die Verteilungsrelationen sozialer Ungleichheit, geändert haben sich gleichzeitig, und zwar ziemlich drastisch, die Lebensbedingungen der Menschen. Möglich wurde dies u.a. durch Verschiebungen im Niveau (insbesondere von Einkommen und Bildung, aber auch durch andere gesamtgesellschaftliche Veränderungen), die selbstverständlich in der einschlägigen Forschung gesehen, aber meines Wissens nie systematisch als eine wesentliche eigenständige und sozialstrukturelle Entwicklung in der Bundesrepublik begriffen und ausgearbeitet worden ist. In diesem Sinne soll im folgenden gezeigt werden, daß durch Niveauverschiebungen (Wirtschaftsaufschwung, Bildungsexpansion usw.) subkulturelle Klassenidentitäten zunehmend wegschmolzen, 'ständisch' eingefärbte Klassenlagen enttraditionalisiert und Prozesse einer Diversifizierung und Individualisierung von Lebenslagen und Lebenswegen ausgelöst wurden, die das Hierarchiemodell sozialer Klassen und Schichten unterlaufen und in seinem Realitätsgehalt zunehmend in Frage stellen" (36).

Als Individualisierung versteht Beck, dessen Originalitätsanspruch angesichts der Thematisierungen durch Kritische Theorie oder auch von Schelsky überrascht, dabei das Zusammentreffen von Bildung, Mobilität und Konkurrenz, wodurch eine grundsätzliche Aufhebung überkommener Verhaltensweisen und Lebensformen bewirkt werde. Voraussetzung hierfür allerdings sei eine ökonomische Prosperität, die mit den fünfziger Jahren angesetzt wird und für die Bundesrepublik einen Bruch mit der vorherigen Phase darstelle:

> „Hier beginnt die komplexe, labile Einheit einer ständisch geprägten, 'marktvermittelten Gemeinschaftlichkeit', die Max Weber in dem Begriff der 'sozialen Klassen' zusammengefaßt hat, auseinanderzubrechen. Ihre verschiedenen Elemente: die über spezifische Marktchancen vermittelte materielle Lage, die Wirksamkeit von Traditionen und 'spätständischen' Lebensstilen und das gelebte Bewußtsein dieser Einheit in gemeinschaftlichen Bindungen und Kontaktnetzen werden durch wachsende Bildungsabhängigkeit, Zwänge und Chancen zur Mobilität, Ausdehnung von Konkurrenzbeziehungen, Verrechtlichungen usw. aufgelöst oder bis zur Unkenntlichkeit verändert" (S. 49).

Als unbestreitbare Belege für diesen Wandlungsprozeß, der letztlich einen Bruch darstellen soll, kann Beck auf die Ausdehnung des so bezeichneten Dienstleistungssektors, den Ausbau des Bildungswesens und die Verlängerung der Ausbildungszeiten sowie die Entwicklung neuer urbaner Stadtsiedlungen hinweisen. Er sieht dabei zugleich das noch immer gegebene Ausmaß sozialer Ungleichheit und weist auf das Phänomen einer Homogenisierung der Lebensbedingungen hin (S. 52), aber diese komme gerade nicht einem – vielleicht von Vulgärmarxisten erhofften – Klassenbildungsprozeß gleich. Im Gegenteil, unter Verweis auf die zentrale Bedeutung des 'ständischen' Elements sieht Beck in der Homogenisierung auf Basis der Individualisierung grundsätzlich die Möglichkeit eines Klassenbildungsprozesses entschwinden:

> „Mit fortschreitendem Individualisierungsprozeß verschärfen sich Insofern *quer* zu sozialen Klassengrenzen die Unterschiede und Gegensätze in der Lebenslage von Männern und Frauen: Einerseits gewinnt die Einheitlichkeit der individualisierten, isolierten, familialen Privatexistenz über Klassendifferenzierungen hinweg zunehmend an Realitätsgehalt; andererseits treten parallel dazu die Probleme der Verteilung von Lasten und Risiken *innerhalb* dieser Existenzform immer nachdrücklicher hervor, werden von der Frauenbewegung politisiert und lassen klassenübergreifend und -unterlaufend geschlechtsspezifische Konfliktlinien und Konfliktlagen entstehen" (S. 55, Hervorh. d.V.).

Zweierlei bleibt zu bedenken bei diesem wichtigen Hinweis auf das familiale Herrschaftsverhältnis: zum einen besteht anscheinend eine gegenläufige Tendenz zur Vereinheitlichung durch familiale Individualisierung, da gerade verheiratete Frauen in den letzten Jahren in verstärktem Maße in den Arbeitsprozeß zurückgekehrt sind und damit zwar nicht die auch im Betrieb gegebene Hierarchie aufheben, aber zumindest ihre „familiale Arbeitsexistenz" als „individualisierte par exellence" (Beck) relativieren. Zum anderen scheint hieraus die soziale Exclusivität bestimmter Teile der Frauenbewegung (was immer sie konkret ist) zu resultieren, in der nach wie vor Frauen der Zwischenschichten und insbesondere Akademikerinnen zu dominieren scheinen. Ganz unabhängig von der Bewertung dieses Sachverhalts spricht dies noch immer für das Vorhandensein unterschiedlicher lebensweltlicher Bezüge innerhalb der Frauen, wobei wiederum Arbeitserfahrungen im Beruf eine wichtige Rolle spielen dürften (vgl. Becker-Schmidt et al. 1981, 1982, 1983). Aus diesem Grunde ist auch die folgende zentrale These einer umfassenden Umdisposition der, so Beck, früher geltenden lebensweltlichen Bezüge von Klassenlagen mehr als gewagt:

> „Zum einen geht in den gegeneinander verselbständigten Privatsphären der füreinander austauschbaren Kleinfamilien, der gemeinsame, in Traditionen eingebundene, Leben und Arbeit übergreifende Erfahrungs- und Deutungszusammenhang verloren; zum anderen treten stabile intermediäre Instanzen (Familie, Arbeitsgruppe, Nachbarschaft) in ihrer Bedeutung zurück, Individuum und Gesellschaftsstruktur

werden mehr und mehr sozusagen (!) direkt kurzgeschlossen, so daß das Kollektivschicksal unmittelbar in ein individuelles Schicksal und in psychische Konflikte umschlägt und durchschlägt und erst durch diese individualisierte und psychologisierte Form hindurch und auch dann nur indirekt und 'rational' in seinem Allgemeinheitscharakter wiederum rekonstruierbar wird." (S. 57)

Der Weg zur Akzeptierung und Garantierung dieser Form des Zusammenlebens führt – und hierin liegt eine Parallele zum Machtbegriff bei Foucault (1979), der zwar alles umfaßt, aber letztlich nicht begreifbar ist, ebenso wie etwa zur Konzeption von den ideologischen Staatsapparaten bei Althusser (1977) – über einen allgemeinen Zwang:

„Im Zuge von Individualisierungsprozessen *muß* der einzelne lernen, sich selbst als Handlungszentrum, als Planungsbüro in Bezug auf seinen eigenen Lebenslauf, seine Fähigkeiten, Orientierungen, Partnerschaften usw. zu begreifen. 'Gesellschaft' muß unter den Bedingungen des herzustellenden Lebenslaufes als eine 'Variable' kleingearbeitet werden, die individuell gehandhabt werden kann. Sicherlich ist die Knappheit der Bildungschancen ein alle betreffendes Problem; was heißt das aber für das Schmieden meines eigenen Schicksals, das mir keiner abnehmen kann? Was kann, muß ich in die Wege leiten, um auch bei einem Notendurchschnitt von 2,5 noch Medizin studieren zu können? Auf diese Weise *müssen* gesellschaftliche Verhältnisse und Determinanten, die in das eigene Leben hineinschlagen, als 'Umweltvariablen' begriffen werden, die durch 'Maßnahmephantasie', die auf den eigenen Handlungsradius bezogen ist, und durch entsprechende 'Binnendifferenzierungen' von Kontakt- und Aktivitätsmöglichkeiten für den eigenen Lebensraum abgemildert, unterlaufen oder außer Kraft gesetzt werden können" (S. 59, Hervorh. d.V.).

Der Zwang dringt in alle Menschen ein – auch wenn die genannten Bespiele bezeichnenderweise eher aus der Sphäre des Autors stammen – und sie können ihm anscheinend nicht entrinnen. Es herrscht denn auch eine „Nachklassengesellschaft" (s. 68), in der eine Verbürgerlicherung ohne Bürgertum oder Bourgeoisie und erst recht ohne Arbeiterklasse ihr Werk vollendet zu haben scheint.

Aber es gibt dafür andere Konfliktlinien, die gegenläufig wirken: etwa die Individualisierung sozialer Risiken (69), die Bedeutungssteigerung askriptiver Merkmale (Rasse, Geschlecht, Alter etc.), naturvermittelte Ungleichheiten (Umwelt, Frauenfrage etc.). Hier auch gibt es am ehesten die Möglichkeit zur Alternative, auch wenn diese sehr unklar erscheint:

„Gelingt es, an die Ansprüche und Verheißungen des in Gang kommenden Individualisierungsprozesses anzuknüpfen und jenseits von Stand und Klasse Individuen *in neuer Weise* als selbstbewußte Subjekte ihrer persönlichen, sozialen und politischen Angelegenheiten zusammenzufassen? Oder werden im Zuge von Individualisierungsprozessen die letzten Bastionen sozialen und politischen Handelns weggeschmolzen, und die sich individualisierende Gesellschaft versinkt an der Grenze

> zwischen *Krise* und *Krankheit* in politische Apathie, die nichts ausschließt, auch nicht in neuen und schleichenden Formen einer Geisterbeschwörung der jüngsten demagogisch-politischen Vergangenheit?" (S. 70, Hervorh. d.V.).

Erweist sich Beck damit als Theoretiker der neuen sozialen Bewegungen, die ihn eine bildungsbürgerliche Programmatik reaktualisieren lassen, so trifft er sich darin mit vielen neueren Diagnosen wie sie etwa zum Wertewandel (vgl. Inglehart 1977, Kmieciak 1976), zum Narzißmus (vgl. Ziehe 1975) oder auch zur sog. 'postmodernen Kultur' vorgelegt worden sind. Aber im Unterschied zu vielen dieser Beiträge, die sich zwar auf reale Phänomene stützen, aber in der Regel vordergründig bleiben und mitunter in das Getriebe eines modischen Paradigmenwechsels geraten, dem eh alles einerlei ist, kann sich Beck auf wichtige Tendenzen beziehen, die seine These der Individualisierung zu einer Herausforderung auch für marxistische Klassentheoretiker werden läßt, die etwa seine eigenwillige Verbindung der Marxschen Klassentheorie mit der von Max Weber nicht teilen und auf einer formanalytischen Untersuchung des kapitalistischen Vergesellschaftungsprozesses bestehen. Dem soll im Folgenden allerdings in anderem Kontext nachgegangen werden, nämlich auf dem Feld des von Beck thematisierten Klassenbildungsprozesses, der eine entscheidende Voraussetzung für die These von der Individualisierung darstellt. Denn als Folie für die Interpretation der heutigen Situation dient in der Regel bei Beck (wie bei vielen anderen) eine in ihrer Evidenz vorausgesetzte historische Verlaufsform von Klassenbildungsprozessen, die ihr erst die gewünschte Prägnanz und Nachdrücklichkeit verleiht. Mit ihrer Überprüfung steht nicht nur die vorgestellte Einheit von 'materieller' Lage und Lebenswelt, sondern auch die Gesamtkonzeption in Frage; dabei beziehe ich die Einwände von Kocka (1983b) ein:

1. In Bezug auf die von Beck in den Vordergrund gestellte Ausbreitung von Bildung als wesentlicher Triebkraft der Individualisierung gilt es zu differenzieren; denn zwar gelingt es der herrschenden Klasse (der „Klassensymbiose von Junkertum und Bourgeoisie", Machtan/Milles 1980) im Verlaufe des 19.Jahrhunderts, mit der Durchsetzung der allgemeinen öffentlichen Schule eine institutionelle Form zu finden, in der staatliche Erziehung als Bewegungsform und Begradigungsinstrument der Verhaltensweisen der heranwachsenden Generationen von Arbeitern und -innen dienen soll (vgl. Thien 1984), aber die Auswirkungen sind begrenzt und auch für die heutige Situation zumindest umstritten. Das gilt nicht nur für die nach wie vor bestehende soziale Ungleichheit im Bildungswesen, sondern auch für die angenommene Übernahme der Wertmaßstäbe etwa der Schule durch die ihr Ausgesetzten.

Wenn schon im 19. Jahrhundert die Ausbreitung von Bildungsbeteiligung auch zu gruppenbildenden Prozessen führte, in denen Bildung zum Bestandteil der Lebensführung wurde (man denke etwa an das Bildungsbürgertum, vgl. Conze/Kocka 1985 oder für das Wilhelminische Deutschland Vondung 1976), so kann angenommen werden, daß dieser Zusammenhang auch heute gilt (etwa in Gestalt einer aktualisierten Boheme, die Ähnlichkeiten zu Phänomenen der Weimarer Republik aufweist; aber etwa auch in den „Grünen"). Das gilt – mit anderem Vorzeichen – wohl auch heute für das schulische Verhalten von Arbeiterkindern, deren besondere Umgangsform mit den ihnen 'fremden' Verhaltenszumutungen nach wie vor feststellbar sind. Die Unterschiede sind zwar feiner geworden, aber den Betroffenen nach wie vor deutlich spürbar (vgl. Bourdieu 1982; Theling 1986; Reichwein 1985; Thien/Reichwein 1985).

2. Zur Stützung der Einschätzungen einer außerordentlich gewandelten Situation heute unterstellt Beck – wie viele Vertreter eines 'Postmaterialismus' – einen direkten Zusammenhang zwischen Klassenbildungsprozessen und materieller Verelendung in früheren Zeiten. Ein solcher ist in dieser einfachen Form aber auch für das 19. Jahrhundert als dem Zeitraum der Herausbildung der 'modernen' Klassen (in Deutschland) nicht feststellbar. Zwar bildete die Erfahrung von grundlegender Knappheit der Mittel, Unsicherheit der Existenz und Unterordnung im Betrieb und der gesamten Lebensführung den Hintergrund für Konflikte mit Unternehmern und für eigene Lebensweisen, aber „die Arbeiterbewegung, als eine wichtige Dimension von Klassenbildung verstanden, entstand eigentlich erst, als die Einkommen der Arbeiter schon langfristig zu wachsen begonnen hatten (seit den 1860er Jahren). Sie war nie eine Bewegung der Ärmsten und nie primär eine Bewegung des Protestes gegen Not. Zu ihr gehörten Hoffnungen, Ansprüche und Forderungen, die gerade den Ärmsten oft fremd waren. Die entstehende Arbeiterklasse grenzte sich auch nach 'unten' ab, gegen die Armen, Arbeitslosen und Bedürftigen, gegen das Subproletariat. Andererseits überbrückte Armut Klassengrenzen auch nach 'oben'. Die große Zahl der Kleinmeister lebte unter ähnlich ärmlichen Bedingungen wie viele Lohnarbeiter. Verelendung mag durchaus die Klassenbildung erschwert haben. Dem Hinweis auf ihre Überwindung heute sollte deshalb nicht allzuviel Kraft für die Erklärung zugetraut werden, warum Klassenbildungsprozesse klassischer Art der Vergangenheit anzugehören scheinen" (Kocka 1983b, 96).
3. „Klassenbewußtsein" im Sinne eines kämpferischen Bewußtseins und Verhaltens und organisierter Kampf waren deshalb im 19. wie im frühen 20. Jahrhundert immer auch Resultat der vorhandenen Organisationen der

Arbeiterbewegung. Unter Rückgriff auf die Arbeits- und Lebenssituation versuchten die Organisationen (Gewerkschaften, SPD) in unterschiedlicher Weise, den Organisationsgrad voranzutreiben und eine Dominanz in der Arbeiterklasse herzustellen, um dadurch und unter Einschluß der sog. 'Bündnisschichten' in der gesamten Gesellschaft überhaupt die Herrschaftsfrage praktisch artikulieren zu können. Eine Handlungsfähigkeit der Klasse war auch im 19. und zu Beginn des 20.Jahrhunderts nicht vorhanden, sie war das *Ziel* der Arbeiterbewegung. Wie problematisch dieser Zusammenhang ist, wurde – unter allerdings besonderen Bedingungen auch der Arbeiterbewegung – nachdrücklich durch den Sieg des deutschen Faschismus über eine gespaltene Arbeiterbewegung demonstriert. Die Bedeutung von Organisationen ist also der heutigen Situation nichts eigenes, wie Beck zu unterstellen scheint. Auch die Rolle von Medien, deren Auswirkungen erst zu klären wären, mag zugenommen haben, aber solche waren, wenn auch in anderer Form, während der gesamten Zeit der Herausbildung und der Blüte einer Arbeiterbewegung vorhanden. Die Lektüregewohnheiten von Arbeitern im Kaiserreich verweisen darauf, daß auch in der Arbeiterbewegung Organisierte den Einflüssen bürgerlicher Medien ausgesetzt waren (vgl. Langewiesche/Schönhoven), was wiederum von den Arbeiterorganisationen zu verhindern versucht wurde durch die Verbreitung von Arbeiterkulturorganisationen (vgl. zusammenfassend Wunderer 1980).

4. Der die Geschichte der Arbeiterbewegung durchziehende Gegensatz zwischen organisierten und mehrheitlich nichtorganisierten Arbeitern und Arbeiterinnen beinhaltet *nicht*, daß nur die ersten klassenbewußt gewesen seien, während die anderen in das damalige Herrschaftsgefüge integriert gewesen seien. Eine Vielfalt von Protesten, Streiks, Tumulten und anderen Äußerungsformen, die auch und mitunter gerade von Unorganisierten getragen wurden, verweist vielmehr auf unterschiedliche Handlungsweisen einzelner Gruppierungen der entstehenden und im Fluß befindlichen Arbeiterklasse; diese sind z.T. auch in unterschiedlichen Organisationsansätzen sichtbar, die sich in Deutschland bis in die 1920er Jahre hinein zeigen (etwa bei den Gewerkschaften die Lokalisten oder die syndikalistische FAUD; vgl. als Überblick Geary 1983; Machtan 1983). Hier spielen branchenmäßige Aspekte ebenso eine Rolle wie regionale und „traditionelle" Besonderheiten.
5. Der von Beck im Sinne einer fortwirkenden Tradition aufgenommene Zusammenhang des „ständischen Lebens" als ein „Relikt", das seine Wirksamkeit bis ins frühe 20. Jahrhundert behalte, heute aber endgültig ausgespielt habe, steht, wie auch Kocka hervorhebt (1983b, 96), auf schwachen Beinen. Zu-

mindest für die Arbeiterklasse, deren Entstehung als „Klasse an sich“ man in Deutschland etwa auf die Mitte des 19.Jahrhunderts datieren kann (Zwahr 1978; Kocka 1983a), scheint die Rede von der Bedeutsamkeit ständischer Traditionen spätestens ab dem Ende des 19.Jahrhunderts kaum noch etwas auszusagen. Das schließt allerdings nicht aus, daß Momente, die etwa von frühen Handwerkerorganisationen artikuliert wurden wie das Bild der „Ehre“ (vgl. Grießinger 1981) von einzelnen Arbeitergruppierungen wie etwa den Facharbeitern aufgenommen und in neuem Kontext gelebt wurden. Das gilt insbesondere für die Werte von „Gerechtigkeit“ und „Menschenwürde“ (vgl. Moore 1984), die auch heute bei den Arbeitern zu finden sind. Ähnliches gilt auch für die Familienzentriertheit, die zumindest bei einigen Arbeitergruppierungen im 19.Jahrhundert festzustellen und keineswegs für die heutige BRD exklusiv ist (vgl. Kocka 1983a, 91).

Hier macht sich bei Beck die Fixierung auf die Arbeiter*bewegung* negativ geltend. Gegenüber dem vordergründigen Bild eines weitergeschleppten „traditionellen Relikts“ spricht sehr viel mehr für die These, daß der „kollektive“, nicht formell organisierte, meist gewaltsame, wirtschaftlich und sozial motivierte Protest eine Form von Interessenwahrnehmung gesellschaftlich benachteiligter Gruppen ist, der viel weniger an eine bestimmte historische Epoche (also die Vor- und Frühindustrialisierung) gebunden ist als vielmehr an bestimmte, immer wieder auftretende gesellschaftliche Konstellationen, denen gemeinsam ist, daß Bedürfnisse, die von Teilen der Gesellschaft angemeldet werden, von den Herrschenden nicht zugelassen oder nicht erfüllt werden bzw. keine Realisierungschancen erhalten. Mit dieser Zurückweisung ‘legitimer’ Ansprüche verliert die herrschende Gesellschaftsordnung in den Augen der Protestierenden einen Teil der von ihr beanspruchten Rechtmäßigkeit; es entsteht ein Spannungsverhältnis, das die Betroffenen motiviert, ihre manifesten Ansprüche auf direktem Wege selbst durchzusetzen. – Zugleich wäre damit die Hypothese auszusprechen, daß diese Form von Interessenwahrnehmung keineswegs im Laufe der Entwicklung von den Formen der organisierten, auf Partizipation oder programmatische Umgestaltung gerichteten Interessenvertretung abgelöst oder ersetzt wurde. Einfacher gesagt: Parteien, Gewerkschaften oder Interessenverbände konnten unmittelbare Protesthandlungen nur periodisch in den Hintergrund drängen; sie existierten und existieren als gesellschaftliche Aktionsformen und als Ausdruck einer widersprüchlichen gesellschaftlichen Entwicklung weiter fort“ (Machtan/Ott 1984, 128f). Allgemeiner: damals wie heute standen und stehen Parteien, Gewerkschaften und Klassenindividuen in einem widersprüchlichen politischen Feld, das den unterschiedlichen Praxisformen in ihrer jeweiligen Strukturiertheit einen eigenen „Stellenwert" verleiht; dieser ist nie endgültig, sondern Moment der gesellschaftlichen Entwicklung und damit auch Resultat des Handelns oder/und zeitweiligen Nicht-Handelns. Voraussetzung der Handlungsweise – damals wie heute – ist nicht nur die Ausprägung des Klassenantagonismus, sondern auch die innere Differenziertheit der Arbeiterklasse sowie ihre Reproduktionsmöglichkeit, sowie der Bewegungsraum innerhalb der politischen Hegemonie der Bourgeoisie.

6. Entgegen einer letztlich doch einlinig gesehenen Tendenz zur Individualisierung bleibt – wenn diese mehr meinen soll als die Form der indirekten Vergesellschaftung, der die Klassenindividuen als Besitzer ihrer Ware Arbeitskraft unterworfen sind – auf der Frage zu bestehen, ab wann genau der „Klassen-Entbildungsprozeß" zu datieren ist. Entgegen einer strukturell angesetzten Tendenz, der sich alles zu beugen hat (*die* Industrialisierung, *die* Massenkommunikation, *die* Neue Technologie etc.) ist dabei auch die Bedeutung historischer Phasen zu berücksichtigen, die in ihrer Außerordentlichkeit einen Bruch im Leben von Menschen beinhalten. Das gilt etwa für die Zeit des Nationalsozialismus, die – um in der Terminologie zu bleiben – für einen Klassenentbildungsprozeß vermutlich sehr viel wichtiger ist als bei Beck aufscheint. Sowohl in ihrem Zustandekommen („Versagen" der Arbeiterbewegung) als auch in ihren Begleiterscheinungen (Widerstand, begrenzte Partizipation, Opposition, Krieg, Niederlage) und Konsequenzen (Teilung Deutschlands, „Wiederaufbau", Elend, „Wirtschaftswunder") wurde ein Einschnitt gesetzt, der sich auch den nachfolgenden Generationen einprägte (Frage des kollektiven Gedächtnisses), und der gerade für die Arbeiterorganisationen und die Arbeiterbewegungskultur außerordentlich bedeutsam war.

Gegenüber der Vorstellung eines Klassen-Entbildungsprozesses als eines unumkehrbaren Trends ist deshalb die historische Entwicklung sehr viel genauer einzubeziehen auch in ihrer inneren Widersprüchlichkeit, die sich dem Auge nicht unmittelbar enthüllt und in Zahlen nicht zusammenfassen läßt. Das gilt insbesondere für die Beteiligten dieses Prozesses, seien sie eher seine Akteure oder ihm Unterworfene oder scheinbar Abseitsstehende. Keine historische Phase könnte deutlicher zeigen, wie sehr dabei die einzelnen Möglichkeiten sich vermischen und mitunter von einzelnen Personen gleichzeitig in ihrem Leben praktiziert werden, als die Zeit des Anwachsens der Arbeiterbewegung und ihrer Handlungsformen, deren Verlust heute mitunter lauthals beklagt wird.

4. Arbeiterkultur – Einige historische Anhaltspunkte

Die Geschichte von Arbeiterklasse und Arbeiterbewegung fügt sich keinen globalen Schemata oder allgemeinen Tendenzaussagen, die dem historischen Verlauf allenfalls Gewalt antun können. Die Klasse an sich ist weder stets auf dem unmittelbaren Sprung zur revolutionären Überwindung des Kapitalismus gewesen noch ihr bewußtseinsmäßig total verfallen, daß es nur Avantgarden vermocht hätten, sie aus ihrem Schlaf zu erwecken und ins gelobte Land zu führen. Vielmehr zeigen sich widerstreitende Gemengelagen einer in sich vielfältigen ArbeiterInnenschaft, deren Protestformen oft durch die Verhaltensweise ihrer Gegner geprägt wurde; das gilt sowohl für den betrieblichen wie den außerbetrieblichen Bereich, wodurch etwa die Bedeutung des Gegensatzpaares „revolutionär/reformistisch" relativiert wurde; denn mochten etwa einzelne Gruppierungen bisweilen einen radikalen Kampf führen, so unterstützen sie unter anderen Umständen eher reformistische Ziele oder verhielten sich abwartend. Das gilt insbesondere, wenn der internationale Kontext und mit ihm marxistische, syndikalistische, anarchistische oder auch genossenschaftliche Aktions- und Organisationsformen einbezogen werden. Die Suche nach einer allgemeingültigen Ursache (einer Struktur etwa) für radikales oder angepaßtes oder angepaßt scheinendes Handeln bzw. Verhalten ist deshalb müßig oder unendlich, wie etwa die vielfältigen Studien der Protestforschung belegen.[6]

Geklärt allerdings ist, daß Armut und Elend keine entscheidende Rolle bei bisherigen Arbeiterprotesten in kapitalistischen Gesellschaften spielen. Ähnliches gilt für zwei andere häufig vertretene Argumentationsmuster, nämlich die sog. Entwurzelungsthese, die sich auf die mit dem Städtewachstum verbundene räumliche Mobilität und deren Folgen bezieht, und die These vom Statusverlust etwa durch Dequalifikation; beide mögen Teilaspekte des Protestverhaltens abdecken können, reichen aber nicht für die Erklärung der vielschichtigen Entwicklung hin. Dem ist auch mit Konzeptionen nicht beizukommen, die vor dem Hintergrund einer modernisierungstheoretisch gefaßten Entwicklungskonzeption die Entwicklungslinie einer zunehmenden Organisierung der Arbeiterschaft und ihrer dadurch – ob im zu stimmenden oder kritischen Sinne – erforderlichen wie möglichen Partizipation an der herrschenden Politikform (d.h. letztlich die parlamentarische Demokratie) zugrundelegen; denn sie suggerieren eine

---

6 Ich nenne hier nur den Sammelband von Volkmann/Bergmann (1983). Im Folgenden kann ich die Phase der Entstehung von Arbeiterklasse und -bewegung nicht behandeln; vgl. etwa Kocka (1983a), Zwahr (1981) und, für einen späteren Zeitraum, Crew (1980) und Deutschmann (1985).

Einheitlichkeit und immanente Zielhaftigkeit der Entwicklung, während die vorhandenen Brüche dem Auge entschwinden.[7] Anhand der die Diskussion beherrschenden Begriffe der „Verbürgerlichung" und des „Lagers" sowie dies „proletarischen Lebenszusammenhangs" kann das verdeutlicht werden.

Im Zuge der Durchsetzung industriekapitalistischer Verhältnisse, des Erstarkens der Gewerkschaften zum Ende des 19.Jahrhunderts sowie der politischen Erfolge der SPD, die sich vorwiegend auf Facharbeiter in mittleren und kleinen Betrieben und oft Kleinstädten stützte (vgl. zusammenfassend Geary 1983, 88; Saldern 1984) wird für die deutsche (wie europäische, mit Ausnahme Rußlands) Arbeiterbewegung ein politischer Terrainwechsel sowohl gegenüber der Phase eines „utopischen Sozialismus" wie auch der massiver Klassenauseinandersetzungen während des letzten Drittels des 19.Jahrhunderts konstatiert. Die dabei feststellbare Ersetzung des Kampfes gegen das Lohnsystem zum Kampf im Lohnsystem habe – auf der Grundlage einer Anhebung des materiellen Lebensniveaus – nicht nur eine Entradikalisierung, sondern eine Verbürgerlichung eingeleitet (vgl. insgesamt zum Theorem der Verbürgerlichung Bausinger 1981 und vor allem Mahnkopf 1985). Nicht zuletzt die Herausbildung der Arbeiterkulturorganisationen (wie etwa der Arbeitersänger, -radfahrer, -turner, -schwimmerbund) habe es mit sich gebracht, – wenn auch als „negative Integration", der ein „revolutionärer Attentismus" (Groh 1974) verbunden war –, daß nicht nur der 1. Weltkrieg gebilligt, sondern darüber hinaus eine grundsätzliche Integration erreicht sei, wie sie nach dem Zweiten Weltkrieg und der weiteren Installierung des Wohlfahrtsstaates endgültig besiegelt worden sei; das gelte insbesondere für die i.d.R. gutverdienenden Facharbeiter.

Anhaltspunkte für eine solche Sichtweise, die eng der These von der Arbeiteraristokratie benachbart ist, gibt es zur Genüge. Das gilt etwa, um nur ein Beispiel zu nennen, für die Arbeiterorganisationen. Denn in ihnen herrschte trotz aller Abgrenzungen von den Organisationen des kaiserlichen Obrigkeitsstaates insgesamt ein Grundzug vor, der mit Emig als „Veredelung des Arbeiters" (1980) bezeichnet werden kann. Gezwungen, den Widrigkeiten der herrschenden Klassen zu begegnen, zugleich aber in der Wilhelminischen Gesellschaft zu wirken und über sie hinauszugehen, machte sich ein Gefühl der Exklusivität auch gegenüber unorganisierten Arbeitern breit, denen man eine Sendung der Zukunft zu verheißen meinte, die den Wind der Geschichte im Rücken hatte:

---

7 Vgl. hierzu die Kontroverse zwischen Lüdtke (1983) und Peukert (1983), in der die strittigen Punkte klar hervortreten; siehe auch die Beiträge in Ritter (1979), Lehmann (1984), Petzina (1986) und Ruppert (1986).

> „Die SPD war voll Zuversicht; die Geschichte war auf ihrer Seite, für niemand lag die Welt in so hellem Licht wie für die Partei des aufsteigenden Proletariats. Aber dieses Licht erhellte nicht nur, es blendete auch. Es beleuchtete die Kluft zwischen Bourgeoisie und Arbeiterklasse, zwischen organisierter Gesellschaft und organisierter Sozialdemokratie, zwischen 'ihnen' und 'uns', so daß es hier keine Unklarheit geben konnte. Es machte aber blind für die politischen und persönlichen Folgen einer solchen Einteilung in Schwarz und Weiß. Wenn die Sozialisten aus dem schimmernden Turm ihrer Isolierung hinaus in die rauhe Bourgeoisiewelt blickten, kamen sie sich vor wie eine andere Menschenart und fühlten sich immun gegen die politischen und sozialen Gebresten jener Welt" (Nettl, zit. nach Emig 1980, 9f).

Von Immunität aber konnte keine Rede sein. Die Kulturorganisationen der SPD wandten sich zwar in der Zielsetzung ursprünglich gegen die etablierten Organisationen, aber häufig tendierten sie dahin, diese, deren Zeit vorüber schien, zu beerben. Sie traten in ihre Fußstapfen, das Gegnerschaftsverhältnis wurde zu einem der Konkurrenz. In der Heroisierung eines Idealbildes vom „proletarischen Klassenkämpfer" vertraute man eher soliden Bürgereigenschaften, die sowohl gegen die profitorientierten und damit „unbürgerlichen" Bourgeois wie gegen das Lumpenproletariat gerichtet waren: Fleiß, Mäßigkeit, Bescheidenheit und Nachsicht waren gefragt, um gegenüber persönlichem Glück und individuellem Genuß die allgemein-menschliche Zukunft anzustreben. Mochte man sich also auch dem Druck der Obrigkeit ausgesetzt sehen und ihr opponieren, so war man zugleich bürgerlichen Mustern der Lebensführung stärker verhaftet als die Theoretiker der Arbeiterbewegung, die diesen Bereich weitgehend ausgliederten, auch nur ahnten. Das gilt in besonderem Maße für die Form der Ehe und das Familienleben, in denen zwar Momente einer partnerschaftlichen Beziehung aufscheinen, aber im patriarchalischen Gewande die Familiengebundenheit der Frau – wenn auch mitunter erst als anzustrebende Perspektive – bestätigen (vgl. Saul et al. 1982; Soder 1980); es gilt ebenso für die Erziehung der Kinder und die Sexualität (vgl. Bendele 1979). Ähnliches gilt für viele Arbeitervereine: initiiert als Gegenorganisation zu den bürgerlichen Bestrebungen, als Feld einer Gegenkultur, erfaßten sie vorwiegend die schon in den Gewerkschaften und der SPD organisierten Facharbeiter und ihre Familienmitglieder und nahmen mit der Zeit auch Bestandteile der ehemals schroff abgelehnten bürgerlichen Opponenten an (etwa in Form von Liedern, der Leistungsorientierung im Sport etc.; vgl. zusammenfassend Wunderer 1980; Herre 1980; Emmerich 1976; v.d. Will/Burns 1982; Petzina 1986). Die Art und Weise des hiermit abgekürzt beschriebenen sozialdemokratischen Diskurses wird in ihren Auswirkungen auf das Alltagsleben an kaum einem Beispiel so deutlich wie an der Ablehnung der Kriminalität und 'der' Kriminellen, die sich einer geordneten Arbeit und damit auch einer geregelten Interessenvertretung zu entziehen scheinen. Ein Arbeiter beschreibt diesen Aspekt der sozialdemokratischen Arbeiterbewegung und -bewegungskultur folgendermaßen:

> „Ich konstatiere mit Genugtuung, daß die Umwirkung der Moralität durch den Einfluß der gewerkschaftlichen wie politischen Bewegung bei mir eine eminente war. Vor dem Bekanntwerden mit Tendenzen und Endziel unserer Partei habe ich fortgesetzt mit der Polizei in Konflikt gelegen (Diebstahl, grober Unfug), bin Insasse des rheinischen Korrektionshauses zwei Jahre gewesen. Seit Eintritt in die hier bemerkten Bewegungen trat bei auch nicht das geringste Delikt mehr ein. Auf diesen ethischen Erfolg bin ich stolz..." (zit. nach Grüttner 1984a, 171).

Im Gefolge der Formalisierung der betrieblichen und innerbetrieblichen Interessenvertretung wie sie mit dem Erstarken der Gewerkschaftsbewegung in ihrer überregionalen Form erfolgte, und in Verbindung mit der ganzen Tragweite sozial-demokratischer Arbeiterbewegung waren so neue Formen entstanden, die sich einer mitunter vorhandenen proletarischen Insubordination, aber auch der Form eines regelverletzenden Handelns, das sich aus eigenen Gerechtigkeitsvorstellungen speiste und in 'kriminellen' Akten ausdrückte (wie etwa Holzdiebstahl, vgl. Blasius 1978; Thompson 1980; Reif 1984) entzogen.

Insofern liegt es nahe, spätestens ab dem letzten Drittel des 19.Jahrhunderts für die Arbeiterbewegung von einer Periode des „Lagers" zu sprechen: einerseits erfolgte eine organisatorisch erhebliche Verstärkung, die den „organisierten Klassenkampf" institutionalisierte; andererseits „verdichtete und konsolidierte sich die Arbeiter-Subkultur zu einem umfassenden sozialen Gebilde" (Vester 1976, 69; siehe insgesamt Negt/Kluge 1972, 341ff). Vorherrschend für die in das Lager involvierten Klassenindividuen wurde eine „Lager-Mentalität", die von Negt/Kluge und im Anschluß an sie von Rabe (1978) als Mentalität einer „sozial umfassenden intakten und kollektiv orientierten, politisch aber führungsabhängigen und passiven proletarischen Subkultur der klassischen Sozialdemokratie bis zu den 1920er Jahren" (Vester 1976, 64) vorgestellt wird. In der Abdichtung und Immunisierung der Arbeiter und des proletarischen Lebenszusammenhangs gegen Formen der bürgerlichen Hegemonie vollziehe sich eine Prägung der Klassenindividuen, die aus ihrem Bedürfnis nach Sicherheit und Abgrenzung entstehe und dem Kontrollinteresse staatlicher Bürokratien ähnlich sei. Durch „Ausgrenzung, Scheinöffentlichkeit, Diktatur der Verfahrensregeln" sei auch das „Lager" eine „gesamtgesellschaftliche Scheinsynthese" (Negt/Kluge 1972, 115, 344). Aber gerade der Fall von 'kriminellem' Verhalten weist daraufhin, daß ein solches Konzept letztlich ahistorisch ist und allenfalls Aporien der Arbeiterbewegung erfaßt, nicht die Bewegung der Arbeiterklasse und Klassenindividuen.

Denn zwar zeigt sich in Bezug auf die Entwicklung von Kleinkriminalität im proletarischen Milieu – hier am Beispiel des Hamburger Hafens verfolgt (vgl. ausführlich Grüttner 1984a und b) –, daß die angesprochenen „erzieherischen" Zielsetzungen der Arbeiterbewegung zeitweise realisiert werden konnten; aber dies galt nur in dem Maße und so lange, wie Effizienz und Glaubwürdigkeit der Gewerkschaftsstrategie durch die praktischen Erfolge belegt wurden. Als dies nicht mehr der Fall war, zeigte sich, daß es sich bei den praktizierten Verhaltensweisen weniger um grundlegende Charaktereigenschaften handelte, die internalisiert worden waren und eine stabile Grundlage jedweden Handelns darstellten, sondern eher um ein Arrangement auf Zeit, in dem andere Verhaltensweisen nur zeitweilig überdeckt worden waren. Diese anderen Momente (hier in Gestalt des Warendiebstahls) traten dann in den Vordergrund, als die scheinbar endgültig festgesetzte Form der modernen gewerkschaftlichen Interessenvertretung kaum Möglichkeiten der Interessendurchsetzung boten. In der Vielzahl der Gewerkschaftsaustritte, dem rapiden Anstieg von Güterberaubungen, aber auch in Lebensmittelunruhen und kollektiven Plünderungen während und im Gefolge des 1.Weltkrieges wurden Handlungsweisen aktiviert, die der „Lager-Mentalität" in ihrer obigen Fassung widersprechen. Dabei erfolgte wiederum eine eigentümliche Verlagerung der Ausprägung des Handelns: während in der Zeit vor und im Weltkrieg die Kleinkriminalität eher im Verborgenen erfolgte und die Verfolgung erschwert wurde durch die „'Abdichtung' nach oben in einer Solidarität des Schweigens", entstand nach 1919 „eine aktive Solidarität, die sich lautstark und unüberhörbar äußerte, mitunter auch recht rabiat" (Grüttner 1984a, 174). In der hiermit erfolgenden 'Politisierung' der Unterklassen-Kriminalität, die sich etwa gegen die Denunziation richtete und in deren Gefolge Unternehmer, die Arbeiter wegen Diebstahls entließen, mit Solidaritätsstreiks rechnen mußten, erfolgten nicht nur handgreifliche Auseinandersetzungen mit Polizei und Zollbeamten, sondern mitunter vollzog sich sogar die Verbindung zur organisierten Arbeiterbewegung (etwa zur KPD).

Kaum ein 'Fall' des Verhaltens von Arbeitern und Arbeiterfrauen (sie insbesondere waren in Lebensmittelunruhen involviert und beteiligten sich an den städtischen 'Tumulten') könnte einer vom 'Lager' geprägten sozialdemokratischen Mentalität stärker entgegengesetzt sein. Aus diesem Grunde versuchten die gewerkschaftlichen und sozialdemokratischen Funktionäre denn auch, solche Verhaltensweisen einzudämmen und in die 'richtigen' Bahnen zu lenken (vgl. Grüttner 1984a, 165ff; Gailus 1984, 71ff). Aber es wäre zu einfach, nur diese Gegensätzlichkeit festzustellen. Denn gleichzeitig verweist dieses Beispiel darauf, daß die für das „Lager" festzustellende Arbeiterbewegungskultur keineswegs alle Arbeiter und Arbeiterinnen erfaßte; viele Unorganisierte standen solchen Bestrebungen fremd oder ablehnend gegenüber, ohne damit allerdings in die herrschende Ordnung integriert gewesen zu sein oder gar deren Werte übernommen zu haben. Es zeigt sich vielmehr, daß für die unteren Gruppierungen der Arbeiterschaft, die häufig in einem diskontinuierlichen Arbeitsverhältnis standen und am Rande der oder in Armut lebten, ein grundsätzliches Mißtrauen den herrschenden Werten und Institutionen gegenüber vorhanden war, das sich in einer gewaltförmigen Lebensweise ausdrückte, in der häufig auch ein gemeinsamer Alkoholkonsum eine wichtige Rolle spielte und sich in einer der herrschenden Familiarität konträren „halboffenen Familienform" sowie in einer eher spontanen und heftigen, aber diskontinuierlichen Vertretung ihrer Interessen ausdrückte. Grundlage dieser Lebensweise ist in der Regel die gemeinsame räumliche Verbundenheit im Wohnviertel, die zugleich im Schlafgängerwesen die hohe Mobilität der damaligen Arbeiter ins soziale Netz einbindet (vgl. Niethammer/Brüggemeier 1976; Brüggemeier/Niethammer 1978, Crew 1980, Reck 1977).

Die innere Vielschichtigkeit der Arbeiterklasse und ihre Auswirkungen auf die Klassenindividuen im Wilhelminischen Reich ebenso wie in der Weimarer Republik wird darüber hinaus dadurch verdeutlicht, daß es neben der starken Arbeiterbewegung, die – wenn auch in der Weimarer Zeit als gespaltene und mit unterschiedlichen Strategien – der herrschenden Kultur opponiert, und den eher mißtrauischen, aber zuweilen scharf opponierenden Gruppen der unteren Arbeiterschichten zugleich eine beträchtliche Anzahl von Arbeitern gibt, die sich den Parteien des herrschenden Blocks zuordnen (etwa katholische Arbeiter dem Zentrum, z.B. im Ruhrgebiet). Nur in „Ausnahmesituationen" wie etwa der Novemberrevolution oder dem Kapp-Putsch wurden die dadurch innerhalb der Arbeiterklasse gegebenen politischen Grenzen praktisch überwunden. Dabei wurde zugleich deutlich, daß zumindest auf unterer Ebene die durch das „Lager" und die „Lagermentalität" vorhandenen Eigenschaften keineswegs so stabil waren, wie sie heute mitunter erscheinen; demgegenüber wußte sich die „Partei" im staatstragenden Sinne zu betätigen. Die gleiche SPD aber war es dann wiederum, die nach ihrer deprimierenden Verhaltensweise beim Kapp-Putsch und insbesondere in den Ruhrkämpfen nach wie vor die stärkste Arbeiterpartei blieb.

Man wird diesem komplexen politischen Zusammenhang, auf den ich hier nur in einigen Anmerkungen eingehe, nicht gerecht, wenn gegenüber der von der SPD geprägten Arbeiterbewegung und ihrer -bewegungskultur auf die unorganisierten 'Massen' gesetzt wird; denn die hochqualifizierten Arbeiter, die als soziale Träger dieser Kultur gelten, waren häufig die entschiedensten Verfechter eines antibürgerlichen Kurses. Einfache Rückschlüsse, die sich auf den beruflichen Status von Arbeitern beziehen (etwa Facharbeiter versus Massenarbeiter) und daraus die weitergehende 'Fortschrittlichkeit' der einen gegenüber den anderen ableiten wollen (etwa im Sinne einer 'anderen Arbeiterbewegung') entbehren nicht nur des erforderlichen Materials, sondern verfehlen den Gesamtzusammenhang einer in sich vielschichtigen Arbeiterklasse, die dem herrschenden Block konfrontiert ist; spätestens seit der bahnbrechenden Untersuchung von Erhard Lucas über „Zwei Formen von Radikalismus in der deutschen Arbeiterbewegung" (1976; vgl. auch Brüggemeier 1980; Stolle 1980) sollten sie ausgeschlossen sein. Grundgelegt im allgemeinen Zwang zum Tausch und zur Verausgabung der Arbeitskraft und eingegrenzt durch das staatliche Gewaltverhältnis eröffnet sich vielmehr aufgrund der je spezifischen Lage im Produktionsprozeß und der 'privaten' Situation, regionaler und branchenspezifischer Besonderheiten sowie unterschiedlicher 'Vergangenheiten' im Kontakt mit der herrschenden Kultur ein Spektrum von Verhaltensmöglichkeiten, die zwischen den Polen von Anpassung und Widerstand liegen. Bei der 'Wahl' dieser Möglichkeiten kann der Politik und den Praxisangeboten der Arbeiterparteien und -bewegungsorganisationen eine bedeutende Rolle zukommen – allerdings nur unter Berücksichtigung der vorgegebenen Arbeits- und Lebensbedingungen.

Seit einiger Zeit wird dieser Arbeits- und Lebenszusammenhang, in Kritik an der bisher vorwiegenden Behandlung der Arbeiterbewegungskultur, als Arbeiterkultur bezeichnet. In Anlehnung an die bahnbrechenden Arbeiten von E.P. Thompson und Raymond Williams (1972) oder auch die Annales-Schule und unter Berücksichtigung ethnologischer bzw. volkskundlicher Untersuchungen und Forschungsmethoden[8] wird der Blick auf die Institutionen und Organisationen der Arbeiterklasse überwunden und durch den auf die Lebensweise der Klassenindividuen ergänzt oder ersetzt. Als Arbeiterkultur gilt dabei der

> „Gesamtzusammenhang einer schichtenspezifischen Lebensweise, die ihren Ausdruck nicht nur und nicht vor allem in künstlerischen Manifestationen der Arbeiterschaft und ihren Bildungsbestrebungen, sondern im sozialen und politischen Verhalten, in Wertvorstellungen und eigenen Institutionen findet. Zur Arbeiterkultur gehören daher neben den Organisationen der Arbeiterschaft, die in ihren Funktionen als kollektive Interessenvertretungen und Instrumente politischer Partizipation auch Aufgaben einer industriegesellschaftlichen Sozialisation der Arbeiterschaft

8 Vgl. etwa im Anschluß an Thompson (1980), Rude (1980), Berdahl et al. (1982), Lüdtke (1978, 1980, 1982) und die Literaturberichte von Schindler (1984) und Medick (1984).

> wahrnahmen, auch das Freizeit- und Geselligkeitsverhalten der Arbeiterschaft, ihre Wohn-, Eß- und Trinkkultur, die Gebärden und Gewohnheiten am Arbeitsplatz, das Kommunikationsverhalten der Arbeiter im Betrieb, in Nachbarschaft und Kommune, die Struktur und das Beziehungsgeflecht der Arbeiterfamilie und hier vor allem das Rollenverständnis von Mann und Frau sowie das Verhältnis der Eltern zu den Kindern und zu sonst zur Wohngemeinschaft gehörenden Personen" (Ritter 1979, 1).

Aber es bleibt fraglich, ob durch diese notwendige Erweiterung des Blick- und Untersuchungsfeldes nicht auch Gefahren der Beliebigkeit des analytischen Zugangs gegeben sind, die sich etwa in einer normativen Fassung des 'Politischen' ausdrückt oder auch in Alltagsgeschichten, denen aufgrund einer fehlenden Begrifflichkeit 'Alltag' in kapitalistischen Gesellschaften zur Rumpelkammer der Geschichte wird, mit deren unendlichem Material man/frau sich heute identifizieren zu können glaubt. Solche Bedenken gelten selbst für die Konzeptualisierung von Arbeiterkultur durch Williams, der gegenüber einer statischen Klassenstrukturbestimmung und einer Organisationsgeschichte sowie einer Sammlung von Informationen über Kleidung, Sprache und Freizeitverhalten als „Kultur der Arbeiterklasse" bestimmt:

> „Keine proletarische Kunst, keine Versammlungshäuser oder ein Sprachgebrauch, sie ist vielmehr die fundamentale, kollektive Idee zusammen mit den von ihr ausgehenden Einrichtungen, Gewohnheiten der Gedanken und Intentionen." Im Vergleich mit der bürgerlichen Kultur liege der „entscheidende Unterschied... in den alternativen Ideen über die Natur der gesellschaftlichen Beziehungen" (Williams 1972, 392, 390).

Aber haben diese „alternativen Ideen über die Natur der gesellschaftlichen Beziehungen" es verhindern können, daß diese nach wie vor und vielleicht heute sehr viel stärker als im 19. und zu Anfang des 20.Jahrhunderts vorhanden und wirksam sind? Wird hier nicht letztlich ein romantisches Bild von der Arbeiterklasse und ihrer Lebensweise/Kultur gepflegt, das an den politischen Realitäten zerschellt, etwa am Scheitern der Novemberrevolution in Deutschland oder am Sieg der faschistischen Massenbewegung über Arbeiterklasse und Arbeiterbewegung; sollte nicht die Einbeziehung eines Teils der Arbeiterklasse in die Organisationen des Nationalsozialismus oder auch des italienischen Faschismus zur Vorsicht vor einer solch substanzialistischen Sichtweise mahnen?!

Pierre Bourdieu wendet bei seiner Untersuchung der Mechanismen zur Aufrechterhaltung der kapitalistischen Gesellschaft denn auch ein:

> „Wer an die Existenz einer 'Kultur der unteren Klassen' glaubt – schon diese Wortzusammenstellung bleibt unwillkürlich dem herrschenden Kulturbegriff verhaftet –, der wird bei näherer Betrachtung nichts als lose Fragmente einer mehr oder weniger

> alten Gelehrtenkultur auffinden (z.B. ein bestimmtes 'medizinisches' Wissen), die gewiß in Abhängigkeit von den Prinzipien des Klassenhabitus ausgewählt und reinterpretiert und in dessen unitäre Weltsicht integriert wurden; aber er wird nicht die Gegenkultur antreffen, die er sucht, eine wirklich der herrschenden Kultur opponierende, die bewußt als Symbol einer gesellschaftlichen Stellung oder als Bekenntnis zu einer autonomen Existenz reklamiert wird" (Bourdieu 1982, 616f).

Bourdieu kann seine Vorbehalte gegenüber einem substanzialistischen Begriff von Arbeiterkultur mit einer Vielfalt von Beispielen aus dem heutigen Frankreich belegen, die durch eine ebensolche Vielfalt etwa aus der Weimarer Republik ergänzt werden könnten. Die Fallen einer ökonomistischen Deutung der Verhaltensweisen von Arbeitern (=Produkt ökonomischen Zwangs) ebenso vermeidend wie die einer entscheidungstheoretischen Deutung (=freie Wahl), konzentriert er sein Augenmerk auf den „Notwendigkeitsgeschmack", der eine Art Kontrastfolie zum „Freiheitsgeschmack" der herrschenden Klasse darstellt. Gebunden in den Notwendigkeiten der unmittelbaren Lebenssicherung bleibt letztendlich nicht viel anderes als die distanzlose Anerkennung der Begrenztheiten und ihrer Notwendigkeiten, was sich in der Art der Lebensführung (Essen, Kleidung, Lesen, Fernsehen) niederschlägt (Bourdieu 1982, 289ff u. 585ff). Gegenüber Vorstellungen eines romantisierenden Populismus, dem die Kultur der unteren Klassen eine Gegenkultur ist oder zumindest war, hat er damit allemal Recht.

Aber in der Konzentration auf den 'Notwendigkeitsgeschmack' als Resultat eines Ausschließungsprozesses von den erstrebenswerten (?) Genüssen des 'Freiheitsgeschmacks' der herrschenden Kultur, den die Ausgeschlossenen sich selbst anlasten, gerät Bourdieu unversehens in gefährliche Nähe zur Vorstellung einer 'Unkultur' der niederen Klassen, denen das 'Wesentliche' fehle. „Die Projektion hochkultureller Kriterien führt dann dazu, daß der Begriff der Notwendigkeit nicht mehr in seinen je nach Klassenkontext unterschiedlichen Bedeutungen, d.h. als eine höchst umstrittene und umkämpfte Kategorie analysiert werden kann, daß die Anpassungsleistungen der Unterschichten an das für sie Notwendige vielmehr nur noch als ein Akt der Unterwerfung, 'ein Sich-in-das-Notwendige-Fügen, ein Resignieren (1) vorm Unausweichlichen' (Bourdieu 1982, 585) erscheinen" (Schindler 1985, 211). Gegenüber dieser letztlich instrumentalistischen Sichtweise von Bourdieu[9], der als einer der wenigen neueren Soziologen nicht nur die Beschaffenheit gesellschaftlicher Verhältnisse, sondern ihre Reproduktion, die wiederum vermittelt über die Handlungen von Klassenindividuen verläuft,

---

9 Zu einer weitergehenden Thematisierung der Bourdieu'schen Untersuchungen vgl. Honneth (1984), Lüdtke (1982, 33f) und Schindler (1985).

ins Zentrum seiner wichtigen Arbeiten gelegt hat, bleibt zu fragen, aus welchen Gründen eine Arbeiterkultur denn immer eine Gegenkultur und zudem immer den Subjekten bewußt sein müsse. Man wird dies nicht nur in Bezug auf die heutige, sondern auch auf die historischen Phasen fragen müssen, die als herausragende Zeiten eines scharfen Klassenkampfes gelten; denn auch in ihnen war die Zahl der organisierten und der herrschenden Kultur bewußt Opponierenden begrenzt, was unorganisierte nicht hinderte, sich am Klassenkampf zu beteiligen; allerdings waren die Formen der Beteiligung unterschiedlich.

Es ist erstaunlich, daß Bourdieu, der mit seinem Konzept des 'Habitus' nicht mehr den inhaltlich ausgeschöpften Argumentationslinien zwischen objektivistischer und subjektivistischer Deutung gesellschaftlicher Prozesse nachgeht, sondern gerade die Vermittlung zwischen objektiven Regelmäßigkeiten und direkt sichtbarem Handeln verfolgt, es als für das Vorhandensein einer Arbeiterkultur notwendig erachtet, eine Gegenkultur zu sein. Denn hiermit wird – mit Ausnahme von revolutionären Situationen, in denen der gesamte herrschende Konsens- und Herrschaftszusammenhang ins Wanken gerät – per definitionem gesetzt, daß es sie nicht gibt und geben kann. Hieran ist sicherlich richtig, daß die Arbeiterkultur keine in sich geschlossene ist, die der bürgerlichen Kultur diametral entgegengesetzt ist. Aber umso wichtiger ist es, auf Basis des Klassengegensatzes, den verwickelten Zusammenhang von Eigentätigkeit und Fremdbestimmung aufzuschlüsseln. Bourdieu hat in „Die feinen Unterschiede" hierzu wichtiges Material und bedenkenswerte Interpretationen vorgetragen, doch bei aller Subtilität der Rekonstruktion von bewußten wie nicht-bewußten Verhaltensweisen, letztlich setzen sich die 'Habitusformen' hinter dem Rücken der Individuen durch; aufbauend auf den Institutionen zur Verwirklichung des Konkurrenzverhältnisses zwischen den Individuen und Klassen, von denen insbesondere der Bildungsbereich entscheidend ist, setzt sich der gesellschaftliche Mechanismus durch, der die Arbeiter zur Anerkennung ihrer eigenen Subalternität zwingt. Insofern schlägt hier insgesamt ein Funktionalismus durch, bei dem alltägliche Verhaltensweisen immer dazu führen, mögen sie auch einen „Eigensinn" aufweisen, das herrschende System zu reproduzieren. Dabei wird in der Konzentration auf die Mechanismen habitualisierter Formen der Selbstverurteilung das staatliche Gewaltverhältnis ebenso vernachlässigt wie die Art der Durchsetzung der mit den Klassenverhältnissen verbundenen Handlungsweisen auch und gerade in den Formen des Klassenkampfes. „Bei aller Praxisorientierung verblaßt der tatsächliche Ablauf (für die Betroffenen) in der systematischen Aufschlüsselung. Die gerade alltagsweltlich greif- und fühlbare körperliche Gewalttat – eben auch in entwickelten Gesellschaften – entgeht dem Beobachter" (Lüdtke 1982, 39).

Die Rede von einer Arbeiterkultur mag viele Mißverständnisse in sich bergen, möglicherweise spricht man richtiger von Arbeiterkulturen, von Lebensweisen also, die durch die Ausprägung des Klassenverhältnisses im historischen Prozeß gekennzeichnet sind. Sie gibt nur dann einen Sinn, wenn berücksichtigt wird, daß diese in sich nichts Kohärentes und 'Erstes' darstellte und darstellt, sondern von Verknüpfungen und Widersprüchen geprägt war und ist. Allgemeine Definitionen verbieten sich ebenso wie die Ineinssetzung mit der Arbeiter*bewegungs*kultur, ohne daß die Arbeiterkulturen von ihnen ebenso wie von der herrschenden Kultur unabhängig wären. Die konkreten Menschen haben immer eine durch vielerlei Einflüsse geformte Subjektivität, sie sind kulturell und d.h. auch geschlechtlich geprägte Klassenindividuen. Als solche stellen sie aber, und dies ist durch die Untersuchungen zur Arbeiterkultur in eindrucksvoller und notwendiger Weise gegenüber einem ökonomistischen Marxismus belegt worden, keine leeren Köpfe zur Verfügung, in die nur noch die bürgerliche oder sozialistische/kommunistische Ideologie einzufüllen sei. Ideologien wirken immer auf einer vorhandenen Grundlage und werden möglicherweise durch diese gebrochen und modifiziert oder auch – in unterschiedlicher Weise – abgelehnt; diese Grundlage ist kulturell. Hierauf zu bestehen, heißt zu bestehen auf einer historischen Analyse und bedeutet auch, zu bestehen auf einer grundlegenden Untersuchung der Handlungen von Marxisten und ihrer Organisationen, in der auch die herrschenden Kräfteverhältnisse und Klassenverbindungen aufzunehmen sind (vgl. Johnson 1979, 234). Demgegenüber führt eine vordergründige Aufnahme des mit dem Begriff Arbeiterkultur angesprochenen Zusammenhangs etwa im Sinne des Versuchs der Wiederbelebung eines vormals scheinbar gegebenen homogenen Widerstandsblocks in die Irre. Kaum jemand hat das so klar gesehen wie Antonio Gramsci, der zugleich weit vor allen modischen Debatten um den Alltag auf die Bedeutung des Alltäglichen für den politischen Diskurs hingewiesen hat. Seine Formulierung von der bürgerlichen Herrschaft als „Hegemonie gepanzert durch Zwang" (Gramsci 1968 und 1983) verweist auf den untrennbaren Zusammenhang eines direkten staatlichen Gewaltpotentials mit „weichen" Formen der Integration der Klassenindividuen in den herrschenden Block an der Macht (Hegemonie), ohne daß dadurch eine bewußtseinsmäßig totale Einbindung vorhanden ist (und sein müßte).

5. Arbeiterkultur heute – Einige Schlußbemerkungen

In einer ebenso scharfen wie enttäuschten Bestandsaufnahme zur Arbeiterkultur in der Bundesrepublik stellt Theo Pirker apodiktisch fest: „Arbeiterkultur als Kultur der Arbeiterbewegung (ist, d.V.) nicht nur an ihrem Ende, sie ist nicht mehr da“ (Pirker 1985, 684). Ähnlich spricht Ruppert von einem „Bruch in der Arbeiterkultur“ (1986, 11), mit der die Vision des sozialen Fortschritts, wie sie seit ihrem Entstehen für die Arbeiterbewegung kennzeichnend gewesen sei, verblasse. In Bezug auf die Arbeiterkulturorganisationen haben sie damit zweifellos Recht; denn keine der in der Weimarer Republik bestehenden Massenorganisationen von SPD und KPD konnte ihre Bedeutung auch nur annähernd wiedererlangen, wenn sie überhaupt über ein Schattendasein hinausgelangten. Insofern ist eine Vorstellung wie die vom ‘Lager’ der Arbeiterbewegung und Arbeiterklasse für die heutige Situation nicht nur unzutreffend sondern absurd. Übrig geblieben ist vornehmlich eine SPD, die in ihrer Mitgliederstruktur zunehmend von Mitgliedern der Zwischenklassen, in ihrer Wählerschaft nach wie vor von großen Teilen der Arbeiterklasse dominiert wird, wobei die Gruppe der qualifizierten Arbeiter bestimmend ist; dagegen konnte die KPD sich als Organisation nicht behaupten, geriet im Zuge des Wirtschaftswachstums der fünfziger Jahre und nicht zuletzt durch das KPD-Verbot 1956 sowie die Begleiterscheinungen des DDR-Sozialismus an den Rand der politischen Ereignisse und ist bis heute in Gestalt der DKP dort geblieben. Demgegenüber konnten die Gewerkschaften in enger Verbindung und Arbeitsteilung mit der SPD in Form der Einheitsgewerkschaft ihre organisatorische Basis ausweiten und in einem in den Einzelgewerkschaften unterschiedlich ausgeprägten Arrangement mit den Unternehmerverbänden, das Auseinandersetzungen und Arbeitskämpfe nicht ausschloß, beachtliche Verbesserungen für ihre Mitglieder im ökonomischen und betrieblichen Bereich erzielen bzw. an ihre Fahnen heften.

Liegt es deshalb auf der Hand, daß ArbeiterInnenklasse und -bewegung in der BRD der herrschenden Klasse oder dem ‘System’ nicht als politischer Block entgegentreten, so sind die Implikationen des angedeuteten Zusammenhangs für die alltäglichen Handlungsweisen der Arbeiterindividuen und die Klassenkultur keineswegs so eindeutig, wie sie in den Urteilen etwa von Pirker und Ruppert aufscheinen. Das wird deutlich, wenn die Erfahrungen und Verarbeitungen der Phase des Faschismus aufgenommen werden, die für den Verlauf der Arbeiterbewegung in Deutschland von entscheidender Bedeutung ist.[10] Denn entgegen den Äußerungen von Aktivisten und Theoretikern der Arbeiterbewegung scheint die Masse der

10 Zur Haltung der Arbeiterklasse gegenüber dem Faschismus grundlegend: Mason (1981 und 1982), Wickham (1982), Niethammer (1983 a und b) und Niethammer/Plato (1985), die auch die Auswirkungen dieses Zusammenhangs für das Verhalten in der Nachkriegszeit erhellen; vgl. ebenfalls Hochstein (1984) und schon Fromm (1983); auf die Gefahren einer letztlich psychologistischen Betrachtungsweise („autoritärer Charakter“) verweist aber zu Recht Brückner (1982, 71f).

Arbeiterschaft den Wegfall der Kulturorganisationen nicht als entscheidenden Verlust zu erleben. Das verweist darauf, daß politische Auseinandersetzungen und politische Organisationen insgesamt für die Mehrheit von Arbeitern und Arbeiterinnen von weit geringerer Bedeutung sind als die unmittelbaren Lebensverhältnisse, unter denen sie sich zu behaupten haben. Insofern liegt hier der Begriff des 'Milieus' sehr viel näher als der des 'Lagers'; d.h. „die politische Identität der meisten ... beruhte darauf, daß sie sich in einem allgemeineren Sinne als Teil der Arbeiterklasse empfanden und von daher ihre Erfahrungen organisierten. Dahinter wird deutlich, daß eine Differenzierung der Arbeiterschaft nach parteipolitischer Orientierung im Alltag eine geringere Bedeutung hatte als andere Unterschiede wie Betriebszugehörigkeit, Konfession oder Ausbildungsgrad, vor allem aber Alter und Geschlecht" (Herbert 1985, 21). Weder vor, während noch nach der Zeit des Nationalsozialismus sollte diese Bindung ans 'Milieu' aber mißverstanden werden als Idylle einer 'vorkolonialisierten Lebenswelt'. Vorherrschend war vielmehr der Umgang mit dem Mangel, in dem insbesondere Frauen als Organisatorinnen der Reproduktion eine bedeutsame Rolle zukam; sie auch waren es, die seit jeher in der Arbeiterbewegung als Domäne von Männern kaum vertreten waren. In zugespitzter Form traf diese Überlebensstrategie in den Jahren nach der Niederlage des Faschismus die Mehrheit der Bevölkerung insbesondere in Arbeiterballungsgebieten wie dem Ruhrgebiet. Sah man sich dabei etwa in den Wirren des Schwarzmarktes in besonderer Weise auf die Vernetzung des Milieus angewiesen, so gewann in Folge von Wiederaufbau und Währungsreform der Wunsch nach einer Überwindung der Notgemeinschaften der Nachkriegszeit in Gestalt einer eigenen Wohnung und der Errichtung einer in sich stimmigen und nach außen abgegrenzten Kleinfamilie an Bedeutung (vgl. Herbert 1985, 40; Niethammer 1983b, 54f).

Wenn viele Arbeiter und Arbeiterinnen in diesem Kontext erfahren mußten, daß sie nach wie vor Objekte von politischen Entscheidungen, die andere trafen, waren, so machten sie zugleich die Erfahrung, daß im Wiederaufbau auf betrieblicher Ebene ein entscheidender Einfluß ausgeübt werden konnte, der in effizienter Weise insbesondere durch Betriebsräte ausgeübt wurde. In der Verfolgung dieser Linie, die in der pragmatischen Interessenverfolgung 'weltanschauliche' und kulturelle Dimensionen entbehrlich zu machen schien, sah man sich durch die Verbesserungen der betrieblichen Lage und der Lebensführung bestätigt, die aus einem gesicherten Arbeitsplatz resultierten. Damit vollzog sich allerdings keineswegs eine 'Verbürgerlichung' sondern eher ein arbeiterkulturell geprägtes Einlassen auf die herrschende Situation, der bei allen Verbesserungen auch distanziert begegnet wurde (vgl. grundlegend Mahnkopf 1985). „Die Lebensgeschichten der Arbeiter (des Ruhrgebiets, d.V.) machen ... deutlich, daß sie

Arbeiter blieben, die Subalternität und Ausbeutung als prägende Erfahrungen erlebten, die sich über die Gewerkschaften höhere Löhne und bessere Sozialleistungen erkämpfen mußten und die Gesellschaft als in 'wir und die' dichotomisch gespalten erlebten. Aber daneben gab es im Nahbereich auch Rechte. Nach dem Niedergang der Selbsthilfe-Macht der Betriebsräte und ihrer Ersetzung durch das Mitbestimmungssystem im Montanbereich weiteten sich die Klientelstrukturen der Betriebsräte zu einem Netz kommunaler, betrieblicher und regionaler Interessenvertretung aus, das gewerkschaftliche, kommunalpolitische, sozialstaatliche und sozialfürsorgerische Elemente hatte und in basisnahen Multifunktionären seinen personellen Ausdruck fand: ein Regionalmilieu arbeiterfreundlicher Substrukturen, aber ohne spezifische kulturelle und symbolische Inhalte oder politisch-programmatische Utopien" (Herbert 1985, 43f).

Diese kurze Kennzeichnung der fünfziger Jahre, die insbesondere für die Arbeiter des Ruhrgebietes getroffen wird, trifft in ihren Grundzügen wohl auch die weitere Entwicklung. Allerdings ist mit den in den sechziger und siebziger Jahren sich kumulierenden Verbesserungen in der Lohn- und Wohnungssituation und dem begrenzten Anstieg der sozialen Mobilität (Ausbau des Bildungswesens) insbesondere für die Nachkriegsgeneration ein weiterer Verlust der Bindungskraft des Milieus anzunehmen (vgl. Deppe 1982). Hierfür sprechen etwa die Zunahme von Wohnungseigentum in Arbeiterhand und die, nicht zuletzt durch staatliche Maßnahmen eingeleitete und forcierte, Zurückdrängung oder gar Auflösung von Arbeiterwohnvierteln (vgl. insgesamt Mooser 1984; Neef/Schardt 1983; Häußermann 1984). Allerdings ist neben den ökonomischen Einbrüchen zu Anfang der siebziger Jahre an die seit einigen Jahren anhaltende Krise des Arbeitsmarktes mitsamt der Massenarbeitslosigkeit zu erinnern, der inzwischen ein erheblicher Teil der Arbeiterklasse ausgesetzt gewesen ist bzw. ist.

Aber zugleich geht aus der Vielzahl industriesoziologischer Untersuchungen, bei aller Unterschiedlichkeit ihrer Anlage, hervor, daß nach wie vor ein Großteil der Industriearbeiter und -arbeiterinnen von einem dichotomischen 'wir da unten-die da oben'-Gegensatz ausgehen; dieser beinhaltet zwar kein in sich geschlossenes Gesellschaftsbild oder gar eine antikapitalistische Konzeption, in ihm zeigt sich allerdings bei allen Ambivalenzen und inneren Widersprüchen (vgl. Kudera et al. 1982; 1983 und Mahnkopf 1982) das Selbstbild einer von anderen Gruppen der Gesellschaft nach wie vor getrennten Arbeiterschaft. Daß dieses Selbstbild nicht ein Relikt vergangener Zeiten, sozusagen ein Traditionsüberhang, sondern gelebte Praxis darstellt, kann durch einige Hinweise zu den Implikationen der angesprochenen Veränderungen angedeutet werden (vgl. ausführlich und mit vielfältigem Material: Maase 1984 und insbesondere Mooser 1984).

Das gilt etwa für das Heiratsverhalten von Arbeitern und Arbeiterinnen: trotz aller Verschiebungen der Klassenstruktur ist die Arbeiterklasse nach wie vor (nach den Bauern) diejenige soziale Gruppe, deren Heiratskreis am weitestgehenden auf die eigene Klasse bezogen ist (bei Arbeitertöchtern wie -söhnen). 1971 verbleiben „Arbeitertöchter zwischen nahezu 60% für die Facharbeiterkinder und nahezu 75% der Kinder ungelernter Arbeiter auch durch ihre Heirat im Arbeitermilieu... Die Chance, daß eine Tochter eines höheren Beamten einen Arbeiter heiratet, liegt hier zwischen vier aus Hundert, während umgekehrt die Chancen einer Tochter aus dem Arbeitermilieu, über eine Heirat in die obere Hälfte der Mittelschicht zu gelangen, zwischen vier und zehn Prozent liegt" (Handl et al. 1977, 179; vgl. Mooser 1984, 132ff). Zeigt sich hier in den 70er Jahren eine ausgesprochene Homogenität des Verkehrskreises, so gilt ähnliches für das Wohnverhalten und die familiäre Situation. Zwar liegt die Blüte eines Quartierszusammenhangs von Arbeitern in der ersten Hälfte des 20. Jahrhunderts (vgl. Young/Wilmott 1972, 91), aber trotz zunehmender Häuslichkeit und der infrastrukturellen Ausdünnung der Wohnviertel gibt es nach wie vor einen solchen in Gestalt von sozialen Netzwerken, die ihren materiellen Kern in einer 'informellen Ökonomie' (Austausch von Dienst- und Arbeitsleistungen, Material etc. ohne den kapitalistischen Markt), aber auch in der Kneipe haben (vgl. Goeschel et al. 1982, 144ff; Neef/Schardt 1983). Aufgrund der gewachsenen räumlichen Immobilität von Arbeitern sind hier sogar Voraussetzungen gegeben, daß diesem Bereich in Zukunft eine verstärkte Bedeutung zukommt. Insofern beinhaltet die häufig festgestellte Privatisierung des Arbeiterlebens nicht notwendig eine Familiarisierung, wobei zu berücksichtigen ist daß die erweiterte Familie immer schon das Zentrum des Alltagslebens der Mehrheit der Arbeiterklasse darstellte (vgl. Young/Wilmott 1972; Hoggart 1967; Bublitz 1980).

Gerade das Beispiel eines zunehmenden Wohnungseigentums von Arbeitern, prototypischer Fall einer scheinbaren Verbürgerlichung, verweist eher auf eine arbeitertypische Form des Umgangs mit der für Arbeiter und Arbeiterinnen noch immer grundlegenden Begrenztheit der materiellen Sicherung und der Gefahr, dieser durch Arbeitslosigkeit vollends verlustig zu gehen. Denn bei allen Verbesserungen im Einkommen ist man zur sorgfältigen Haushaltsführung angehalten, um langfristig stabile Lebensverhältnisse zu sichern. Hierin liegt häufig das Motiv für den Bau eines Eigenheims, der die endgültige Verwirklichung eines kleinbürgerlichen Ideals zu sein scheint. Demgegenüber stehen die Erfahrungen von Mietverhältnissen, die den Zwang zur Lohnarbeit im Betrieb auch in den

Wohnbereich verlängern und denen man zu entkommen sucht. Der Restriktion wird der Traum vom gesicherten und eigenen Freiraum im Privatleben entgegengesetzt (vgl. Becker-Schmidt et al. 1983, 81ff). Zu seiner Verwirklichung bedarf es allerdings wiederum eigener Leistungen und in der Regel der Unterstützung durch die schon erwähnte informelle Ökonomie, ohne daß dadurch die erhoffte Sicherheit vollends zu verwirklichen wäre. Lebensstil und Einstellungen der Zwischenklassen werden von den Hausbesitzern der Arbeiterschaft (insbes. qualifizierte und gut verdienende Facharbeiter) kaum übernommen werden können (vgl. Häußermann 1984, 659), dazu sind der Anteil der Eigenarbeit und die finanzielle Beengtheit zu groß. Wenn der Traum sich darin als eingeschränkte Realität entpuppt, so sind auf dem Boden der geschlechtsspezifischen Arbeitsteilung insbesondere Frauen von seinen Konsequenzen betroffen: „Ihre Lohnarbeit hat die verbesserten und erweiterten Lebensmöglichkeiten im eigenen Haus erst realisierbar gemacht, von allen Familienangehörigen können aber gerade sie diese Möglichkeiten am allerwenigsten in Ruhe genießen; ihnen bleibt wenig Muße-Zeit“ (Becker-Schmidt et al. 1983, 92).

Wenn sich hierin, ebenso wie in den Quartierszusammenhängen, die Dominanz von Männern bestätigt, wie sie als Verhaltensform der 'Männlichkeit' insgesamt für Arbeiterkulturen als charakteristisch gelten kann (vgl. Willis 1979), so sind gleichwohl seit einiger Zeit Modifikationen erfolgt, die allerdings begrenzt bleiben. Denn zwar wird die geschlechtsspezifische Arbeitsteilung dadurch eingeschränkt, daß Arbeiter zunehmend an der Versorgung der Kinder beteiligt sind, aber Hausarbeit im engeren Sinne wird von ihnen noch kaum wahrgenommen. Im Fall einer Berufstätigkeit der Frauen nehmen die Männer allerdings auch verstärkt in diesem Bereich grundlegende Aufgaben wahr, die aber häufig als zeitlich begrenzt empfunden werden (vgl. Becker-Schmidt/Knapp 1985, 84ff); durch die zunehmende Berufstätigkeit von verheirateten Frauen – ein wesentlicher Unterschied etwa zur Weimarer Republik – erfolgt eine Lockerung des Männlichkeit-Syndroms. Dieses ist auch in der Konsumtion von Medien, deren Bedeutung etwa durch eine flächendeckende Ausstattung aller Haushalte mit Fernsehern zweifellos gegenüber vorherigen Zeiten zugenommen hat (vgl. Eurich/Würzberg 1983), festzustellen. So stehen Sportsendungen im Vordergrund, die im Gegensatz zu quantifizierbaren Leistungsbemessungen das kämpferische Spiel betonen (Fußball versus Leichtathletik oder Schwimmen) oder Spielfilme, in denen man das klar Geordnete wiederfindet (Actionfilme) und idealisiert, da man es nicht realisieren zu können glaubt. Insofern wirkt das Fernsehen weniger im Sinne einer Verbürgerlichung als im Sinne einer Bestätigung dessen, was ist, mit dem man sich beim Fernsehen zwar begrenzt auseinandersetzen kann, aber gerade dadurch, daß diese Abwehr im Medienkonsum erfolgen kann, von praktischen Veränderungen abgehalten wird (vgl. Prokop 1981, 90).

Der Arbeits- und Lebenszusammenhang der Arbeiterklasse (in ihrer internen Differenzierung) beinhaltet aus den angeführten Gründen für die Klassenindividuen auch in den 70er Jahren der Bundesrepublik keine Übernahme bürgerlicher Werte, die internalisiert worden wären; diese werden allerdings auch nicht abgelehnt und einfach durch 'proletarische Werte' ersetzt. Vorherrschend ist vielmehr ein Mischungsverhältnis, das durch grundlegende Ambivalenzen gekennzeichnet ist. Nach wie vor befinden sich Arbeiter und Arbeiterinnen kaum in affirmativer Übereinstimmung mit der kapitalistischen Realität, aber ebensowenig stehen zu dieser in grundsätzlicher Kritik oder praktizieren diese gar (vgl. ähnlich für die USA, Halle 1984 203ff). „Ambivalenz ist selbst ambivalent. In der nüchternen Realitätsbezogenheit, die Widersprüche gelten und stehen läßt, liegt beides: Wachsamkeit und Gewöhnung. Es ist ein vorpolitisches Potential. Es nimmt zur Kenntnis, was in dieser Welt nicht stimmig ist. Es reagiert darauf mit Empörung. Es garantiert aber nicht die tätige Aufhebung der Widersprüche" (Becker-Schmidt et al. 1983, 191). Neben der strukturellen Begründetheit ihrer Lage im Herrschaftszusammenhang der kapitalistischen Gesellschaft und ihrer besonderen Ausprägung im Nachkriegsdeutschland und den darin enthaltenen Erfahrungen von Unterordnung, aber auch Verbesserungen ihres Arbeits- und Lebensniveaus macht sich in dieser Ambivalenz auch der sozialdemokratische Diskurs eines Einlassens auf die bürgerliche Politikform geltend, in dem zugunsten eines reformistischen Etatismus selbst die Ansprüche einer politisch-kulturellen Hegemonie fallengelassen werden (vgl. Gransow/Offe 1981); das gilt in ähnlicher Weise für die Gewerkschaften. Für die Arbeiterklasse resultierte hieraus, daß ihr „Arrangement auf Widerruf" (Kudera et al. 1982) politisch durch die Deaktivierung eigener Durchsetzungsformen befestigt wird.

Die seit einigen Jahren anhaltende ökonomische Krisenentwicklung wird die skizzierte Situation zuspitzen und in ihren Implikationen für einen größeren Teil der Arbeiterklasse negative Wirkungen mit sich bringen; es besteht aber wenig Anlaß für die Erwartung einer hierdurch erfolgenden gravierenden Erweiterung autonomer Handlungsformen, in denen die politische Subalternität aufgehoben würde. Zwar sind in den Gewerkschaften seit einiger Zeit neue Thematisierungen der für ihre Mitglieder veränderten Lage festzustellen (Frauenfrage, Jugendliche, Neue Technologie, Atomenergie), in denen mitunter auch der sozialdemokratische Diskurs befragt wird, aber eine weitergehende Änderung kann vorerst nicht erwartet werden. Es wäre allerdings gerade in dieser Situation besonders fatal, hieraus im Zuge einer Fixierung auf die Neuen sozialen Bewegungen den Schluß einer weitergehenden Loslösung oder gar eines Abschieds von der Arbeiterklasse zu ziehen. Zwar gilt es Abschied zu nehmen von den Mythen der Arbeiterbewegung (vgl. Altvater 1982; Haug 1985), aber nach wie vor ist eine Überwindung des kapitalistischen Herrschaftssystems nur denkbar unter Einbeziehung der Arbeiterklasse; in der Vorstellung und Realisierung ihrer politischen Hegemonie kommt dem Arbeits- und Lebenszusammenhang (der Arbeiterkultur) unter den heutigen Bedingungen eine besonders zu beachtende Bedeutung zu.

1986

Von der Arbeiterkultur zur Individualisierung? Eine polemische Skizze zum Lobe der Massenkultur

Die Gewerkschaften in der Bundesrepublik sehen sich seit einiger Zeit neuen Herausforderungen gegenüber. In einer Zeit des Umbruchs scheint die Zukunft ungewiß, die Geschichte Vergangenheit, von der man sich gedanklich zu lösen hat, um neuen Anforderungen genügen zu können. Kaum eine Thematik ist dabei in den letzten Jahren so extensiv behandelt und aufgewertet worden wie die der Kultur. Eine Vielzahl von Tagungen und eine Fülle von Sammelbänden verweisen auf den immensen Bedeutungszuwachs dieses Diskussionsfeldes. Mögen die Themen im einzelnen unterschiedlich, die Zugangsweisen mitunter sogar gegensätzlich sein – einige Fluchtpunkte lassen sich konstruieren:

- das gilt zuvörderst vom Theorem der Individualisierung, mit dem besonders Ulrich Beck (1986) anscheinend den „Nerv der Zeit" getroffen und einen der wenigen soziologischen Bestseller der letzten Jahre veröffentlicht hat. Durch Verschiebungen im gesellschaftlichen Geflecht haben sich, so Beck und mit ihm viele andere, traditionelle Handlungsmuster aufgelöst und neue gebildet, die letztlich dahin tendieren, den Einzelnen von den anderen zu lösen und auf sich selbst zurückzuwerfen, was wiederum Chancen eröffnet wie Gefahren in sich birgt; denn der „Muff der Tradition" könnte ebenso über Bord geworfen wie eine totale Atomisierung bewirkt werden: Emanzipation und Handlungsautonomie versus Zusammenhanglosigkeit und Handlungsunfähigkeit bis hin zum Autismus.
- Maßgebliches Resultat der Auflösung traditioneller Handlungsmuster ist – zugespitzt formuliert – die Ersetzung alter durch neue soziale Bewegungen. Zwar gibt es noch soziale Ungleichheiten und Gegensätze, aber die 'alte' Klassenstruktur bildet sich nicht mehr in entsprechenden Kämpfen ab. Durch die Auflösung traditioneller Arbeiterkultur besteht die Tendenz der Ersetzung eines Klassengegensatzes durch den von „System und Lebenswelt" (Habermas), wobei das System Lebenswelten zu kolonisieren droht oder dies in Gestalt der Massenkultur schon bewerkstelligt hat. Dem können sich nur noch die besonders sensiblen Gruppierungen entziehen – halt die neuen sozialen Bewegungen, die sich ihrer Autonomieansprüche gegenüber den übermächtig werdenden Systemimperativen bewußt werden und diese zu modifizieren suchen.

- Dieser Weg scheint den alten sozialen Bewegungen, gemeint ist die Arbeiterbewegung, nicht mehr möglich. Gebannt in die materielle Welt der Dinge und der ihr entsprechenden Massen(un)kultur sind sie schlicht 'unzeitgemäß'. In Anbetracht zunehmender Risiken durch die zerstörerischen Resultate materieller Produktion, entwickeln sie nicht etwa grenzüberschreitende Konzepte, sondern bleiben der 'alten Welt' mit ihren materiellen Ansprüchen verhaftet. Zudem sind sie in Anbetracht einer zunehmenden Tertiarisierung („Dienstleistungsgesellschaft") eh auf dem absteigenden Ast. Der „Abschied vom Proletariat" (Gorz) liegt nahe. Wollen die Gewerkschaften überleben, so haben sie sich – immer gemäß dieser Position – auf diese neue Situation einzustellen, sich zu modernisieren. Von Dinosaurier-Organisationen sollen sie sich zu zeitgemäßen, modernen Organisationen mausern, um die neuen Aufgaben der „Dienstleistungsgesellschaft" bewältigen zu können. Flexibilität ist angesagt.
- Im Zuge einer fortschreitenden Internationalisierung des Kapitals und nicht zuletzt durch die Transformation der EG stellen sich Unternehmern wie Gewerkschaften neue Aufgaben, die durch neue Konzepte zu meistern seien. Das Zeitalter des High-tech fordere seinen Tribut insbesondere von den Gewerkschaften. Eine geistige Mobilisierung sei nötig, wie sie auf der Seite des Partners/Gegners in Gestalt der Unternehmenskultur („corporate culture") schon vorhanden sei. Insgesamt komme der Kultur zentrale Bedeutung zu, allerdings nicht in der Variante der – überholten – Arbeiterkultur, sondern eher im Sinne einer Verstärkung postmaterieller Werte, mögen diese sich als Stadtteilbezug mit familiärer Einbindung, als Forderung zur Kreativität, als Betriebskultur oder einfach als Aufforderung zum „Mensch-Sein" darstellen.
- Konterkariert wird dies Bild durch umstrittene Krisenphänomene, die zumindest Teile der Bevölkerung in einer andauernden Schärfe treffen, die in den 70er Jahren kaum geahnt wurde. Vor allem mit der permanenten Massenarbeitslosigkeit, die in Gestalt der Dauerarbeitslosigkeit verschiedene Gruppierungen für lange Zeit oder gar endgültig aus der Lohnarbeitssphäre zu verdrängen droht, wird eine „Unterklasse" geschaffen, deren politische Bindung gefährdet und gefährlich erscheint.

Auf jeden Fall scheint ein Umbruch angezeigt, eine Neuorientierung, in der die Weichen für die Zukunft gestellt werden. Der „Fortschritt" steht in Frage – fragt sich, für wen und mit welchen Folgen. Die Theoreme von Individualisierung und Kulturalisierung sind Teil der Neuvermessung eines Diskursfeldes, in dem auch den ArbeiterInnen ein neuer Platz zugewiesen wird, der ihrer veränderten gesellschaftlichen Lage entsprechen soll. Dringend genug, daß sie und mit ihnen die Gewerkschaften als Organisationen, die beanspruchen, ihre Interessen zu vertreten, sich der Voraussetzungen der behaupteten Veränderungen vergewissern.

1. Zur 'Unzeitgemäßheit' von Klassen

Die Debatte um eine „Individualisierung" hat ihre diversen Vorläufer. Nicht erst heute wird aus – um keine Mißverständnisse entstehen zu lassen: unübersehbaren und unbestreitbaren – Veränderungen in der Lebenslage und im Verhalten von arbeitenden Menschen auf grundlegende Veränderungen ihrer Lebensorientierung geschlossen. Grundgelegt im Topos der „Verbürgerlichung" wurde in der Weimarer Republik aus offensichtlichen Verhaltensänderungen und politischen Optionen auf eine Angleichung von diesen zugrundeliegenden Mustern der Lebensweise an das Bürgertum geschlossen (vgl. grundlegend Mahnkopf 1985). Nach und nach vollziehe sich die Übernahme von bis dahin unerreichbaren und/ oder abgelehnten Werten des Bürgertums; am deutlichsten zeige sich das an der tendenziellen Überholtheit des für das 19.Jahrhundert zentralen Gegensatzes von Individuum und Kollektiv; denn aufgrund der zunehmenden Möglichkeit zum sozialen Aufstieg, der Verbesserung der ökonomischen Situation und der Lebenslage sowie ihrer Beteiligung am politischen Willensbildungsprozeß und der Anerkennung ihrer Interessenorganisationen (insbes. der Gewerkschaften) sei die Arbeitern „naturgemäße" Kollektivität nur mehr in Ansätzen vorhanden, zunehmend durch massive und der neuen Situation angemessene Individualisierungsbestrebungen in Auflösung begriffen. Eine Epoche schien beendet.

In eigentümlichem Kontrast hierzu wandte sich die nationalsozialistische Massenbewegung, der es mit spezifischen Methoden gelang, auch eine nicht zu unterschätzende Anzahl von Arbeitern für sich zu mobilisieren (vgl. z.B. Lüdtke 1989, Herbert 1989), gerade gegen die – wenn auch in sich gespaltene – Arbeiterbewegung, um Deutschland tatsächlich eine neue Epoche zu eröffnen, die des deutschen Faschismus mit all seinen bekannten Formen praktischer Unterdrückung, mörderischer Kriegsführung und Massenvernichtung. In der Ausschaltung all jener in der Sicht der Nazis und ihrer auch staatlichen Helfershelfer „antivölkischen und staatszersetzenden Elemente", seien sie als solche deklarierte Juden, Mitglieder der Arbeiterbewegung, Homosexuelle oder Schwachsinnige – schlichte „Volksschädlinge" also –, wurde ein neues Deutschland geformt, in dessen faschistischer Vergesellschaftungsform Individuen zugerichtet und Massen aufgelöst und eingeleitet wurden in die Volksgemeinschaft. Nicht mehr Klassen sollte es geben, auch keine Individuen, sondern nur noch Deutsche, Arier, die den aus- und inländischen Feinden gegenübertreten sollten.

Das Erwachen kam – nach der militärischen Niederlage durch die Alliierten. Und kaum jemand war es gewesen, alles schien eher ein Spuk. Hitler war tot. Die Deutschen konnten aufbauen. Die wenigen, die sich erinnern wollten und denen aufgrund eigener Erfahrungen das Grauen nicht weichen konnte, waren auf verlorenem Posten oder noch immer in der erzwungenen Emigration. Ihre Anmahnungen, daß der Faschismus nicht vom Himmel gefallen oder aus der Hölle gekrochen war, sondern Resultat der gesellschaftlichen Verhältnisse und d.h. Ergebnis einer bestimmten *historischen Konstellation* kapitalistischer Klassenverhältnisse und -auseinandersetzungen gewesen war, wurde nur in kleinen Kreisen gehört. Ebenso ihre Forderung, daß hieraus Konsequenzen zu ziehen seien, die Veränderungen auch der Gesellschaftsstruktur beinhalten müßten. Die Notwendigkeiten des „Wiederaufbaus" erstickten solcherart Bemühungen, die Parteigenossen wurden entnazifiziert, das „Wirtschaftswunder" begann, die Bundesrepublik wurde demokratisch wie es die Weimarer Republik gewesen war, der Staat war stabil. Zwar gab es Auseinandersetzungen, in denen Forderungen der Arbeiterbewegung aufgenommen wurden oder anklangen (Vergesellschaftungsforderungen, Mitbestimmung, Antimilitarismus etc.), aber spätestens mit dem Marshall-Plan war der Weg in die geordneten Bahnen des Westens geebnet: Wirtschaftswachstum und Massenkonsum nahmen dem Klassenkonflikt einstweilen seine Spitzen.

Es mag als Ironie der Geschichte erscheinen, daß einer der prominentesten theoretischen Begleiter und Unterstützer dieser Entwicklung und seiner für alle Beteiligten verheißungsvollen Ergebnisse sich auch schon einige Jahre zuvor staatserhaltend am „neuen Deutschland" betätigt hatte: Helmut Schelsky, der seinen wissenschaftlichen Weg im Nachkriegsdeutschland an einer Gewerkschafts-Hochschule begann, prägte mit seinem Wort von der „nivellierten Mittelstandsgesellschaft" einen terminus technicus, dessen Stellenwert für die sozialwissenschaftliche Diskussion der 50er und 60er Jahre kaum zu überschätzen ist. In Anlehnung an die konservative Massenkritik der Weimarer Republik wird dabei eine gesellschaftliche Strukturverschiebung behauptet, welche eine Qualifizierung der Gesellschaft als kapitalistische hinfällig mache; zwar gebe es noch soziale Unterschiede, aber innerhalb der vorherrschenden Auf- und Abstiege sozialer Mobilitätsprozesse dominiere letztendlich die Mitte, in der sich die Individuen auch verhaltensmäßig treffen würden. Und diese Verhaltensweisen beinhalten die Nichtexistenz von Klassen oder einer Klassenstruktur. Auf der Basis vorgeblicher gesellschaftlicher „Sachgesetzlichkeiten" habe sich somit eine

Individualisierung vollzogen, die nunmehr in Form moderner Verhaltensweisen („american way of life“: aus Politik wird show, aus Beruf: Job, aus Muße: week-end, aus Liebe: Sex, vgl. Riesmans „lonely crowd“ 1956; kritisch König 1988) die Vermassung erträglich mache. Denn zwar stehen die behaupteten Verhaltensänderungen im Gegensatz zu den auch von Schelsky, Gehlen, Freyer etc. hochgehaltenen konservativen Werten, aber zugleich versprechen die „neuen Strukturen der ‘außengeleiteten Gesellschaft’ eine Epoche neuer sozialer Stabilisierung“, vergleichbar „den Verhältnissen der stabilen traditionsgeleiteten Sozialverfassung“ (Schelsky 1956).

Es mag überraschend erscheinen, daß vieles von dieser *Zeitdiagnose,* in der ein eigenartiges Gemisch von empirisch konstatierbaren Verhaltensänderungen, allgemeinen Trendbehauptungen und vorgeordneten konservativen Grundwerten zusammenkommt, inzwischen wieder ausgesprochen modern anmutet und heute eine noch vor Jahren ungeahnte Renaissance erfährt. Bei allen Unterschieden im Detail und auch angesichts der politisch konträr *gemeinten* Zielrichtung steht auch Ulrich Becks „Risikogesellschaft“ in diesem Kontext. Ähnlich wie schon bei Schelskys „wissenschaftlich-technischer Zivilisation“ droht der Gattung Mensch ihre Vermassung – in Gestalt ihrer Individualisierung – und sie sieht sich den unwägbaren Gefahren einer kaum noch identifizierbaren Megamaschine gegenüber, vor der althergebrachte Gegensätze nur noch verblassen können. Wer vermöchte angesichts von Tschernobyl, des sichtbaren Elends in der 3. Welt, der Zerstörung der Umwelt, die tatsächlich bis in die Poren der alltäglichen Lebensvollzüge reicht, in Anbetracht drängender und sichtbarer Destruktionen also, noch analytische Fragen nach der kapitalistischen Formbestimmtheit der Produktion und klassenspezifischen Besonderheiten ihrer Arbeits- und Lebensweise zu stellen, erscheint die „Arbeitsgesellschaft“ doch gerade überholt. Bisherige theoretische Kategorien wie politische Zielsetzungen verblassen, das Feld gehört einem „Neuen“, auch wenn es – zumindest in Teilen – nur Altes wiederholt:

> „Wir schlittern in eine neue Gesellschaft, nicht in eine veränderte Gesellschaft, nicht in eine ‘postindustrielle’ oder ‘spätkapitalistische’ Gesellschaft (...), sondern in ein neuartiges gesellschaftliches Gefüge, für das wir noch keinen Begriff und damit noch keinen Blick haben“ (Beck 1985: 90).

Die Konturen dieses „Neuen“ aber sind so unscharf, daß letztlich alles in „Neuer Unübersichtlichkeit“ (Habermas) zu verschwimmen scheint. Um so frappierender ist die Einigkeit im Bild vom „Kapitalismus ohne Klassen“ (Beck), das verschiedene Gruppierungen von den Grünen als Vertretern der Neuen Sozialen Bewegungen bis hin zu Neokonservativen eint. Unter Bezug auf die offensichtlichen Mängel des „realen Sozialismus“ kann eine politische Perspektive nur noch in etwas „Ganz Anderem" gesehen werden. Nicht mehr Klassenlagen bestimmen Leben und Handlungen der Menschen sondern „Gefährdungslagen", denen wir alle uns ausgesetzt sehen. Als solche aber, das ist einer der Kernpunkte dieser Argumentation, sind diese Betroffenen „in Sachen ihrer eigenen Betroffenheit unzuständig" (Beck in Erd et al.1986: 148). Entmündigt durch die technologische Expertokratie, sind sie möglicherweise noch irgendwie zu politischen Handlungen fähig, aber für den Normalfall herrscht der Verelendungsdiskurs vor. Dieser bezieht sich nunmehr allerdings nicht mehr auf die „materielle Ausprägung" einer verdinglicht gesehenen Klassenlage, sondern auf die Psyche aller Menschen:

> „In der Konsequenz schlagen gesellschaftliche Probleme *unmittelbar* um in psychische Dispositionen: in persönliches Ungenügen, Schuldgefühle, Ängste, Konflikte, Neurosen. Es entsteht – paradox genug – eine neue *Unmittelbarkeit* [Hervorh.i.0.] von Individuum und Gesellschaft, die Unmittelbarkeit von Krise und Krankheit in dem Sinne, daß gesellschaftliche Krisen als individuelle erscheinen und nicht mehr oder nur noch sehr vermittelt in ihrer Gesellschaftlichkeit wahrgenommen werden" (Beck 1986: 159). „Individuum und Gesellschaftsstruktur werden mehr und mehr sozusagen direkt kurzgeschlossen, so daß das Kollektivschicksal unmittelbar in ein individuelles Schicksal und in psychische Konflikte umschlägt und durchschlägt" (Beck 1983: 57).

In dieser Koppelung von Individualisierungs- und Erosionsthese mit dem Unmittelbarkeitskonzept in Form des psychischen Verelendungsdiskurses scheint mir der Kern des „Zeitgemäßen" von Ulrich Becks Buch zu bestehen. Der „Katastrophismus" bezieht sich auf *die* Gesellschaft und *die* Menschen, gleichzeitig wertet er – bei allen Vorbehalten gegenüber den Resultaten *scheinbar* technischer Wissenschaften – die Sozialwissenschaften gegenüber Wirtschaft und gemeinen Menschen auf. In Anbetracht all der den Menschen aufgezwungenen Verdinglichungen scheinen die Sozialwissenschaften wieder auf dem Wege zur Sinnfrage zu sein, einem Weg, der ihnen selbst ihren Sinn und gesellschaftlichen Nutzen bestätigen kann. Hierbei stellen auch die Gewerkschaften einen wichtigen Gesprächspartner und ein gesuchtes Betätigungsfeld dar, in dem die neue *Orientierung* zu verbreiten gesucht wird. Sprach man vor einiger Zeit noch von einer „Krise" der Sozialwissenschaften, so war der zeitdiagnostische Nutzen zu belegen. Insofern spricht sich, so paradox es erscheinen mag, im Individualisierungskonzept auch wieder jener „Massendiskurs" aus, wie er schon für die Weimarer Republik bei vielen Intellektuellen vorherrschend war.[1] Angesichts

1 Es mag überraschen, daß gerade Gesellschaftswissenschaftler die Konjunkturen ihrer Diskussionen in ihrer eigenen Tätigkeit kaum berücksichtigen und – nicht unähnlich den bespöttelten Slogans der Werbung – dahin tendieren, die immer wieder einzigar-

Abb. 1 (o.): Werksbücherei bei Schlägel und Eisen
Abb. 2 (u.): Borussia Dortmund im Trainingslager beim Kartoffelschälen (Anfang der 50er Jahre)

einer übermächtig erscheinenden Gesellschaft und aufgrund eines manifesten Bedeutungsverlustes der Sozialwissenschaften, der durch die Dominanz der Naturwissenschaften noch zugespitzt wurde, erinnern sich – teilweise gerade eher kritische – Geistes- und Sozialwissenschaftler ihrer Sinngebungskompetenz und artikulieren eher „schaurige Bilder" (Bogdal 1978) von den Massen, denen sie dadurch ihre Erziehungsbedürftigkeit attestieren. Darin und in der „Angst des Bürgers vor den Massen" (Möding) treffen sie sich in manchen Aspekten mit den Konservativen in einer neuen Art von Kulturkritik, die sich dem Impetus einer neuen Gemeinschaftlichkeit verpflichtet weiß.

2. Individualisierung versus Arbeiterkultur?

Auch heute sind Arbeiterinnen auf eine spezifische Weise in die kapitalistische Klassenstruktur eingebunden, auf eine Weise, die ihre soziale Lage, ihre Klassenlage deutlich und für den Verlauf ihres Lebens folgenreich von der anderer sozialer Gruppierungen unterscheidet. Gleichzeitig sind sie individualisiert.[2] Gefangen im allgemeinen Zwang zur Arbeit, dem sie nicht entrinnen können und mögen die Verheißungen eines „Endes der Arbeitsgesellschaft" ihnen noch so vehement entgegentreten, haben sie ihre Fähigkeit zu arbeiten auf dem Warenmarkt anzubieten bei Strafe ihrer Marginalisierung. Wenn es ein Pech ist, produktive ArbeiterIn zu sein (Marx), so ist es ein doppeltes Pech, dies nicht sein zu können; die Betroffenen, jenes Heer von heute 2-4 Millionen Arbeitslosen in der Bundesrepublik kann sich der Sicherheiten des Sozialstaats bedienen – die Fülle des in allen Ton- und Spielarten angepriesenen und die Kaufhäuser überbordenden Warenangebots, zusammengekarrt aus allen dem Weltmarkt einverleibten Ländern der Erde, steht grundsätzlich auch ihrem Konsum frei. Es hapert nur an der Zahlungskraft, dem allgemeinen Medium und Zahlungs-

---

tige Neuheit ihrer Produkte hervorzuheben. Die von ihren Wünschen unabhängige Einbezogenheit in die je herrschenden Diskursfelder wird dadurch augenfällig (vgl. Berking 1984; Thien/Wienold 1988; König 1988). Zur detaillierteren Auseinandersetzung mit Beck und ihm verwandten Positionen siehe Dörre (1988) und vor allem Ritsert (1987, 1989).

2 Bei den folgenden Ausführungen wird auf eine systematische Aufnahme der heutigen Klassenstruktur verzichtet, da hier an den voranstehenden Aufsatz angeküpft wird und die subjektiven Implikationen der sozialen Lagen von Arbeiterinnen in der BRD im Vordergrund stehen. Zur Aufgabenstellung einer nicht-ökonomistischen Klassenanalyse vgl. Balibar (1986), Bader/Benschop (1989), Bader/Benschop/Krätke/van Treeck 1998 und neuerdings die Beiträge in Thien (2010).

mittel der Individualisierung. Bewegt sich diese bei Arbeitslosen in Richtung auf die Sozialfürsorge, deren „Warenkorb“ sich auf eher sparsame Lebensmittel beschränkt, deren Niveau betuchten Menschen kaum vorstellbar ist, können diese schwelgen... Aber so banal es erscheint – auch diese, mögen sie als „Neue Selbständige“ oder Yuppies die Boutiquen und Schönheitssalons bevölkern oder postmoderne Wohnformen kultivieren, sind zum Gelderwerb verurteilt, der in der Regel durch Arbeit erfolgt. Das fordert die Bewegungsform der Konkurrenz untereinander: Konkurrenz um den Arbeitsplatz und dessen Sicherheit, um Lohnverbesserungen, um sozialen Aufstieg oder das Vermeiden von Abstieg. Ein zwanghafter Wettbewerb, dessen Erfolge den Erfolgsgewohnten selbstverständlich sind, die Aufstiegswilligen eher ermatten und sie um den Genuß bringen. Im Ergebnis erweist sich der verheißene soziale Aufstieg denn auch als Chimäre; allzu festgezurrt sind die Strukturen.

Wenn der soziale Aufstieg also sehr begrenzt ist, so gibt es ihn immerhin und er dient manchem als Folie für das eigene Handeln. Das war nicht immer so. In vorkapitalistischen Zeiten – etwa in jener historischen Phase des Feudalismus, die heute gern als Welt der Ordnung und Harmonie z.B. zum Zwecke einer vorgeblichen Einheit mit einer konstruierten „Natur“ ausgestellt wird – waren die Mitglieder sozialer Gruppierungen gebannt in deren ständische Verfaßtheit, die wiederum eingebettet war in die Form direkter Herrschaft. Äußere Gewalt bestimmte letztendlich das gesellschaftliche Gefüge, in das die Einzelnen eingebunden waren, ohne sich vereinzeln und eine Individualität im heutigen Sinne überhaupt erkennen zu können.

Eine grundsätzliche Änderung erfolgt erst im Zuge der Konflikte im Ancien Regime bei der Durchsetzung der bürgerlichen Gesellschaft mit dem Kapitalverhältnis als ihrem Zentrum (vgl. grundlegend Gerstenberger 1990). Zwar besteht die Gesellschaft auch jetzt nicht aus Individuen, sondern sie drückt die Summe der Beziehungen aus, in denen diese Individuen zueinander stehn (Marx 1974: 176), aber nicht mehr starre, von außen vorgegebene herrschaftliche Gewalt bestimmt ihre Lage, sondern diese vollzieht sich durch ihr individuelles Handeln auf der Grundlage scheinbar sachgesetzlicher gesellschaftlicher Gegebenheiten, die es zu bestätigen gilt. Gleichheit, Freiheit und Eigentum sind nunmehr die Imperative des Handelns, die auf Basis der Produktionsvoraussetzungen durch Arbeit zu verwirklichen sind. „Diese Art individueller Freiheit ist daher zugleich die völligste Aufhebung aller individuellen Freiheit und die völlige Unterjochung der Individualität unter gesellschaftliche Bedingungen, die die Form von sachlichen Mächten, ja von übermächtigen Sachen – von den sich beziehenden Individuen selbst unabhängigen Sachen – annehmen“ (ebd.: 545).

Die beteiligten Menschen, insbesondere jene ehemals ständischen und unterständischen Massen mochten die Vorzüge dieser modernen Art individuell- gesellschaftlichen Zusammenhalts nur selten einsehen; sie bedurften des Zuspruchs von oben. Der Weg führte über die Einrichtung eines allgemeinen Bestrafungssystems (Foucault 1979) zur sukzessiven Einführung eines allgemeinen öffentlichen Schulsystems zu Ende des 19. Jahrhunderts, das in seinem Kern auch heute existiert. Mit ihm wird, begründet in der Schulpflicht, den SchülerInnen/späteren Staatsbürgern/Arbeitskräften/Menschen eine Zukunft versprochen, die sie sich selbst durch die Bewährung in der Konkurrenz eröffnen sollen. Vorausgesetzt ist das gesellschaftliche System der Arbeitsteilung, dem sie sich in seiner kapitalistischen Form zu beugen haben (vgl. Gröll 1975; historisch: Thien 1984; Treiber/Steinert 2005). Die „traditionalen Welten" (Bausinger 1985) waren ebensowenig einfach fortschrittsfeindlich wie die zivilisatorischen Tendenzen zur Durchsetzung der bürgerlichen Handlungsformen nur fortschrittlich. Der „Eigensinn" vieler ProduzentInnen gegenüber den Verheißungen des neuen Zeitalters galt nicht primär der Technik, sondern dem ihr immanenten Herrschaftsverhältnis, manch „Volk" kämpfte für die demokratische Revolution etwa 1848, hielt sich aber zurück bei allgemeinen Proklamationen und Hoffnungen, die eher Sache der Gebildeten waren. Deren Bewegungsform war die bürgerliche Öffentlichkeit, während die „Ungebildeten" sich eher ihrer Erfahrungen im Kontext einer Volkskultur vergewisserten (vgl. van Dülmen/Schindler 1984; Kaschuba 1988; Hachtmann 1997).

Diese Volkskultur, von der die Arbeiterkultur im Verlaufe des 19. Jahrhunderts Elemente in sich aufnimmt, war nicht einfach widerständig, kein in sich geschlossenes organisches Ganzes, das gegen die Herrschenden gerichtet war. Zwar gab es soziale Protesthandlungen und mitunter handfeste Auseinandersetzungen, aber vorherrschend waren Verschränkungen mit der dominanten Kultur, die allerdings in den eigenen Kontext gestellt und verwandelt wurde. Vorherrschend waren Versuche, die herrschenden Werte und Umgangsformen zu unterlaufen, sich den Herrschenden zu entziehen, soweit es möglich war. Insofern waren in ihr auch stets Elemente der „Modernisierung" aufgenommen, ohne gleichzeitig Momente einer Aversion gegen „das Fremde" zu verlieren. Volkskultur (ausgedrückt etwa im Dialekt, in Bräuchen wie den Charivaris etc.) also nicht als autonome Einheit, die gegen Moderne und Fortschritt gerichtet sei und von diesen aufgezehrt werde, so ein immer wieder gängiges Bild, sondern als Arrangement mit eben dieser Moderne, die den „kleinen Leuten" in Gestalt der dominanten Kultur gegenübertritt.

Das gilt entsprechend für die Arbeiterkultur, deren Auflösung immer wieder behauptet worden ist und wird. Nicht „Rationalität" und „Lebenswelt" standen und stehen sich gegenüber, nicht um eine gelungene „Kolonialisierung von Lebenswelten" (Habermas 1981, Bd.2: 247ff) handelt es sich, sondern um die Bewältigung von existentiellen Fragen auf der Grundlage einer untergeordneten Klassenposition, die gerade durch den Akkumulationsprozeß des Kapitals und die mit ihm einhergehenden Umwälzungen der Produktionsprozesse stets neue Zuspitzungen erfährt, mit denen umzugehen ist. *Der* Arbeiter des 19. Jahrhunderts ist ebenso ein Konstrukt wie der des 20. Jahrhunderts. Leicht schleicht sich dabei das Bild einer *damals*[3] noch wirksamen „Natur des Arbeiters" ein, der sozusagen aus Instinkt ein Klassenkämpfer gewesen sei. Bezugspunkte sind das Anwachsen der Arbeiter*bewegung* zu Ende des 19. Jahrhunderts und insbesondere die Arbeiterkulturbewegung mit ihrem Netz von Vereinen, die einer erheblichen Anzahl von ArbeiterInnen zum wichtigen Rückhalt bei der Bewältigung ihres Alltags wie bei der Selbstvergewisserung politischer Ziele wurden (vgl. Wunderer 1980; Lidtke 1985; van der Will/Burns 1982). Allzu häufig führen aber plakative Reminiszenzen an eine vorgeblich vorhandene Form von Arbeiterkultur, in der Arbeiter sozusagen mit der Muttermilch das Klassenbewußtsein einsogen und ihr ganzes Leben lang aufrechte – wenn auch irgendwie tumbe und letztlich erfolglose – Klassenkämpfer waren, in die Irre. Die Arbeiter*bewegungs*kultur, in sich von verschiedenen Strömungen durchzogen und nicht grundsätzlich gegen das Herrschaftsgefüge und seine Agenturen immunisiert, erfaßte nur einen begrenzten Teil der Arbeiter, während Arbeiterinnen kaum beteiligt waren.

Von einem quasi „natürlichen" geschlossenen kulturellen Block der ArbeiterInnen also keine Spur, die Möglichkeit einer Arbeiterklasse als *handelnde Klasse,* die den herrschenden Block an der Macht herausforderte oder zumindest besonderen Unterdrückungszumutungen begegnete, deutete sich nur in außerordentlichen Konstellationen an: in der Novemberrevolution 1918 oder bei der Niederschlagung des Kapp-Putsches etwa begannen sich in lokalen und regionalen Auseinandersetzungen Züge einer politisch handlungsfähigen Klasse abzuzeichnen. Organisatorische Vermittler begannen über den oft engen Kreis von Organisationsmitgliedern zu greifen und politische Zielsetzungen gelangten ins Handlungsfeld einer größeren Zahl von Klassenindividuen nicht nur der Arbeiterklasse.

---

3 Dies „damals" ist eines der Zauberworte der heutigen Debatte um eine Individualisierung, in der man sich angesichts der offensichtlichen Änderungen in der Regel mit vordergründigen Allgemeinplätzen der „Hure Geschichte" (Benjamin) begnügt. Und das angesichts von in den letzten 30 Jahren wichtigen Forschungsergebnissen und neuen Sichtweisen gerade zur Arbeiterkultur (vgl. zusammenfassend etwa: Boll 1986; Kramer 1987; Lüdtke 1989).

Für den gewöhnlichen Gang der Dinge aber waren die – in sich differenzierte – Arbeiterbewegung und ihre Vereine von den alltäglichen Zumutungen vieler Arbeiterindividuen ein gutes Stück weit entfernt. Der Zwang zur ständigen Erneuerung der Reproduktion als Zwang zur Arbeit erfolgte auch in Konkurrenz zueinander und konnte nicht per se solidarisch aufgefangen oder gewendet werden. Ungelernte Massen- und Gelegenheitsarbeiter, qualifizierte Facharbeiter, Arbeitsemigranten aus Polen mochten zwar insgesamt den „Arbeitskörper" eines Betriebes bilden, aber sie waren erst einmal unterschiedliche, oft gegensätzliche Gruppierungen, zudem individualisiert, auf sich selbst angewiesen in der alltäglichen Sicherung des Lebensunterhalts (vgl. Lucas 1976, 1983 und die aufschlußreiche Lokalstudie über Bochum von Crew 1980). Frauen hatten auf dieser Basis die Mühen der familiären Gestaltung der individuellen Reproduktion zu bewältigen, mußten den Umgang mit dem Mangel in Haus- und Schattenarbeit und häufig der eigenen Erwerbsarbeit organisieren. Die sozialistische Utopie versprach einen Ausweg aus dem Elend des Alltags, aber ebenso häufig wie man aus ihr Sinn zu gewinnen versuchte, verblaßte sie angesichts der Tag um Tag sich erneuernden praktischen Sorgen und Mühen. Die Organisationen der Arbeiterbewegung, seien es SPD und Gewerkschaften oder auch KPD und Betriebssyndikalisten waren präsent, aber gleichzeitig weit entfernt; sie boten ein fernes Ziel an, aber mit der Unmittelbarkeit war praktisch umzugehen. In der Konstruktion eines positiven Arbeiterbildes, dem heroische Züge verliehen wurden, bestärkten Arbeiterorganisationen oft den Abstand zu den ArbeiterInnen-Massen, denen der Mythos vom aufrechten Klassenkämpfer entgegenhalten wurde, um für das ferne Ziel, jenes *ganz Andere* zu mobilisieren (Hauk 1986). Aber sie waren keine „sauberen Mädel und starken Genossen" (Rohrwasser 1975) und konnten solche Identifikationsangebote allenfalls im Mythos (etwa von der Sowjetunion als „Vaterland des Proletariats") aufgreifen; konkret waren sie „unrein" und sahen sich weiterhin der herrschenden Situation mit ihren unheroischen Zwängen ausgesetzt. Hier boten sich Anknüpfungspunkte für die Sicherung der bürgerlichen Hegemonie, die einem durchaus vorhandenen Protestpotential eine Bewegungsform versprach. Der Nationalsozialismus insbesondere mit der SA als seiner „Arbeiterabteilung" demonstrierte auf seine Weise ungeahnte Verknüpfungsmöglichkeiten (vgl. Balistier 1989). Die Kämpferinnen des antifaschistischen Widerstands konnten an ihnen irre werden.

Kein Grund also, heute in *romantischer Weise* die historische Arbeiterkulturbewegung zu verklären und ihre reale Widersprüchlichkeit zu übersehen. Kein Grund aber auch, in der Absetzung von der Arbeiterkultur das Lob der „demokratischen Massengesellschaft" (Tenfelde 1988) zu singen, wobei Tenfelde die Arbeiterkultur*bewegung* mit der Arbeiterkultur verwechselt und damit über die nach wie vor vorhandenen Schwierigkeiten der Gestaltung des Lebens von ArbeiterInnen im heutigen Kapitalismus hinweggeht. Der mit dem Begriff Arbeiterkultur bezeichnete Zusammenhang der Lebensweise und Artikulationsformen von ArbeiterInnen eignet sich weder dazu, aus der Geschichte Konzepte für heutige Aufgaben zu entlehnen – das mögen Dogmatiker und Romantiker glauben; er eignet sich aber auch nicht dazu, die heutige Situation in hellem Lichte erstrahlen zu lassen. Er kann allerdings Hinweise geben und Zusammenhänge aufschließen helfen über die subjektiven Implikationen einer Lebensweise von Menschen, die von den Formen der kapitalistischen Gesellschaftlichen, von ihrer Strukturierung am nachdrücklichsten betroffen werden.

Es ist eine Banalität, daß sich die Lage von ArbeiterInnen in der Bundesrepublik gegenüber der in der Weimarer Republik oder gar der im 19. Jahrhundert gravierend verändert hat; und ebenso selbstverständlich sind ihre Verhaltensweisen und Vorstellungen nicht identisch mit denen ihrer Vorläufer. Abgesehen von den ersten Nachkriegsjahren steht an erster Stelle die bemerkenswerte Steigerung des Haushaltseinkommens, Voraussetzung für eine Steigerung der Konsumchancen, die es Teilen der Arbeiterklasse in den 60er und 70er Jahren ermöglichte, in begrenztem Maße Wohneigentum zu bilden und die gesamte Lebensführung zu verstetigen; im Zuge des durch die Akkumulationszwänge geforderten Umbaus der industriellen und staatlichen Sektoren geriet auch eine neue Form und ein größeres Maß an Bildungsbeteiligung ins Handlungsfeld von Arbeiterkindern; das sollte allerdings nicht überschätzt werden (vgl. Bolder/Rodax 1987). Aber zweifellos ist der Spielraum an individuellen Entfaltungsmöglichkeiten heute größer als damals, sind die Zwänge der LohnarbeiterInnenexistenz für zahlreiche ArbeiterInnen insgesamt nicht mehr so unmittelbar. All das wurde häufig beschrieben (vgl. zusammenfassend die aufschlußreiche Studie von Mooser 1984) und könnte nur von Ignoranten bestritten werden; es steht hier gar nicht zur Diskussion. Gegenüber all den eilfertigen Bekundungen qualitativer, ja revolutionärer Umwälzungen ist aber begründet zu vermuten, daß die alltäglichen Verhaltensweisen heutiger Menschen noch immer in ihrer Klassenlage und den mit ihr gegebenen Verhaltenszumutungen, mit denen umzugehen ist, verankert sind. Angesichts der nach wie vor gegebenen Angewiesenheit auf den Tausch der Ware Arbeitskraft, d.h. der grundsätzlichen Unsicherheit und ökonomischen Abhängigkeit ihrer Lage, an deren Grenzen die einzelnen auch im Konsum stoßen, mag die Defensivität ihrer Verhaltensweisen aktuell überspielt werden, ohne dadurch an Bedeutung zu verlieren. Gerade die Ausgrenzung verschiedener Gruppierungen aus dem Arbeitsbereich durch die heutige Massenarbeitslosigkeit,

Abb. 3 (o.): Gewerkschaftliche Kulturarbeit: 1952 Jugendkulturwoche des DGB-Landesbezirks NRW
Abb.4 (u.): Bochumer IG Metall-Chor

die Auswirkungen der im Gefolge der neuen Rationalisierung und Internationalisierung der Produktion bewirkten Umbauten in der Arbeitssphäre oder die Beeinträchtigungen der mühsam erkämpften Formen sozialer Sicherung reaktivieren Momente von Arbeiterkultur, die in der Generationenfolge und ihren Sozialisationseffekte immer vorhanden waren, allerdings zeitweise und vor allem bei einzelnen Gruppierungen an Bedeutung verloren hatten (aufschlußreich hierzu Glaß 1988). „Was die historische Arbeiterexistenz stets nachhaltig prägte, war das empirisch begründete und kollektiv geformte Wissen um die grundsätzliche Unsicherheit der eigenen ökonomischen Existenzbasis – also jene nie abreißende Erfahrungskette von Krisen, Arbeitslosigkeit, Kampf um die Wahrung der materiellen und sozialen Reproduktionsfähigkeit. Diese Grunderfahrung, über Generationen gespeichert und durch jede neue Bedrohung bestätigt und verfestigt, formte die Kultur und Lebensweise über familiäre wie kollektive Reproduktionsstrategien entscheidend mit“ (Kaschuba 1989: 215).

Insofern mag der „Abschied von der Proletarität“ (Mooser 1984: 225ff), der einen wichtigen Einschnitt in den 60er Jahren darstellt, vieles von der heutigen Lebensweise von ArbeiterInnen treffen: „Die auch in früheren Jahrzehnten schon mögliche individuelle Entproletarisierung des Arbeiterlebens wurde entscheidend gestützt durch eine kollektive Entproletarisierung, durch den umfassenden Ausbau der sozialpolitischen, arbeitsrechtlichen und gewerkschaftlichen Minderung der Lebensrisiken des Lohnarbeiters. Es war jedoch eine Entproletarisierung auf der Grundlage der kapitalistischen Wirtschaftsordnung und eines dadurch getragenen Wirtschaftswachstums, das nicht nur die Kontinuität, sondern auch die weitere Ausbreitung der unselbständigen Lohnarbeit voraussetzte. Nicht diese selber ... wurde aufgehoben, sondern einige, ehemals klassenbildende Folgen der Lohnarbeit. Die Zersetzung der alten 'Proletarität' führte jedoch nicht in eine ökonomisch, sozial und politisch vergleichbar kohärente neue Lage. Insofern hat der sozialgeschichtliche Kontinuitätsbruch ein offenes Ende und symbolisiert nicht die vielberedete 'Verbürgerlichung'“ (ebd.: 229). Aber vielleicht wird selbst in dieser vorsichtigen Sichtweise die damalige Kohärenz über- und die heutige Gemeinsamkeit unterschätzt. Diese schlägt sich allerdings „nicht unmittelbar in der Ausformulierung konsistenter Gesellschaftsbilder nieder (...), sondern eher in alltagspraktisch wirksamen, kulturell präformierten Orientierungsmustern, die je nach gruppen- und persönlichkeitsspezifischen Handlungsrelevanz variierende Kohärenz und Verbindlichkeit aufweisen“ (Mahnkopf 1985: 174). Die Arbeiterkulturen mögen unzeitgemäß sein, veraltet sind sie nicht.

3. Kommerz und Massen, Kunst und Massenkultur

Dallas und Denver-Clan, adidas-Schuhe und MacDonald, Mercedes und VW, IBM und Microsoft, Miele und Bosch, Nutella und Maggi – die Waren scheinen das alltägliche Leben zu überfluten und uns bis in Küche, Wohn- und Schlafzimmer zu verfolgen. Die sinnliche Erfahrung scheint vollkommen abhanden gekommen, Schein und Sein scheinen ineinander aufgegangen, Fiktionalität und Faktizität eins geworden, Illusion und Wahrhaftiges identisch geworden zu sein. Vor allem mit der Ausbreitung der Kulturindustrie wirken gesellschaftliche Agenturen bis in alle Windungen des Denkens und beeinflussen die Erfahrung. Muße und Kultur werden industrialisiert („Freizeitindustrie") und den gleichen Rationalisierungskriterien unterworfen wie schon die Arbeit und der Arbeitsplatz; die Beherrschung der Natur verkehrt sich in die des Menschen (vgl. Adorno/Horkheimer 1955). Im Bereich der Massenkommunikation scheint das Fernsehen in alle Poren des Alltags eingedrungen zu sein (vgl. Eurich/Würzberg 1983).

Das Bild ist vertraut und könnte weiter ausgemalt werden; Faszination und Katastrophismus sind in ihm verbunden. – Dennoch sind die Menschen in der hochkapitalisierten Bundesrepublik keine Abziehbilder ihres im massenhaften Fernsehkonsum und durch die ständige Hantierung mit der Warenwelt manipulierten Bewußtseins, keine plastic man/women, Maschinenmenschen, deren gesamtes Verhalten nach einem äußerlichen Maßstab abläuft, der ihr Innerstes geworden ist. Nicht erst soziale Proteste – seien es die scharfen Abwehrkämpfe um Rheinhausen und Hattingen oder die Kämpfe um die 35-Std. Woche – verweisen auf Gegensätze im Bewußtsein und Verhalten nicht nur von ArbeiterInnen zum herrschenden Block an der Macht und seinen durch die Medien verbreiteten Stereotypen. Auch im „normalen" Alltag, in Betrieb und Freizeit gibt es den „eindimensionalen Menschen" nicht.[4] Für manchen überraschend artikulieren heutige IndustriearbeiterInnen ähnliche Einschätzungen ihrer Lage wie in den 50er Jahren. Deutlich werden die sozialen Unterschiede und Gegensätze („wir da unten, die da oben") gesehen, wird ein realistisches Bild von der eigenen Abhängigkeit gegeben. Statt eines eindeutigen Einverständnisses mit den Gesellschaftsverhältnissen und den herrschenden Werten bewegen sie sich zu diesen in „alltäglicher Distanz" (Wegner 1988), in einem „Arrangement auf Widerruf" (Kudera), in das die oft bitteren Erfahrungen von den Wechselfällen der Konjunktur und den Härten der eigenen Anstrengung bei der Erarbeitung

4 Vgl. etwa Hack u.a. (1979) und das kritische Resümee industriesoziologischer Untersuchungen von Reichwein (1986) sowie den Beitrag von Weischer (1989).

des begrenzten Konsumstandards eingeprägt sind. Zwar gibt es unterschiedliche Interessen-Brennpunkte, denen auch voneinander abweichende Handlungs- und Problemlösungsstrategien entsprechen, aber insgesamt überwiegt ein Interessen-Pragmatismus, der in realitätsbezogener Handlungsabwägung Ansprüche zu verwirklichen sucht, die einen möglichst erträglichen Umgang mit den alltäglichen Dingen garantiert. Trotz aller sozialen Errungenschaften stellt der Umgang mit der sozialen Unsicherheit den zentralen Bezugspunkt vieler ArbeiterInnen dar, der deutlich gegenüber Erfolgsvorstellungen im Beruf dominiert. Zwar gibt es einen positiven Bezug auf den Arbeitsprozeß und seine stoffliche Seite, in der die Arbeitsfähigkeit, die Geschicklichkeit sich teilweise ausdrücken kann, gibt es einen entsprechenden Arbeitsstolz, aber gleichzeitig ist die Arbeit Mittel zum Zweck, der immer wieder bedroht ist. Die durch Generationen im kollektiven Gedächtnis gespeicherten Erfahrungen werden tagtäglich durch die Konfrontation mit der Unterordnung am Arbeitsplatz, mit realer oder drohender Arbeitslosigkeit und ihren Folgen gespeist und bestätigt, ebenso wie die Arbeitsexistenz insbesondere den männlichen Arbeitern zur sozialen Identität schlechthin werden muß, während Arbeiterinnen die patriarchalische Falle der Hausfrau und Mutter angeboten wird. Kaum irgendwo könnten die Gegensätze zu den anderen Klassen deutlicher ausfallen als in den ArbeiterInnenfamilien, in denen gegenüber einer Individualorientierung Normen einer Solidargemeinschaft überwiegen, wie sie innerhalb der Arbeiterklasse seit dem 19. Jahrhundert immer wieder bestätigt werden. Schlösser faßt den Sachverhalt für die 1970er Jahre zusammen: „Die Familie, insbesondere die Kinder, aber auch über die engere Familie hinaus die Verwandten stellen offenkundig ein Gegenmilieu zur Arbeitswelt dar, das unverkennbar kompensatorische Funktionen erfüllt. In der Vertrautheit und Unmittelbarkeit der persönlichen Beziehungen, der Befriedigung emotioneller Bedürfnisse, aber auch in der intensiven Zuwendung zu den Kindern, die es – selbstverständlich – einmal besser haben sollen, tritt eine andere Lebensform hervor, die nicht nach den Kriterien von Arbeit und Beruf organisiert ist. Familie fungiert hier als Refugium, in welchem man sich von den täglichen Arbeitsanstrengungen erholt und wo man zugleich Bedürfnissen nachkommt, die in der Arbeit unerfüllt bleiben." (Schlösser 1981: 161)

Die Rede von *der* „Krise und dem Funktionsverlust der Familie in der modernen Gesellschaft" verdeckt diesen Zusammenhang und stellt sich als konservatives Bild für eine gewünschte ideologische Stabilisierung dar; angesichts der Zuspitzung der gesellschaftlichen Widersprüche ist für ArbeiterInnen eher ein Bedeutungszuwachs familialen Lebens zu erwarten. Das beinhaltet auch eine Verschärfung der immer vorhandenen Verhaltenszumutungen und Einschränkungen bis hin zur Überbeanspruchung der Familienmitglieder und zum Auseinanderfallen der Familien (vgl. Gröll 1988: 36f). Die zunehmend schwierige Sicherstellung des alltäglichen Bedarfs drückt sich in der Organisation des Konsums ebenso aus wie in der Kindererziehung und der Planung von Zeit, wie sie sich etwa für Millionen von SchichtarbeiterInnen am augenfälligsten ergibt. Demgegenüber herrscht in Familien des (alten) Kleinbürgertums eine eher stationäre Orientierung auf mittlerem Niveau vor, in der eine geordnete Lebensweise zu verwirklichen versucht wird, während in Familien der neuen Mittelklassen eine eher expansive Orientierung vorherrscht, in der dem Reiz des „ImmerNeuen", das nie erreicht ist, nachgejagt wird. Dagegen überwiegt in Familien der Bourgeoisie, abgesehen von den „Neureichen", denen noch zu sehr der Geruch des schmutzigen Aufstiegs anhaftet, die Gediegenheit der vertrauten „Qualität", die sich in der Orientierung an einer begrenzten Modernität in Verbindung mit hohen Qualitätsstandards in Preis und Material stets erneuert. Die „feinen Unterschiede" (Bourdieu 1982) im Lebensstil erweisen sich im alltäglichen Konsum als mitunter sehr handfest. Werbung und Massenmedien beeinflussen sie, aber gerade nicht im Sinne des Überflutens durch die *eine* monolithische Warenwelt, sondern als in sich differenzierter oder gespaltener Warenmarkt, der je nach Einkommensquelle und -höhe und Orientierung genutzt wird. Kulturkritischen Schelten der Werbung entgeht schlicht die Bedeutung der Konsumtionsquelle; mögen Persil und Remy-Martin-Cognac oder wie auch immer sie heißen, noch so sehr als non-plus-ultra heutiger Zeit angepriesen und im Interieur der face-gelifteten postmodernen Kaufhäuser präsentiert werden, gegen die karg ausgestatteten ALDI-Läden mit ihrem Tandil und deutschem Weinbrand können sie nicht bestehen. Der behauptete Konsumrausch hat seine Grenzen und klassenspezifischen Ausprägungen.

Die Grenzen spüren nach wie vor insbesondere Frauen, mögen sie „nur" Hausfrauen sein oder sich der Doppelbelastung von Hausarbeit und Erwerbsarbeit gegenübersehen; gerade der Anstieg des Anteils erwerbstätiger Mütter macht eine der entscheidenden Veränderungen der letzten Jahrzehnte aus und hat auch – in Verbindung mit Auswirkungen der Frauenbewegung – in die innerfamiliale Hierarchie, in die „Dominanz der Männlichkeit" innerhalb der Arbeiterkultur einige Veränderungen gebracht, ohne sie aufzuheben (vgl. Becker- Schmidt u.a. 1982). Die dabei vorhandenen Maßstäbe der (Selbst-) Versorgung, auf die neben Bourdieu (1982) auch Jessen u.a. in ihrer wichtigen empirischen Studie über die „Arbeit nach der Arbeit" (1988) verweisen, belegt, wie wenig die Verfügung über das eigene Arbeitsvermögen sich auf den Betrieb beschränkt sondern den gesamten Lebenszusammenhang bestimmt. Das reicht vom Hausbau in Eigenarbeit über die Reparatur des Autos bis zur jahrzehntelang betriebenen

Nebenerwerbstätigkeit der „Nur-Hausfrauen", ohne daß dadurch etwa eine Eigentümer-Mentalität entstünde, mit der über die eigene Lage als ArbeiterIn hinweggespielt würde (ebd.: 268).

Gerade in der „informellen Arbeit" wird deutlich, daß Arbeit und Freizeit bei vielen ArbeiterInnen nicht einfach Entgegensetzungen, sondern miteinander verschränkte Felder *einer* Lebensweise sind. In der Dominanz familialen Lebens wird eine eher kontinuierliche Nutzung der lohnarbeitsfreien Zeit angestrebt, in der die Rekreation der Arbeitskraft überwiegt (Fernsehen, Hobbies, regelmäßiger Kegelabend, gemeinsame Ausflüge), was auch die Entwicklung und Bestätigung eigener Fähigkeiten beinhalten kann. Demgegenüber trägt die Freizeit als Gegenbild zur Arbeit bei Freizeitindustrie und Mitgliedern der Neuen Mittelklassen einen stärker zwanghaften Charakter, der sich in der exzessiven Nutzung von Freizeit ausdrückt (Fitneßwelle, Jogging). Ähnliches gilt für kulturelle Unternehmungen (zur Kneipe vgl. Dröge/Krämer-Badoni 1987) und ihren unterschiedlichen Kontext (Museum, Theater) wie für den Urlaub, der sogar in Gestalt des Ferntourismus keine einheitliche „Massenhaftigkeit" entfaltet. Während einerseits in der Ferne, die sich in der Regel auf eher bekannte Terrains begrenzt, Vertrautes mitgenommen oder benutzt wird (das berüchtigte Eisbein mit Sauerkraut oder die Currywurst auf Mallorca) wird andererseits eher das Neue gesucht, die Exotik in der Ferne, die den eigenen Vorurteilen fremd bleibt und sich in der ständigen Wiederholung leicht erschöpft. Das gilt entsprechend für die Umgangsweise mit dem Fernsehen, jener Ausgeburt der Kulturindustrie, an dessen Konsum die Manipulation der „kleinen Leute" so gern demonstriert wird. Sicher, die Sendungen werden gesehen, aber ihren Botschaften wird auch mißtraut. Wer wollte schon die ebenso beredten wie nichtssagenden „politischen Köpfe", an denen eher ihre neue Brille oder das vertraute/geänderte Styling ins Auge fallen, für bare Münze, ihre Sätze ernst nehmen. Das Immergleiche fordert die Zerstreuung, in der das Gewohnte bestätigt wird. Und während der aufmerksame Studienrat nach gewissenhaftem Programmstudium den gewichtigen Sentenzen einer Sendung nachsinnieren mag, läßt sich der „Ungebildete" ein neues Bier holen, macht ein Schwätzchen und wartet ungeduldig auf die Fußballsendung oder den Spielfilm. Bildet sich hier nicht die Entgegensetzung von hoher und niederer Kultur (vgl. insgesamt Bürger u.a. 1982) ab, die allerdings nicht mehr recht gelingen will, da auch die hohe Kultur sich beim besten Willen nicht mehr als autonom darstellen kann? Wer könnte die endlosen Peinlichkeiten mit Bewußtsein verfolgen, wenn nicht der, der ihnen etwas für sich abzugewinnen versuchte.

Die Warenwelt in ihrer heutigen Form hat also nicht *den* Massenkonsumenten geschaffen, der in verblendeter Weise ihren Angeboten folgte. Mit den ihrer

Lebenslage verbundenen Orientierungen begegnen ihnen auch heutige ArbeiterInnen und finden *ihre* Form des Umgangs, die damit nicht unbeeinflußt von mancherlei Versprechungen bleibt. Der gestiegene Lebensstandard, der erweiterte Möglichkeiten des Konsums beinhaltet (vgl. Mooser 1984: 80ff; Willke 1988: 139ff) und Freiheiten der Wahl eröffnet, von denen ihre Vorfahren nur träumen konnten, ermöglicht es sehr viel weitergehend, ein eigenes Feld innerhalb der gesellschaftlichen Zwänge und Determinationen abzustecken. Es ist sowohl gegen die herrschenden Politikformen wie gegen konkurrierende Formen orthodoxer Gegenpolitik gerichtet. Raymond Williams hat hierfür den Begriff der „privaten Mobilität" gebraucht; dabei handelt es

> „sich nicht um eine Privatisierung in der Form des Rückzugs, denn sie verleiht eine beispiellose Mobilität. Man kann in einer Art Schale leben, mit seinen Verwandten, Geliebten, Freunden und Kindern, in der das Dasein einer kleinen sozialen Einheit das einzig wirklich wichtige soziale Dasein ist. Es bedeutet nicht, in einer festsitzenden Schale zu leben. Es ist eine Schale, die man mitnehmen kann, mit der man an Orte fliegen kann, die zu besuchen frühere Generationen sich nicht vorstellen konnten. Man kann sich die ganze Zeit über in der Gesellschaft bewegen und sich die Plätze aussuchen, zu denen man geht. Man nimmt die Schale mit. Man bekommt das Gefühl einer ursprünglichen Identität, des wirklichen Lebens angeboten. Und die meisten Menschen begreifen es als ihr wirkliches Leben, gegen das die großen Dinge, in welcher politischen Farbe sie auch immer erscheinen mögen, als bloße Allgemeinplätze, als bloße Abstraktionen, bestenfalls als langweilige Störungen dieses wirklichen Lebens und schlimmstenfalls als zerstörerische Eingriffe aufgefaßt werden" (Williams 1984: 261).

Im Bild der „Individualisierung" wird diese Wirksamkeit von Momenten der Arbeiterkultur – eines „Klassengeschmacks" (Bourdieu 1982) auf Basis sozioökonomischer Milieubindungen – auch für die heutige Situation verfehlt. Die Geltung scheint (bei allen Variationsmöglichkeiten) auch im politischen Feld auf (vgl. Schmollinger/Stöss 1989). Am vielleicht eindringlichsten wird sie an der Situation derer vor Augen geführt, die den Weg der Individualisierung durch sozialen Aufstieg gegangen sind (vgl. Theling 1986).

4. Gewerkschaftskultur und -kulturarbeit

Es ist fatal, daß gerade die Gewerkschaften mit den Ruhrfestspielen als ihrem Renommierprojekt, das bis in die 70er Jahre fast ihr einziges Betätigungsfeld in Sachen Kultur darstellte, an die Trennung von hoher Kultur und Massenkultur anknüpften und sich auf die Seite der hohen Kultur schlugen. In erhabenem Tone wird proklamiert:

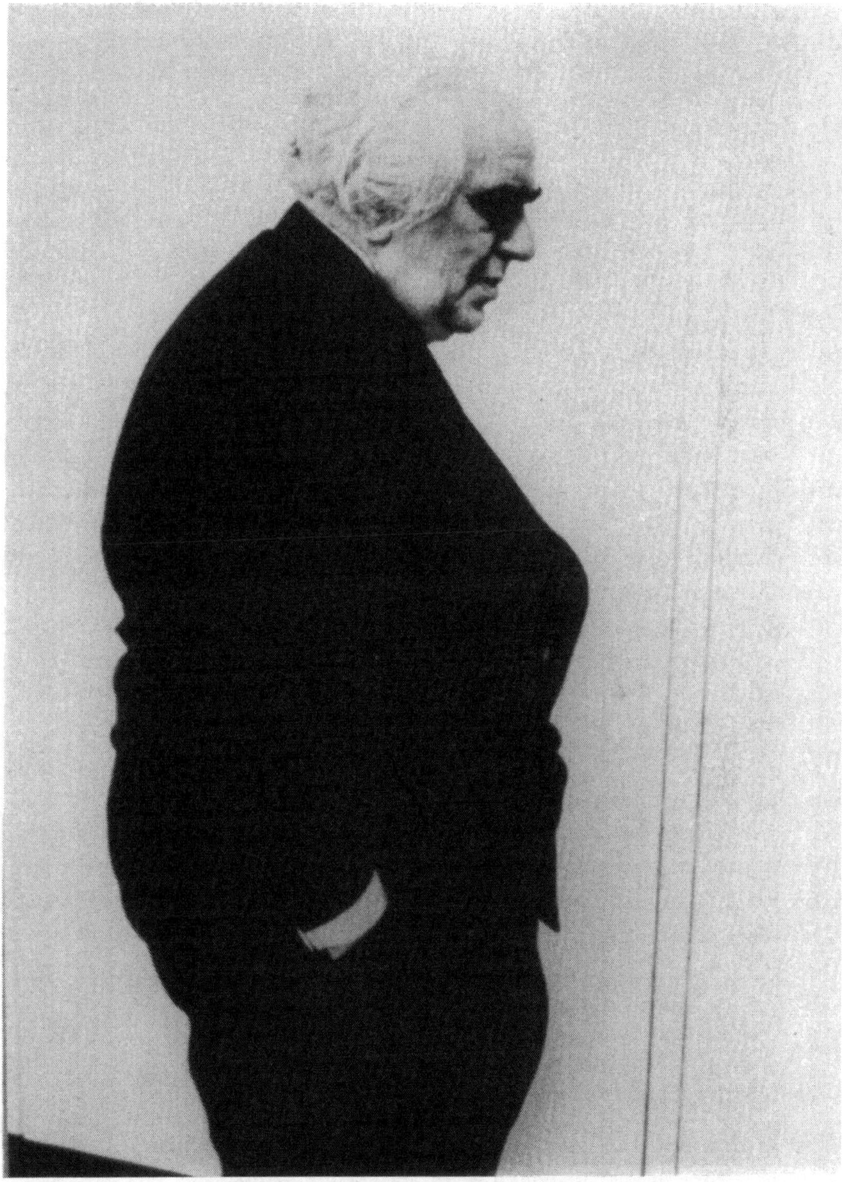

Abb. 5: Otto Burrmeister: Gründer und Leiter der Ruhrfestspiele, DGB-Kulturreferent 1951–1966

„Die Beethoven-Spiele in Bonn, die Mozart-Spiele in Salzburg sind Zeugen alter Kultur des deutschen Bürgertums. Recklinghausen mit seinen Festspielen wird das Zeichen eines anbrechenden neuen Zeitalters sein, in das die harte Arbeit des Kumpels, in der das mutige Schaffen von Millionen fleißigen Händen und der Alltag der im Büro und Geschäft Tätigen, ihre Verklärung und Erhebung auf eine höhere Ebene menschlichen Seins finden“ (Böckler 1948, zit. n. Jelich 1987: 402). „Die Sehnsucht nach dem Schönen, dem Wertvollen und Erhabenen, die wenn auch hier und da verschüttet unter äußerer Rauheit und scheinbarer Verbissenheit, im Kampf um das tägliche Brot in all den Hunderten und Tausenden schaffenden Frauen und Männern an Rhein und Ruhr schlummert, bekommt ihren sichtbaren Ausdruck in diesen Festspielen“ (Böckler, ebd.).

In der Beerbung der „Meister“ werden diese kanonisiert, ihres Kontextes entkleidet und zu Gallionsfiguren eines kulturellen Fortschritts, der den meisten ArbeiterInnen zumindest fremd bleiben muß. Mumien aus der Rumpelkammer der Geschichte, deren Produkten allenfalls andächtig gelauscht werden kann. Der Abstand zur Beengtheit der Lebensverhältnisse und zur Not von ArbeiterInnen in den Nachkriegsjahren konnte kaum größer sein. Das Pathos ist gequält, die Bilder einer demonstrativen Verbindung von „Geist“ und „Hand“ bringen gegenseitige Fremdheit zum Ausdruck. Der Blick soll von unten nach oben gehen:

„Unter grundsätzlicher Aufrechterhaltung und Pflege eines positiven Kulturbewußtseins sollten die Ruhrfestspiele bestrebt sein, vor allem den Arbeitnehmern, aber nicht nur ihnen, den Zugang zu den wirklich großen Werken unserer Kultur zu verschaffen“ (Tacke 1971, zit. nach Jelich 1987: 406).

Die Zeiten haben sich geändert. Im Zuge des Anwachsens der Konsumstandards, der Umwälzungen der Arbeitssphäre und der Umschichtung der erwerbstätigen Bevölkerung, die auch in die Gewerkschaften durchschlagen, erscheint eine Neuorientierung erforderlich (vgl. Dransfeld 1987; Jelich 1988). Für die 80er Jahre fordert Lothar Zimmermann, das damals für die Kulturarbeit zuständige DGB-Vorstandsmitglied, gewerkschaftliche Kulturarbeit habe

„sich zu wenden gegen kulturellen Identitätsverlust, gegen Verkleisterung von Widersprüchen und Gefahren, gegen die Manipulation des Bewußtseins, gegen Würdelosigkeit im Menschlichen, gegen die Ausnutzung der Instinkte, gegen das Vergessen der Vergangenheit, gegen die Ausleerung der Freizeit, gegen die Trennung von Kopf und Herz“ (Zimmermann 1985: 33).

Aber so einleuchtend hier reale Gefahren angesprochen werden und die Zielsetzung allgemein auch erscheint – vor dem Hintergrund einer fast ausschließlich den neuen Medien und der Kommerzialisierung angelasteten „kulturellen Verflachung“ (ebd.) insbesondere in der Freizeit geht es letztendlich wieder nur um Schritte „kultureller *Hebung* der Arbeitnehmer“ (ebd.), die Fortsetzung der

Abb. 6 (o.): Ruhrfestspiele Recklinghausen: Schauspieler (Will Quadflieg) und Kumpel
Abb. 7 (u.): Kulturvolksfest zum 1. Mai 1987

durch die Ruhrfestspiele gesetzten Traditionslinie also. Als wenn ArbeiterInnen kulturlos seien, ihnen noch immer eine fremde Kultur beigebracht werden müsse. Die Gründe für ihre Distanz zur herrschenden Kultur bleiben ebenso im Dunkel wie ihre gesamte Lebensweise, die ja durchaus auch eine Ferne zu den Gewerkschaften beinhalten kann. Es ist demgegenüber weiterführend, wenn Kurt Johannson und Franz-Josef Jelich ein neues Kulturverständnis einfordern:

> „Kultur meint nichts Abgehobenes. Sie ist lebendiger Bestandteil unseres alltäglichen Lebens, auch wenn wir uns dessen nicht immer bewußt sind: Kultur ist die Art und Weise, wie Menschen ihr Leben einrichten, wie sie miteinander umgehen, ihre Arbeit und Arbeitsumgebung gestalten, wie sie ihre Freizeit verbringen, wie sie die gesellschaftlichen Bedingungen ihrer Lebenswelt erfahren und in Kunst, Religion, Literatur und Wissenschaft deuten“ (Johannson/Jelich 1989: 9).

Die Problematik einer gewerkschaftlicher Kulturpolitik, die bewußt von „*den* Interessen *der* Arbeiter und Angestellten“ (ebd.: 10) ausgehen soll, ist damit gestellt, aber nicht gelöst. Denn was verbindet den hochqualifizierten und -bezahlten lohnabhängigen Computerspezialisten mit der teilzeitarbeitenden Eingeberin am Terminal, was den körperlich hart arbeitenden Stahlkocher mit beiden? Welche Gemeinsamkeit besteht zwischen dem arbeitslosen Jungarbeiter und dem sein gesamtes Erwerbsleben nicht arbeitslos gewesenen Stammarbeiter, welche zwischen dem migrantischen Bandarbeiter und dem handwerklich geschulten Techniker, welche zwischen schlechtbezahlten Arbeiterinnen und Angestellten mit hohem Einkommen? – Die Kombinationen ließen sich vermehren. Aus ihnen mag deutlich werden, daß *die* Interessen *der* ArbeiterInnen ein ebensolches Konstrukt sind, wie diese selbst. Gemeinsamkeiten können, wenn sie politisch im Sinne einer gewerkschaftlichen Organisationskultur Gewicht bekommen sollen, nicht vorausgesetzt werden, sondern benötigen zumindest eine Bewegungsform, in denen unterschiedliche Interessenschwerpunkte zusammenkommen können (vgl. Wahle-Hohmann 1987; Steinkühler/Bleicher 1988; Maase 1989; Negt u.a. 1989). Das Feld wird allemal bearbeitet und bietet etwa in den diversen Spielarten neuer „städtischer Kultur“ (A.R.T. 1988; Homuth 1987) ein reichhaltiges Angebot der hegemonialen Kultur, der sich die Gewerkschaften gegenübersehen. Um ihm begegnen zu können, bedarf es einer Perspektive, die selbstverständlich nicht einfach durch das noch so kritisch gemeinte Bearbeiten von Freizeit hergestellt werden kann. Gerade in Zeiten krisenhafter Umstrukturierungsprozesse der Gesellschaft, in denen die Trennungslinien innerhalb der ArbeiterInnenschaft sich verschärfen und die innerhalb der Lebensweise vorhandenen Momente der Defensivität in Subalternität umzuschlagen oder gar reale Anknüpfungspunkte für rechtsradikale Kräfte zu bieten drohen, wird die Gebundenheit von Interessen und Interessenvertretung an die vorausgesetzten Gesellschaftsstrukturen den Gewerkschaften zum Problem.

Auch gewerkschaftliche Kulturarbeit sieht sich dem konfrontiert. Stellt sie sich als ein neues, noch so kritisch bearbeitetes Feld neben anderen dar, dann geht sie – auch wenn das nicht gewollt wird – an der realen Lebenslage von Arbeiterinnen vorbei. Deren Lebensweise gründet nicht in Kultur sondern im Zwang zur Sicherstellung ihres Einkommens durch Arbeit, ist kulturlos und zugleich ihre Kultur (vgl. die wichtigen Anregungen bei Benjamin 1978a, 1978b). Diese und mit ihr die Arbeiterinnen sind ernstzunehmen, auch und gerade, wenn sie nicht Gewerkschaftsmitglieder sind und der Bildungsarbeit fern stehen (zur Besonderheit etwa der „Problemgruppe" der Jugendlichen vgl. Clarke u.a. 1979; Willis 1979; Baethge u.a. 1988; zur Lage von Arbeiterinnen Frerichs/Steinrücke 1989). Kultur- und Bildungsarbeit hat sich dieser Widersprüchlichkeit auszusetzen und ist ihr immer schon ausgesetzt. Ihre Aufhebung setzt die Aufhebung ihrer Zwangslage voraus (vgl. die wichtigen Hinweise bei Wienold 1989). Der beste Lehrer, so Brecht, ist der, der sich überflüssig macht. Wenn Kulturarbeit heute dringender denn je erscheint, dann verweist das nicht auf eine allgemeine „Kulturlosigkeit", auf durchgängige „Individualisierung" oder vollendete Manipulation durch die Kulturindustrie, sondern auf die von vielen Arbeiterinnen erfahrene Zuspitzung der Lebensverhältnisse und den veränderten Umgang mit ihnen. Eine „Modernisierung" würde diese – unter geänderten Bedingungen und mit möglicherweise anderen Konfliktlinien – nur fortsetzen. Mag es noch so utopisch klingen: Geboten ist ein Gegenentwurf.

1989

Strukturen, Klassen und Kulturen oder Von der Schwierigkeit, soziale Ungleichheit in heutigen kapitalistischen Gesellschaften zu erkennen

1. As Sociology meets Politics[1]

Es erscheint heutzutage – nach dem Zusammenbruch des realen Sozialismus, der deutschen Vereinigung und angesichts der politischen Marginalität einer wie auch immer marxistischen Linken in den Ländern des entwickelten Kapitalismus – fast müßig, die angesprochene Thematik zu behandeln. Nichts scheint für eine zeitgenössische kritische Sozialwissenschaft so obsolet zu sein wie die Klassenfrage, es sei denn als Thema einer historischen Analyse etwa des 19. Jahrhunderts oder einer der Dritten Welt. Wer spricht hierzulande in Bezug auf die hochindustrialisierten Länder des Westens heute noch von Klassen oder gar von Klassenkampf? Jedem, der dies dennoch tut, haftet automatisch der Ruch des altmodischen und überholten, wenn nicht des dogmatisch verblendeten an.

Das war bekanntlich keineswegs immer so. Wer kann sich heute noch vorstellen, daß in den 70er Jahren in breiten und mitunter ausufernden Diskussionen geradezu leidenschaftlich um eine Rekonstruktion der Marxschen Theorie und insbesondere einer marxistischen Klassentheorie gestritten wurde? Welten scheinen zwischen damals und heute zu liegen. Entweder müssen die gesellschaftlichen Strukturen in den letzten anderthalb Jahrzehnten geradezu gewaltige Transformationen erfahren haben oder/und die heutigen Diskutanten haben einen ebenso grundlegenden Terrainwechsel ihrer Theoriearbeit vorgenommen, manchen ist ihr Gedächtnis abhanden gekommen oder ihre damaligen Analysen waren schlicht Nonsens.

Um das Dickicht der häufig allzu wohlfeilen Argumentationsmuster zu durchlüften und die eigentlichen Dissenslinien hervorzuheben, sollen in aller Kürze einige Selbstverständlichkeiten der gesellschaftlichen Entwicklung resümiert

---

1 In Anlehnung an Charles Tilly's „As Sociology meets History" (1981). – Für wichtige Hinweise danke ich Veit Bader und Hanns Wienold; die Verantwortung liegt wie immer beim Autor.

werden, die immer wieder als wichtige Schritte angeführt werden, um die Obsoletheit einer Klassentheorie vor Augen zu führen; es sind dies vor allem:

- der Wandel des Produktionssektors (Umwälzung der technologischen Grundlagen, Informalisierung des Arbeitsprozesses, „dritte Phase der industriellen Revolution" (vgl. kritisch und präzise Hack 1988),
- die Aufspaltung des „Gesamtarbeiters" in verschiedene Gruppierungen und Fraktionen mitsamt verschiedenen „Schließungs- und Ausgrenzungsprozessen",
- die Bedeutungszunahme des „Dienstleistungssektors" gegenüber dem Produktionsbereich,
- die Ausweitung der staatlichen Sozialleistungen, die zu einer Absicherung der Lebenslage selbst der einkommensschwachen oder -losen Bevölkerungskreise führen,
- die Verbesserung der Einkommens- und Eigentumslage (Wohnungseigentum) auch der lohnabhängigen Bevölkerung,
- die immense Zunahme des Freizeit- und Medienbereiches und -konsums, der zugleich eine weitergehende Kommerzialisierung auch dieser Bereiche beinhaltet.

Die empirische Tragweite der hiermit in aller Kürze angesprochenen Phänomene und Entwicklungslinien ist evident. Die mit ihrer Nennung in der Regel verbundene Schlußfolgerung, damit sei nun endgültig Schluß mit Vorstellungen einer von Marx und den Marxisten behaupteten Klassenpolarisierung und dem Klassenkonzept insgesamt (vgl. für viele Labini 1988) ist allerdings mehr als nur voreilig. Vergessen wird dabei, daß gerade die genannten Änderungen schon seit geraumer Zeit den zentralen Gegenstand der oben angesprochenen Klassendebatte darstellten; eine auf der „Höhe der Zeit" befindliche Problematisierung des Klassenbegriffs war mithin schon ihr Resultat. Gegenüber den Floskeln des Marxismus-Leninismus zur Klassenfrage oder auch manchen Rekonstruktionen einer strukturellen Marx-Lesart haben vor allem *marxistische* Theoretiker seit über zehn Jahren wiederholt und gezielt auf die Problematik einer den heutigen Verhältnissen adäquaten Klassentheorie hingewiesen und dabei wiederum speziell der Frage sozialen Handelns zentrale Bedeutung zugewiesen (vgl. etwa Becker 1984/2010, Lockwood 1985/2010, Therborn 1987; zusammenfassend zur gesamten Literatur Bader/Benschop 1989 und Bader 1991).

Bezeichnend für die Verschiebung der politischen Diskurslinien ist allerdings, daß in der neueren Diskussion der BRD über diese Beiträge rasch hinweggegangen und zu neuen Ufern geschritten wird. Zwar gibt es nach wie vor insbesondere von ausländischen Forschern initiierte Projekte in der Tradition einer Sozialstruktur- und Klassenanalyse (vgl. insbes. die Arbeiten von Wright und in Verbindung damit Hagelstange 1988, Erbslöh u.a. 1990; auch Bourdieu 1982; Müller 1992; Koch 1994), aber die vor allem soziologische Diskussion eindeutig dominierend scheint mir inzwischen ein eher kulturalistischer Theoriestrang, der sich in der Vielzahl von Texten zum Wertewandel (Inglehart 1989), zur Kolonialisierung von Lebenswelten (anknüpfend an Habermas 1981) oder auch zur Risikogesellschaft (anknüpfend an Beck 1983, 1986) und zum Posthistoire (vgl. kritisch Niethammer 1989) darstellt. Bei allen Unterschieden zwischen den dabei vertretenen Positionen sticht die gemeinsame Frontstellung gegenüber einer marxistischen Klassentheorie ins Auge, auch wenn diese sich um eine Verbindung von handlungs- und strukturtheoretischen Argumentationen bemüht.

Die empirisch konstatierbaren Veränderungen der den menschlichen Handlungen vorausliegenden kapitalistischen Gesellschaftsstruktur bieten hierfür keinen hinreichenden Grund, was übrigens etwa in der angelsächsischen Diskussion geradezu selbstverständlich scheint (vgl. z.B. Neale 1983; Giddens 1985; Giddens/Held 1987); die Benutzung dieser Phänomene für eben jenen Zweck führt dazu, die innerhalb der marxistischen Diskussion der 80er Jahre behandelten Themenbereiche *in ihrem Zusammenhang* auszublenden. Gleichzeitig kann unter dem Vorzeichen eines – allerdings fingierten – soliden theoretischen wie empirischen Fundaments daran gegangen werden, die verschiedenen Handlungsfelder dem gleichen Zweck unterzuordnen. Der unbegründete Paradigmenwechsel löst die Problematik nicht, er verschiebt sie nur.[2] Da die angesprochenen Veränderungen des Gegenstands von kaum jemandem bestritten werden, nimmt der immer wieder vorgetragene Rekurs auf ihre Wichtigkeit Züge einer Beschwörung an; das Ritual dient dem Zweck, die vorausgesetzte Evidenz der Überholtheit von klassentheoretischen Überlegungen zu suggerieren. Mir scheint hierin mehr zum Ausdruck zu kommen als nur ein möglicherweise unreflektierter Umgang mit „Ungleichheitssemantiken", auf die Peter Berger (1989 und 1990) zu Recht verweist. In Frage steht vielmehr darüber hinaus eine grundsätzlich neue Option, mit der sich die sozialwissenschaftliche Intelligenz seit einiger Zeit politisch neu zu verorten begonnen hat. Der Weg führt – ebenso wie die Diskursverschiebungen bei den Auseinandersetzungen um den Golfkrieg und die deutsche Einheit (vgl. Knoell 1992) – zunehmend in die Beliebigkeit oder ins neue politische Lager. Kaum etwas eignet sich für den genannten Zweck so vorzüglich wie eben der Klassendiskurs, gilt doch der Klassenbegriff als einer, wenn nicht *der* Eckpfeiler

---

2 Siehe für genauere Nachweise z.B. Ritsert 1987, 1989; Müller 1992, 19ff; Kreckel 1992.

einer marxistischen oder zumindest marxistisch inspirierten Gesellschaftstheorie. Für die Diskussion in der Bundesrepublik scheint es mir charakteristisch, daß manche Soziologen inzwischen schon wieder in den fünfziger Jahren angelangt sind; mit der „Individualisierung" der Wohlstandsgesellschaft (Beck 1983, 1986) scheint unübersehbar die „nivellierte Mittelstandsgesellschaft" Schelskys auf, und auch die berühmt-berüchtigte Zwiebel, mit der einer Generation von Soziologie-StudentInnen das Schichtengefüge moderner Gesellschaften nahegebracht wurde, ist nicht mehr fern. Ein theoretisches wie politisches Intermezzo scheint für die bundesdeutsche Soziologie beendet.

Wenn hier demgegenüber der von Marx inspirierte „alte Klassendiskurs" weiterverfolgt wird, so besagt dies erst einmal, daß dem „asymmetrischen Spannungsverhältnis von Lohnarbeit und Kapital als primärem Machtgefälle innerhalb und außerhalb des kapitalistischen Arbeitsmarktes noch immer ein überragendes Gewicht zu[kommt, d.V.]. Der strukturelle Zwang zur Profitorientierung, gekoppelt mit der privaten Verfügung über Produktionsmittel und der Tendenz zur Kapitalkonzentration, fungiert weiterhin als wirksamer Hebel. Das heißt, das abstrakte Klassenverhältnis von Kapital und Arbeit als strukturelle Bedingung besteht, trotz mancherlei Veränderungen, weiterhin fort, während gleichzeitig die diesem Klassenverhältnis entsprechenden konkreten empirischen Klassen teilweise verwischt, ausdifferenziert und überlagert worden sind, so daß sich ihr Einfluß auf das alltägliche Handeln und Erleben vermindert hat" (Kreckel 1990, 59f; auch Kreckel 1992). Allerdings weist Kreckel gleichzeitig zu Recht darauf hin, dass in empirischen wie begrifflichen Analysen die Veränderungen des Kapitalismus im Weltzusammenhang (Weltmarkt; vgl. etwa Altvater 1991, 1992, 2009; Altvater/Mahnkopf 2007) ebenso zu berücksichtigen sind wie historische Zäsuren.

Auch für diesen Diskussionszusammenhang aber bleibt die wesentliche Frage nach der Art der Verbindung zwischen Struktur- und Handlungsebene nach wie vor der zentrale Prüfstein für den Erkenntniswert von klassenanalytischen Untersuchungen.[3] Wenn aus einer oder der Klassenstruktur keine Handlungen

---

3 Das wird z.B. bei Hagelstange (1988) deutlich: In der Bezugnahme auf Klassen, „denen im Kern gegensätzliche objektive Interessen im Hinblick auf die Aufrechterhaltung bzw. Fundamentale Umgestaltung der Gesellschaftsstruktur – und hier vor allem deren ökonomische Grundlage – zugeschrieben werden können" (ebd., 200) zeigt sich, dass trotz aller Differenzierung letztlich eine Homogenität von Klassen konstruiert wird, die zudem auf „Ökonomie" zugeschnitten sind. Ausgeblendet werden nicht nur die interne Zusammensetzung der jeweiligen Klassen und ihre Modifikationen im Zeitverlauf (Mobilität), sondern auch Elemente „sozialer Konsistenz" (Bader/

„abgeleitet“ werden können, so gilt umgekehrt auch, daß Nicht-Handlungen in einem irgendwie gedachten Sinne (etwa als „revolutionäres Handeln“, „Kooperation“ o.ä.) den heutzutage gängigen Schluß auf eine Nicht-Existenz von Klassen ebenfalls nicht gestatten. Statt von Klassenstrukturen sollte deshalb besser von einem Klassen*verhältnis* als einem *Prozeß* gesprochen werden (vgl. etwa Braverman 1974). Damit bleiben zwar wiederum die Beteiligten des Verhältnisses zu bestimmen, aber zugleich ist mit dem Prozeßcharakter von vornherein eine historische Offenheit zugrundegelegt, die jedwede Teleologie ausschließt. Ein wesentliches Manko marxistischer Klassentheorien war bekanntlich die unterstellte Zielgerichtetheit von Geschichte – die ökonomischen Zusammenbruchstheorien fanden ihr Pendant häufig in Verelendungstheorien und führten immer wieder zum gleichen Ziel, dem gewünschten Sozialismus/Kommunismus. Diese Bemerkung mag angesichts der jüngsten historischen Entwicklungen als geradezu lächerliche Reminiszenz an längst überholte Vorstellungen erscheinen; gleichzeitig aber operieren die „modernsten“ und zeitgenössischen Theoreme in der Regel mit Geschichtskonstruktionen, denen auch teleologische Elemente innewohnen – selbst das behauptete „Ende der Geschichte“ (Fukuyama 1992) unterstellt das „Jetzt“ als endgültig erreichtes Ziel.

Umstritten sind nicht nur dieses „Jetzt“ und seine Endgültigkeit bzw. Veränderbarkeit, fraglich sind in historisch wechselnden Konjunkturen immer wieder auch die Akteure am Zustandekommen von „Gesellschaft“. Mag man „für gewöhnlich“ den stummen Zwang der Verhältnisse abwarten können, so gilt das Augenmerk zugleich vorhandenen Ambivalenzen, die in eine Krise münden können (vgl. z.B. O'Connor 1987). In dem, was sich als breite und häufig nur breitgetretene Wertewandels-Diskussion darstellt, drückt sich nicht zuletzt die Sorge um den gefährdet geglaubten sozialen Zusammenhalt aus, während der gesellschaftliche Zusammenhang abhanden gekommen ist. In Bezug auf die Klassenfrage ist mit Kreckel demgegenüber an der grundlegenden und in ihrem Kern

---

Benschop) wie Lebensstile und kollektive Erfahrungen, die wesentlich sind für kollektives Handeln. Hagelstange mag einwenden, eine Klassenstrukturanalyse sei notwendig anders gelagert – um so mehr rückt deren Begrenztheit für die Erklärung des Handelns von Klassenindividuen ins Blickfeld. Diese Problematik durchzieht auch den m.E. wichtigen, von Hagelstange mitverfassten Band von Erbslöh u.a. (1990), in dem im Verbund mit ForscherInnen verschiedener Länder eine Überprüfung des von E.O. Wright vertretenen Klassenkonzepts unternommen wird; das gilt insbes. für den Bewusstseinsaspekt. Zentral für die weitere Klärung scheint mir die reflektierte Untersuchung von Bader/Benschop (1989) und die Fortsetzung in Bader (1991); siehe auch Deppe/Dörre (1991).

noch immer nicht gelösten Subjekt-Objekt-Problematik festzuhalten. Zumindest implizit ist damit allerdings schon über einen „reinen Klassenbegriff", wie er etwa in manchen „Ableitungen" und allgemeinen Kategorisierungen auftaucht, hinausgegangen; thematisiert sind mit den Klassen und Klassenindividuen sowie ihren Handlungsweisen oder auch Nicht-Handlungen immer auch die Verfaßtheit der Gesellschaftsstruktur und ihrer Reproduktion auch der politischen Seite nach. In Gramscis Begriff der Zivilgesellschaft („società civile"), wird die Vermittlung zwischen den Produktions- und Verkehrsverhältnissen einerseits und der staatlich-politischen Sphäre („società politica") andererseits zu erfassen versucht. Die Zivilgesellschaft beinhaltet nicht nur das allgemeine Wahlrecht der StaatsbürgerInnen, mit dem die Klassenindividuen in die Verantwortung gezogen werden, sondern auch kulturelle Faktoren, mit denen die Zivilgesellschaft „ohne Sanktionen und ohne genaue Verpflichtungen wirkt, aber dennoch einen kollektiven Druck ausübt und objektive Resultate bei der Ausarbeitung von Sitten, Denk- und Handlungsweisen, in der Moral usw. bekommt" (vgl. Kebir 1991). Wesentlicher Einfluß kommt dabei nach Gramsci den sogenannten „privaten Organisationen", wie etwa der Kirche, den Gewerkschaften, aber auch Bibliotheken, Zirkeln und Clubs sowie Architektur, Presse und Literatur zu. In ihrem Zentrum steht die Ausbildung des *Alltagsverstandes*, einer in der Regel popularen Welt- und Lebensanschauung, in die traditionelle Momente ebenso eingehen wie Elemente moderner Entwicklungen in Wissenschaft und Technik. Erst durch seine Einbindung in die jeweils herrschenden Politikformen kann hegemonial gewirkt werden.[4]

2. As sociology meets history and culture

In seinem Artikel „'Selbstverwirklichung' in der Risikogesellschaft" handelt Andreas Kuhlmann über den „Zerfall von Konventionen und die Chancen der Autonomie" (1992) und rückt damit einen unter Wissenschaftlern und Intel-

4 Hier geht es nicht zuletzt auch um die eigene Situierung der beteiligten WissenschaftlerInnen, deren Stellungnahmen auch Interventionen in den hegemonialen Prozeß sind und in deren Geschichtskonstruktionen unverkennbar auch Elemente ihrer eigenen Geschichte und Lage als einer besonderen sozialen Gruppe aufscheinen, wie spätestens mit Bourdieu (1982; Heins 1990, 162ff) selbstverständlich sein sollte. Selbst die Vertreter der Postmoderne (hier genauer des „posthistoire") geben mitunter zu erkennen, daß sie in der Absage an „die Geschichte" nicht zuletzt um die Deutungsmächtigkeit ihrer eigenen Zunft fürchten (vgl. Niethammer 1989, Thien 1991, insges. Thien/Wienold 1988).

lektuellen – seien sie rechter oder linker Coleur – immer wieder thematisierten Zusammenhang ins Blickfeld. Eine weit verbreitete Meinung geht seit über 100 Jahren dahin, daß – grob formuliert – die Gesellschaft die Menschen in ihr verschlingt, und zwar mit Haut und Haaren. Durch die technische Entwicklung, den Prozeß von Rationalisierung und Zivilisierung wird aus ursprünglich scheint's autonomen Individuen der außengeleitete Mensch, von dem David Riesman in den 50er Jahren sprach, jener homunculus, der sich der Außenwelt nur noch anzupassen vermag. Hatte noch für die Durchsetzungsphase der Industrialisierung die „protestantische Ethik" gegolten, so sorgen deren Resultate dafür, daß ein „hedonistischer Materialismus" und ein psychologischer „Eudämonismus" sich breit machen; die von Max Weber beschriebenen „Fachmenschen ohne Geist und Genußmenschen ohne Herz", jene für unser Jahrhundert anscheinend typischen Bürokraten, die in Routine erstarrt sind, sowie jene neuen gefühlskalten Konsumenten, die zwar im Überfluß schwelgen, denen zugleich aber die Genußfähigkeit abhanden gekommen ist. Mit dem läuft nach Sennett (1986) eine „Tyrannei der Intimität" einher, welche die Menschen der Fähigkeit beraubt, Distanz zu sich selbst zu bewahren und sie zur hemmungslosen Entäußerung eigener Empfindungen treibt. Letztendlich liegt hier der Bezug auf den Begriff der „Masse" nahe, der in den Intellektuellen-Diskursen immer wieder eine zentrale Rolle spielt. In der Konstruktion von massenhaften Individuen wurde und wird die Besonderheit einer eigenen Individualität behauptet (vgl. Berking 1984, König 1988, 1992).

Kuhlmann bringt gegenüber dieser Lesart der historischen Entwicklung die Position von Norbert Elias (1978) ein, der versucht hat, die Zwieschlächtigkeit des Prozesses der Zivilisation zu erfassen und also auch die konkreten Möglichkeiten eines Umgangs mit ihr zu erfassen: „Es ist offensichtlich, wie kraß Elias' Beobachtungen den Übereinkünften konservativer wie linker Kulturkritik widersprechen. Der Zerfall von Konventionen fördert für Elias nicht schamlose Hedonisten und tyrannische Narzisse zutage. Er zwingt die Menschen vielmehr zu einer stärkeren Kontrolle ihres Verhaltens und Empfindens und eröffnet einen Spielraum des individualisierten, gelockerten Zusammenspiels von Ich-, Gewissens- und Triebinstanzen" (ebd.). – Mir scheint das bedenkenswert, aber allzu optimistisch und eindeutig; nicht genügend beachtet scheint mir die Ambivalenz des Modernisierungsprozesses, oder genauer: des Prozesses der Durchsetzung kapitalistischer Vergesellschaftung bis in unsere Tage hinein. Wenn Kuhlmann mit Elias gegenüber manch vordergründigem Apokalyptiker allemal recht hat, so entgeht ihm eine grundlegende Schwäche von dessen Zivilisierungskonzept, auf die verschiedentlich hingewiesen wurde (vgl. zuletzt Breuer 1992, 13ff). Diese besteht für unseren Zusammenhang darin, daß Elias gewissermaßen von oben die

Implikationen des Zivilisationsprozesses seit dem 16. Jahrhundert (kurz: Verinnerlichung äußerer Herrschaft) nach unten verallgemeinert hat. Die unterschiedliche Befindlichkeit und Tragweite der jeweiligen Akteure und ihrer sozialen Lagen und die veränderten Formen der Vergesellschaftung werden demgegenüber nicht zureichend beachtet. Festgemacht an den Verhaltenswandlungen der höfischen Gesellschaft unterstellt Elias deren Gültigkeit für alle gesellschaftlichen Gruppen. Demgegenüber weist Muchembled nach, daß

> „... der Prozeß der Zivilisierung der Sitten in seinen vielfältigen Formen kein Mechanismus zur Nivellierung der Unterschiede [ist]. Er bringt im Gegenteil verschiedenartige Wesen hervor, die auf verschiedenen Stufen der soziokulturellen Hierarchie angesiedelt sind. Diese Menschen – das gilt selbst noch für das Ende des Ancien régime – sind durchaus nicht aus einem Stück gemacht, sondern fügen sich in Gesellschaftsschichten ein, die unterschiedliche Verhaltensstränge und gegensätzliche ökonomische Entwicklungen beerben. Mit anderen Worten, nichts wäre verfehlter, als die Entwicklung der Mentalitäten vom ausgehenden Mittelalter bis zur Revolution als eine Art unbestimmten Gesamtfortschritt darzustellen, dem sich die einzelnen Gruppen dann mehr oder weniger vollkommen anpaßten" (Muchembled 1990, 184).

Von entscheidender Bedeutung scheint mir zu sein, die Gültigkeit dieses Zusammenhangs *allgemein* auch für die Zeit *nach* der bürgerlichen Revolution, ja bis in die Gegenwart hinein anzunehmen. In Anbetracht des dominierenden sozialwissenschaftlichen Mainstreams mag das überzogen erscheinen; angesichts der Fülle an sozialgeschichtlichen Belegen und dem hierzulande vorherrschenden Desinteresse, ja vielleicht sogar der Ignoranz insbesondere von soziologischer Seite gegenüber diesen Forschungen scheint mir diese Akzentsetzung notwendig.

Diese Studien, die häufig eine ethnologische Sichtweise zu berücksichtigen suchen, gewinnen ihre Bedeutung aus „dichten Beschreibungen", *ohne* diese detaillierten Fallschilderungen aus ihrem historischen und d.h. gesamtgesellschaftlichen Kontext zu lösen. Zwar beziehen sie sich häufig auf einzelne soziale Felder und Gruppen, aber ihr Vorteil gegenüber modernisierungstheoretischen Arbeiten besteht, kurz gesagt, darin, das Handeln von Menschen und ihre Orientierungen und Orientierungsmuster, ihre Lebensweise, auch über längere Zeiträume hinweg zu beschreiben; zugleich setzen sie sie in Bezug zueinander und zu den sich verschiebenden gesellschaftlichen wie politischen Kräfteverhältnissen, ohne dabei vorausgesetzte theoretische Raster nur zu illustrieren.[5]

---

5 So eine Quintessenz der angesprochenen Studien auch für das 19. und den Anfang des 20. Jahrhunderts; zusammenfassend Kocka (1978, 1990, 1990a) und Ritter/Tenfelde (1992). Vgl. auch Bader 1992, 110f.

Manche dieser Studien und der dabei erzielten Ergebnisse mögen problematisch sein; die lebhaften Debatten um den Kultur- und Klassenbegriff im Anschluß an E.P. Thompsons „Making of the English Working Class“ und dessen gesamtes Werk (1968, 1980), die Auseinandersetzungen um eine Füllung des Begriffs „Alltagsgeschichte“ weisen darauf hin, daß es sich hier um ein umstrittenes Diskursfeld handelt, das selbst Konjunkturen und Verschiebungen unterliegt.

Ein wesentliches Ergebnis scheint mir immerhin zu sein, daß neben dem beschriebenen Bruch mit schlichten Modernisierungsvorstellungen auch die von verschiedenster Seite vertretenen Vorstellungen von Klassen und sozialen Gruppen als einer *Substanz* mit einem autochthonen Eigenleben überwunden worden sind. Denn – so eine Quintessenz (grundlegend Gerstenberger 1990) – bürgerliche Gesellschaften sind insofern Klassengesellschaften, als im Zuge der Überwindung feudaler Gesellschaftlichkeit die herrschaftliche Sanktionierung der sozialen Hierarchie beseitigt wurde, und mit dem nationalen Markt und verallgemeinerter Öffentlichkeit eine Angleichung der Lebensbedingungen erfolgt; jetzt erst kann von Klassen im Sinne allgemeiner Klassenverhältnisse gesprochen werden. Diese unterstellen – als Strukturkategorie der bürgerlichen Gesellschaft – allerdings generell keine Handlungseinheit; „dem steht die Konkurrenz innerhalb der jeweiligen Klassen entgegen und zudem der Umstand, daß übereinstimmende materielle Existenzbedingungen sich nicht ohne weiteres in identische politische Interessen übersetzen“ (Gerstenberger 1990, 528f, auch 28f). Auf der Grundlage der Entwicklung kapitalistischer Klassenverhältnisse sind die Klassenindividuen *grundsätzlich immer* auch durch Unterschiede ausgezeichnet – nach Geschlecht, Qualifikation, Branche und Betriebsgröße, Verdiensthöhe etc. –, die sich auch in ihren Organisationen darstellen und von diesen im politischen Feld ebenso vertreten werden wie sie durch dieses beeinflußt werden. Eine „Einheit der Klasse“ – sei es eine der Arbeiterklasse oder der Bourgeoisie – hat es nie gegeben. Das gilt es gegenüber neueren Darstellungen zur heutigen Situation hervorzuheben, in denen diese Zeiträume als geradezu „natürliche“ Hochzeiten *der* Klasse gefeiert werden, um im Kontrast dazu die heutige Situation mit ihren bekannten internen Differenzierungen der ArbeiterInnenschaft als eine völlig neue im Sinne des deshalb folgerichtigen Wegschmelzens von Klassenmilieus zu plausibilisieren (vgl. für viele Beck 1986). Beides trifft in dieser Form nicht zu.

Demgegenüber hebt Wolfgang Kaschuba in einer prägnanten Zusammenfassung am Beispiel der „Volkskultur“ vier Kernpunkte eines historisch ausgewiesenen Zugangs zum Gesamtzusammenhang Verhältnisse/Verhalten, Klasse/Kultur, soziale Lage/Lebensweise hervor, die mir auch für die heutige Entwicklung und ihre Analyse zentral erscheinen (wobei Volkskultur durch ArbeiterInnenkultur ersetzt werden könnte); Kaschuba will

> „damit erstens nochmals den Anspruch betonen, die Volkskultur nicht 'kulturalistisch' in Traditionsphänomenen festzuschreiben, sondern sie im Horizont einer Sozial- und Politikgeschichte ernster zu nehmen. Zweitens verweise ich mit dem Stichwort 'Politikgeschichte' auf ein eigenes politisches Energiepotential sozialer Bewegung, das nicht nur reaktiv im Rahmen des Widerstandes gegen die 'Sozialdisziplinierung' wirksam wird, sondern das Alltag und Geschichte aktiv mitgestaltet. Drittens spreche ich von einer Volkskultur, die kein geschlossenes kulturelles System darstellt, sondern nach unten wie nach oben offen ist und in der sich gemeinsame kulturelle Nenner und konkurrierende Gruppenidentitäten durchaus widersprüchlich zueinander verhalten. Damit verkörpert sie – viertens – kein Medium nur eines 'inneren Monologs' des Volkes, vielmehr *auch* ein Medium des sozialen Dialogs zwischen den gesellschaftlichen Mehrheiten und den Eliten. Insofern beinhaltet sie Qualitäten und Funktionen einer politischen Kultur: Sie ermöglicht Diskurse, Formen der Interessenartikulation und des Konfliktaustrags, für die bis dahin kein anderes politisches Forum existiert." (Kaschuba 1992, 248, Hervorh. dort)

Die Elemente der Volkskultur bedürfen notwendig der real-historischen Fundierung, sollen sie nicht wieder verdinglicht benutzt werden. Kaschuba verdeutlicht, daß es zwar möglich ist, auf dem Wege der Abstraktion klassenspezifische Differenzen in den normativen Handlungspotentialen auszumachen, aber zugleich sind deren Einbettung in die konkreten Lebensumstände wie ihre Verschränkungen mit dem und Anschlußmöglichkeiten an den hegemonialen Diskurs in Rechnung zu stellen.

Für die ArbeiterInnenschaft zeigt sich dies in aller Deutlichkeit am Sachverhalt der „Arbeiterkultur": Anfangs geprägt zur Kennzeichnung des sozialdemokratischen Vereins- und Bildungswesens wurde bald deutlich, wie wenig mit diesen Organisationsformen der Arbeiter*bewegung* schon über die Arbeiterschaft in ihrer Gesamtheit und über die in ihr vorhandenen Lebens- und Denkweisen ausgesagt werden konnte.[6] Auch auf die Gefahr hin, vorschnellen Typisierungen

---

6 In der BRD war Erhard Lucas (1976, 1983) mit seinen nach wie vor sehr lesenswerten Arbeiten bahnbrechend. Für die in den angelsächsischen Ländern breit thematisierte Bedeutung des Geschlechterverhältnisses siehe als Pionierarbeit Barrow/Schmidt/Schwarzkopf (1991) und als wichtige Fallstudie Hagemann (1990). Zur Bedeutung der Erfahrung von „Ungerechtigkeit" für ArbeiterInnen ist nach wie vor zentral Barrington Moore (1984), dessen Konzept für die heutige Entwicklung von Honneth (1990, 1992) weiterverfolgt wird. Zur Arbeiterkultur siehe neben den schon genannten Arbeiten Mahnkopf (1985), Assion (1986), Kramer (1987), Faulenbach (1988) und die Beiträge in Kaschuba/Korff/Warneken (1991).

Vorschub zu leisten, lassen sich mit Kaschuba (vgl. 1988, 247ff) in grober Vereinfachung und primär für das 19. Jahrhundert vier zentrale *Orientierungsmuster* festhalten, die um den Komplex der „Identität durch Arbeit" gruppiert sind: Bezugnehmend auf ein „proletarisches Arbeitsethos" setzten sich viele Arbeiter mit den vorgegebenen Herrschaftszwängen auseinander und stellten diesen die Forderung nach „Gerechtigkeit" entgegen, die primär aus der Wertschätzung der eigenen Arbeit gezogen wurde; gleichzeitig lief diesem arbeitsbezogenen kollektiven Selbstverständnis die Erfahrung der Abhängigkeit parallel, einer existenziellen Abhängigkeit vom Tausch der Arbeitskraft, die sich im Verlust der Arbeitsfähigkeit oder in Arbeitslosigkeit und damit auch in der sozialen Isolation geltend machen konnte; Lohnarbeit, hier primär als häufig körperlich schwere Handarbeit, beinhaltet eine spezifische Körpererfahrung, die sich auch im alltäglichen Umgang in der Körpersprache geltend machte, in kollektiven Ausdrucksformen des Unmuts (Brotkrawalle, Demonstrationen) wie in kleinen Gesten zur Verbindung der Erfahrungsräume, in Sprachformen wie im Sport; in der unter Arbeitern verbreiteten „sozialen Ehre" schließlich tritt besonders prägnant hervor, wie sehr deren normativen Orientierungen immer auch geprägt waren durch das Klassenverhältnis und d.h. hier durch die kontroverse Bezugnahme auf Bourgeois und Kleinbürger, den

> „ethisch-moralischen Kodex der bürgerlichen Gruppen, die auf der Basis ihrer ökonomischen, sozialen und politischen Stellung sich buchstäblich 'im Besitz' ihrer eigenen Statuszuschreibungen und Identitätsmerkmale wissen. Dieser Ehrbegriff vereint in sich äußere Existenz und inneren Wert. Er ist doppelt gesichert – jedenfalls im Rahmen bestimmter Spielregeln – und bedarf nicht ständiger Bestätigung, weil seine innere Wertehierarchie der äußeren, gesellschaftlichen herrschenden entspricht und weil dem bürgerlichen Individuum qua Klassenbegriff 'sein' Ehrbegriff zusteht – natürlich mit geschlechtsspezifisch sehr unterschiedlichen Konnotationen" (Kaschuba 1988, 254).

Im Unterschied hierzu *suchen* Arbeiter – vor allem die in den neuen Industriebetrieben, deren Mobilität erheblich ist und die häufig zwischen einzelnen Milieus wechseln –

> „ihre innere Identität und ihren gesellschaftlichen Platz, indem sie Respekt, Anerkennung, Ehrbarkeit über die sozialen Beziehungen zu erkämpfen [versuchen, d.V.]: in der Familie wie in der Gruppe, gegenüber Bürgern wie Behörden. Ihr Ehrbegriff ist gegenüber äußeren Verletzungen besonders empfindlich, da er nur geringe 'innere Stärke' aufweist, weder materiell noch ideell abgesichert ist. Damit ist er beständig dem Widerspruch von eigenen Bedürfnissen und fremden Normen unterworfen, er muß zwischen kulturellen Traditionen und Lebensweltnormen einerseits und bürgerlichen Wertmaßstäben andererseits gesucht und immer neu bestätigt werden" (ebd.).

Fast überflüssig zu sagen, daß auch hier innere Differenzierungen – ebenso wie bei Bourgeoisie und Kleinbürgertum – vorhanden sind, konkrete Erfahrungen und Erfahrungsverknüpfungen in Raum und Zeit, die auch unterschiedliche politische Optionsmöglichkeiten zulassen.[7] Mit „Prinzipien" oder schnell gefaßten Trendzusammenfassungen ist diesem verzweigten Feld nicht beizukommen.

Die neueren Beiträge zur heutigen Ausprägung der Sozialstruktur und zu heutigen Verhaltensweisen leiden demgegenüber in der Regel daran, daß die historische Entwicklung nur am Rande zur Kenntnis genommen wird. In der Regel begnügt man sich mit den Resultaten, spannt sie in bestimmte Schemata (wie etwa die zentralen Orientierungsbegriffe von „Tradition" und „Modernisierung"), entledigt den historischen Prozeß dadurch seiner Ambivalenzen und verflüchtigt die Existenz der handelnden Akteure und Akteursgruppen (vgl. kritisch Wehling 1992; Müller 1991). In einer Lesart, die im Anschluß an Habermas' Konstruktion von „System und Lebenswelt" weite Verbreitung gefunden hat, wird nicht nur ein struktureller Klassenbegriff ausgeblendet, darüber hinaus werden die Lebensweisen von Klassenindividuen in eine Schematisierung eingepaßt, die aus einem vorgängigen reduzierten Geschichtsbegriff folgt (vgl. Groh 1986). Zwar scheint im Begriff der Lebenswelt als „unproblematischen, gemeinsam als garantiert unterstellten Hintergrundüberzeugungen" (Habermas 1981: II, 191) noch die Wirksamkeit von Sozialmilieus auf, aber zugleich verblassen diese im Zuge der durch die „Rationalisierung der Lebenswelt" (ebd.: II, 232) erfolgenden Modernisierung. An ihre Stelle tritt der sukzessive Übergang von traditionellen zu kommunikativen Formen: Während der absolutistische Staat noch vom lebensweltlichen Substrat traditioneller Lebensformen zehrte, muß sich der bürgerliche Staat der Moderne legitimieren; eine kommunikativ strukturierte und strukturell ausgegliederte Lebenswelt bleibt „als einzige Quelle der Legitimation übrig." (ebd.: II, 527).

Ins Auge springt hierbei nicht nur die Ausblendung des „gesellschaftlichen Lebensprozesses" (Marx) in Gestalt der materiellen Produktion und Reproduktion mitsamt ihren Auswirkungen auf die Lebenswelt. Habermas privilegiert generell kognitive Elemente der Lebensweise sozialer Akteure (Heins 1990, 121). Zugleich

7 Zur inneren Differenzierung der Bourgeoisie und ihrer Bedeutung für Verhaltens- und Handlungsweisen vgl. Kocka (1988) und Blackbourn/Evans (1991). Rosenbaum (1992) belegt, daß manche der scheinbar exklusiv heutigen „privaten" Verhaltensweisen „individualisierter" Arbeiter schon in der Weimarer Republik anzutreffen waren. Zur Bedeutung von Arbeit und Betrieb für unterschiedliche ArbeiterInnengruppierungen um die Jahrhundertwende siehe die dichte Fallstudie von Dorothea Schmidt (1993).

aber weiß er irgendwie um Probleme der Abstimmung zwischen unterschiedlichen Bereichen des gesellschaftlichen Systems; denn System und Lebenswelt sind bei ihm heterogene Bereiche, die aufeinander abgestimmt werden müssen (System- und Sozialintegration), um ein Systemgleichgewicht zu erreichen. Das Dominantwerden des keynesianischen Staates bewirkt aber gerade eine selbstdestruktive Tendenz, die in der Untergrabung der für die Integration notwendigen Sinnressourcen zum Ausdruck kommt. Hierin liegt der Grund für den Weg in die „Sozialpathologie der Moderne", der zugleich einer der „Kolonialisierung" der kommunikativ geprägten Lebenswelten ist: Dabei „verdrängen systemische Mechanismen Formen der sozialen Integration auch in jenen Bereichen, wo die konsensabhängige Handlungskoordinierung nicht substituiert werden kann: also dort, wo die symbolische Reproduktion der Lebenswelt auf dem Spiel steht. Dann nimmt die Mediatisierung der Lebenswelt die Gestalt einer Kolonialisierung an" (Habermas 1981, II, 293). Einen, wenn überhaupt möglichen, Ausweg aus dieser allumfassenden Krise(ntendenz) können dann allenfalls jene Gruppierungen weisen, die kaum lebensweltlichen Normen unterliegen, sondern statt dessen einzig die „Begründungsnorm" (Heins 1990, 143) zu kultivieren scheinen und sie in der (bürgerlichen) Öffentlichkeit zu verwirklichen suchen.

Es ist bezeichnend, daß unter der Vielzahl der Arbeiten von Habermas nicht eine zu finden ist, in der er sich gründlicher auf die Analyse eines „konkreten Stückes Zeitgeschichte" oder der empirischen Lebenswelten und Kommunikationspraktiken einer sozialen Gruppe eingelassen hätte[8]; eine solche ist vor der Folie seines Modernisierungsrasters überflüssig und würde es zugleich sprengen. Diese „over-socialised conception of society" (Abercrombie u.a. 1980, 152) gewinnt eine nur vordergründige Plausibilität aus ihrer Nähe zu aktuellen politischen Protestbewegungen, die sich auf die „Nahtstelle zwischen System und Lebenswelt" zu beziehen scheinen; denn: „Weder ökologische Krisen der gesellschaftlichen Naturverhältnisse noch die unkontrollierte wissenschaftlich-technische Risiko-Produktion lassen sich nach dem System/Lebenswelt-Schema zureichend als Verdinglichung kommunikativer Beziehungen begreifen. [...] Die Konstruktion einer normativ-rationalistischen Theorie der Moderne zwingt Habermas die gleichsam meta-empirische Verallgemeinerung *eines* Krisentyps ('Kolonialisierung der Lebenswelt') und *eines* Erklärungsmodells auf, in dem sich die sozial folgenreichsten Krisenphänomene und Konflikte in den entwickelten

8 Am ehesten ist hier noch der „Strukturwandel der Öffentlichkeit" (1962) zu nennen; in der Neuauflage von 1990 greift Habermas wichtige Punkte der seitherigen Kritik auf.

kapitalistischen Gesellschaften gerade nicht erfassen lassen“ (Wehling 1992, 354f, Hervorh. dort). Obwohl Habermas zur Untermauerung seiner These von der Kolonialisierung der Lebenswelten Themen und Konfliktpotentiale der neuen sozialen Bewegungen aufgreift, scheitert er in seiner Theorie kommunikativen Handelns und dem dort zugrunde gelegten vermeintlichen universalen Rationalitätspotential der Moderne daran, systematische Anknüpfungspunkte in den Zielsetzungen dieser Bewegungen zu finden, die ihm für die „alten“ sozialen Bewegungen generell abhanden gekommen sind. Letztendlich fehlt ihm damit der gesellschaftliche Adressat für die „Vollendung der Moderne“, aber zugleich gerät diese auch auf die Ebene einer gleichgewichtigen gesellschaftlichen Rationalisierung, in der die Austauschprozesse zwischen System und Lebenswelt sowie zwischen einzelnen Subsystemen zu organisieren sind.

3. Fluchtlinien

Die demgegenüber zu lösende Aufgabe kann durch den Blick auf einen der wenigen in jüngster Zeit unternommenen avancierten Versuche einer kritischen gesellschaftstheoretischen Analyse des heutigen Kapitalismus weitergehend skizziert werden. Gemeint sind die um die Begriffe des Fordismus und Post-Fordismus zentrierten Arbeiten von Joachim Hirsch und Roland Roth (1986; Hirsch 1990, 1993) die aus vier Gründen besondere Aufmerksamkeit verdienen: zum einen beugen sich die Verf. nicht einfach dem modischen Abgesang auf jedwede marxistische Theorie, zum zweiten sehen sie die Klassenthematik von vornherein eingebettet in die Gesellschaftsstruktur und ihre Entwicklung, zum dritten legen sie ein wichtiges Augenmerk auf die subjektive Seite der Klassenverhältnisse und schließlich reflektieren sie (insbes. Hirsch 1990) die politischen Implikationen und Folgerungen ihrer Untersuchungen. Mit der Regulationstheorie[9] werden folgende Sachverhalte als Resultate und Kernpunkte der neueren kapitalistischen Entwicklung ins Zentrum der Analyse gerückt:

- „ eine dichte Verknüpfung von Massenproduktion und Massenkonsum (Kern des Fordschen ‘Projekts’)
- die Taylorisierung des Arbeitsprozesses führt zum Anwachsen einer service class,
- Verallgemeinerung von Lohnarbeit durch die Überwindung von dualökonomischen Strukturen, d.h. Lohn wird zur hauptsächlichen Reproduktionsquelle (dazu für Deutschland Lutz 1984),

9 Die Bandbreite der Regulationstheorie reicht selbstverständlich weiter als hier angedeutet werden kann; vgl. Lipietz (1991, 1991a) und die Beiträge in Mahnkopf (1988), Demirović/Krebs/Sablowski (1992) und Brand/Raza (2003).

- collective bargaining entlang von Produktivitätszuwächsen [...],
- oligopolistische Märkte ermöglichen ein up pricing,
- sozialstaatliche Sicherungssysteme und die Ausdehnung von Konsumentenkrediten,
- Elemente einer keynesianischen Nachfragepolitik sorgen für stabilisierende Rückkopplungen auf gesamtwirtschaftlicher Ebene,
- Im Reproduktionsbereich wird die Kleinfamilie zur Norm, traditionelle Versorgungs- und Solidarstrukturen verlieren an Bedeutung,
- Auf räumlicher Ebene entspricht der neuen Produktions- und Konsumnorm der Trend zur Suburbanisierung, zum städtischen Funktionalismus, zum Primat des Individualverkehrs" (Roth 1990: 203f.).

Nimmt die Regulationstheorie also die schon anfangs thematisierten Veränderungen der kapitalistischen Gesellschaft auf, so besteht ihr Vorteil gegenüber nur strukturell-systemischen Behandlungen der Ökonomie darin, daß in ihr das ökonomisch-soziale Entwicklungsmodell in seiner historischen Entwicklung thematisiert wird. Das gilt hier insbesondere für die Bedeutung des Massenkonsums und der Konsumnormen wie für die private Reproduktion und die Wohnungsentwicklung vor allem in ihrer städtischen Ausprägung (siehe die Beiträge in Borst u.a. 1990; Keil 1993). Der Begriff der Regulationsweise thematisiert die politische Seite dieses Verhältnisses und Prozesses. So sieht Hirsch ebenso wie einige französische Regulationstheoretiker nach wie vor die Existenz von Klassenverhältnissen; aber entgegen manchen Vorstellungen eines unmittelbaren Aufeinandertreffens von Klassen, der Existenz von Klassenkämpfen also, dominiert hier eher die Vorstellung von einem sozialen Block, dem es hegemonial gelingt, unterschiedliche soziale Gruppen zusammenzubinden, indem ihre Interessen Berücksichtigung finden (vgl. Lipietz 1991a, 678).

Es ist dann allerdings überraschend, daß Hirsch/Roth und insbesondere Hirsch diesen Zusammenhang, der für die jüngste Entwicklung und d.h. auch empirisch *aufzuschlüsseln* wäre, in einer Weise zuspitzen, daß alle Ambivalenzen und Allianzen letztlich hinter einer eindeutigen und einlinigen Geformtheit zurücktreten.

„Je mehr der fortgeschrittene Kapitalismus – Marx' Prognose bestätigend – tatsächlich zu einer Lohnabhängigen und 'Arbeitnehmer'-Gesellschaft geworden ist, desto offenkundiger scheint die soziale Realität des Begriffs 'Klasse' zu verschwinden. Die Massenkonsumgesellschaft produziert die ihr entsprechende kommerzialisierte und atomisierte Form von Individualität. Ihre 'Individualisierungsschübe' gehen einher mit bürokratischer und warenförmiger Normalisierung und Standardisierung. Subjektivität scheint sich immer mehr auf das Tragen unterschiedlicher Markennamen auf dem T-Shirt oder andere Varianten konsumistischer Stylings zu reduzieren. Wenn es eine funktionierende 'Internationale' gibt, dann ist es die der

> weltmarktstrategisch und großindustriell produzierten Popmusik, die in Hamburg und Sydney identisch aus dem walkman dringt. 'Selbstverwirklichung' findet, wenn nicht bei stupiden Motorrad- und Autorasereien, bestenfalls im 'schöner Wohnen' nach Katalog, der zwanghaften Anpassung an immer neue Moden und Reklamestrategien oder in den narzißtischen Ritualen hochtechnisierter Sportarten – den expandierenden Massenmärkten von heute – statt" (Hirsch 1990, 121).

Die kapitalistische Herrschaft scheint endgültig vollendet, ArbeiterInnen wie Bourgeois scheinen ihr vollständig subordiniert. Gewiß, Hirsch/Roth und Hirsch verweisen auf unterschiedliche Lagen von LohnarbeiterInnen, auf Brechungen des Gesamtverhältnisses und Verschiebungen in dem, was etwa als Krisenbewußtsein bezeichnet werden könnte. Ihre Untersuchungen verdienen deshalb besondere Beachtung, weil mit dem Anschluß an die Regulationstheorie ja wesentlich auch aufgenommen wird, daß gesellschaftliche Reproduktion immer wieder neu hergestellt werden muß, daß die Art der Reproduktion/Regulation nicht „das Ergebnis einer abstrakten Reproduktionslogik ist, sondern der Auseinandersetzungen und der Kompromisse einer Vielzahl von sozialen Gruppen, und Klassen, die um die konkrete Form ihrer Beziehungen zu anderen sozialen Gruppen kämpfen. In diesen sozialen Auseinandersetzungen können sich sämtliche Parameter verändern: die Ziele, die sozialen Kollektive und die sozialen Verhältnisse, in denen sie sich zueinander in Beziehung setzen" (Demirović 1992, 136; vgl. Hirsch/Roth 1986, 101). Bei Hirsch/Roth und Hirsch finden sich Illustrationen dieses Sachverhalts. Dieser wird allerdings durch die spezifische Variante eines Vergesellschaftungsbegriffs letztendlich seiner inneren Widersprüchlichkeit entledigt; zwar wird im Anschluß an Marx' Vorstellung der indirekten Vergesellschaftung die Freisetzung der Individuen aus „traditionellen" Zwängen in den Vordergrund gestellt, aber durch die Vorstellung einer „reinen Tradition" wird übergangen, daß diese in ihrer alltagspraktischen Wirksamkeit für die Handelnden immer auch das Resultat jetziger Erfahrungen ist, die gleichzeitig durch hegemoniale Strukturen überlagert werden. Diese Verwobenheit verschiedener Elemente wird letztendlich aufgelöst und vereinseitigt durch den Bezug auf die sog. subjektive Seite – erinnert sei an die Rede vom „subjektiven Faktor" –, dem ein Subsumtionsmodell zugrunde liegt, das offensichtlich durch die Resultate des sozialdemokratischen Klassenkompromisses der 70er Jahre mitgeprägt ist.

Die trotz der unterschiedlichen theoretischen Zugangsweise in diesem Punkt frappierende Nähe zu Becks' Gedanken einer durchgehenden *Individualisierung* im Kapitalismus heutigen Zuschnitts oder auch zur Vorstellung von Habermas' resultiert aus der ungeklärten logischen Reichweite des Vergesellschaftungsbegriffs, auf die Demirović hinweist: „Zunächst bezeichnet er [Hirsch, d.V.]

die Tatsache der Hegemonie der bürgerlich-ökonomischen über eine Vielzahl anderer gesellschaftlicher Lebensweisen. Darüber hinaus aber kennzeichnet er die Tatsache, daß Individuen gesellschaftlich leben und ständig neue Verhältnisse eingehen, als *Zerstörung* (von Klassenmilieus und traditionellen Lebensformen) oder *Unterwerfung* (privat zu nennender Lebensbereiche wie Familie und Subjektivität). Lassen sich mit der ersteren Version soziale Kämpfe und kollektive Kompromisse in allen sozialen Verhältnissen analysieren, stellt die zweite Version ein Subsumtionsmodell dar. Pointiert könnte man sagen, daß dem systemisch konzipierten Bereich der Kapitalverwertung Individuen gegenüberstehen, die zunehmend vergesellschaftet und mittels materieller Konzessionen und einer Vielzahl von Konsummöglichkeiten unter die Kapitalverwertung subsumiert und damit als Antipoden verflüchtigt werden" (Demirović 1992, 143f).

Hieraus resultiert insgesamt die Widersprüchlichkeit der neueren Arbeiten von Joachim Hirsch: Während er auf der einen Seite in Anknüpfung an die Regulationstheorie und an Gramsci die gesellschaftliche Reproduktion mitsamt ihrer Herrschaftsstruktur thematisiert, nähert er sich auf der anderen Seite in erstaunlicher und zugleich naheliegender Weise an Positionen der späten Frankfurter Schule in ihrer Kritik der Verdinglichung menschlicher Beziehungen und subjektiven Verhaltens an. Die bei Hirsch sich schließlich abzeichnende verelendungstheoretische Sichtweise des Bewußtseins von ArbeiterInnen, wie sie m.E. bei vielen älteren wie neueren Studien zur Arbeiterklasse zumindest untergründig vorhanden ist – im Unterschied zur Weimarer Republik operieren neuere Untersuchungen nicht mehr mit der Vorstellung einer materiellen sondern der einer psychischen Verelendung, die nicht selten Ausmaße der Pathologie annimmt (vgl. oben: 134ff) – ebnet letztlich den Vermittlungszusammenhang der Reproduktion in ihrer internen Vielschichtigkeit zugunsten einer eindeutigen Beziehung/Abhängigkeit zwischen Objekt und Subjekt/System ein. Auch „das Kapital" bleibt eigentümlich gesichtslos, „sich selbst bewegender Wert", der allenfalls noch der Exekutoren bedarf. Verschiebungen im nationalen wie internationalen Kräftefeld werden nur auf der strukturellen Ebene als ökonomische und allgemein politische wahrgenommen, während die mit ihnen verbundenen wie sie beeinflussenden sozialen Gruppierungen (seien es etwa die auf der Ebene von produktivem und Finanzkapital, aber auch von sog. „mittelständischen" und Großunternehmern oder zwischen verschiedenen Branchen und ihrer Verschränkung in den „Multis") weitgehend ausgeblendet werden.[10] Vorausgesetzt

10 Diese seit geraumer Zeit unter Vertretern einer Kritik der politischen Ökonomie verbreitete Tendenz zur Ausblendung der Bourgeoisie (vgl. etwa auch Altvater 1992)

ist dem einerseits, daß an die Stelle alltagspraktischer Lebensweisen, die auch Widerstände beinhalten, die umfassende Dominanz der „Medienindustrie" tritt; andererseits, daß Vorstellungen einer „herrschenden Klasse" vollends verblassen. Gramsci tritt hier gegenüber Adorno/Horkheimer und insbesondere Marcuse zurück, und gleichzeitig macht sich die Schwäche der Regulationstheorie geltend, die Veränderungen des Lohnverhältnisses auf institutioneller Ebene gleichzeitig auch im Feld der gruppen- und klassenspezifischen Interessen, der alltagspraktischen Verhaltensweisen und normativen Orientierungen der sozialen Akteure ausreichend zu beachten (vgl. Mahnkopf 1988, 112). Der notwendige Bezug auf die Empirie erfolgt zwar, aber er geschieht unvorbereitet, zu früh und zu spät zugleich; zu früh, weil ihm die zu ihrem Verstehen nötigen Vermittlungsglieder fehlen, zu spät, weil er den historischen Entstehungszusammenhang zu wenig beachtet. Die für eine radikale Gesellschaftstheorie in politischer Absicht sich darstellende Hermetik der politischen Verhältnisse der letzten Jahre scheint hier zu einer Vereinseitigung zu führen, die vor allem darauf hinausläuft, die potentiellen *politischen* Akteure auch in ihrer *gesellschaftlichen* Relevanz zu unterschätzen; gesellschaftliche Verhältnisse werden letztlich zu systemischen verdünnt.

4. Einige Anmerkungen zu Verschiebungen der politischen Kultur in der BRD nach 1945

Von maßgeblicher Bedeutung für das gesamte politische und kulturelle Leben in der BRD waren der Einschnitt durch den verlorenen Zweiten Weltkrieg und der Wiederaufbau unter dem Kommando der Alliierten und in der Ausrichtung auf die westliche Welt. Hatten sich in der Bewegungsphase des Nationalsozialismus noch maßgebliche Teile der Arbeiterschaft und der Arbeiterbewegung diesem entgegengestemmt, so hatte es der Faschismus an der Macht vermocht, durch die Zerschlagung der Organisationen der Arbeiterbewegung einerseits einen breiteren Widerstand zu ersticken, andererseits gelang es ihm nicht nur, mit den Großindustriellen und dem Kleinbürgertum die gesellschaftlichen Gruppen weiterhin an sich zu binden, die ihn an die Macht gebracht hatten; zugleich

---

hat den Raum miteröffnet für den zeitweise frei flottierenden Term der „politischen Klasse", mit dem eine Wiederbelebung von Elitenvorstellungen angezeigt ist (vgl. Berking/Evard/Schwengel 1988; Hoffmann-Lange 1992; Beyme 1993; Kröter 1993); siehe demgegenüber van der Pijl (1984), Wienold (1986, 2010), Bottomore/Brym (1989) und Scott (1991). Anders Fallstudien, die der Regulationstheorie und Hirsch verpflichtet sind (vgl. inzwischen auch Hirsch/Wissel 2010); siehe Keil (1993), der für Los Angeles konkrete Akteure und Dynamiken entschlüsselt.

konnten durch die Etablierung ideologisch-praktischer Diskurse (DAF, „Kraft durch Freude" etc.) Teile der Arbeiterschaft gebunden werden. So sehr der zentrale Topos der *Volksgemeinschaft* auch ideologisches Konstrukt der Nazis war und deren gnadenlose Herrschaft nur mangelhaft übertünchen konnte, so sehr gelang es mit ihm, das Staatsvolk soweit zur Nation zusammenzuhalten, daß gravierende Belastungen er- oder mitgetragen wurden.[11] Das wirkte auch über die Kriegszeit hinaus.

Zwar vermochte die KPD als einzige Organisation, die dem Nationalsozialismus *frontal* gegenübergestanden hatte, nach dem Kriege anfangs einige Aufmerksamkeit in der ArbeiterInnenschaft auf sich zu ziehen; aber angesichts der unmittelbaren Schwierigkeiten des Überlebens dominierten reduzierte Vorstellungen und die Bescheidung auf Machbares. Hier boten sich sehr viel eher SPD und vor allem Gewerkschaften als die Organisationen an, bei denen man bald wußte, was zu erwarten war und von denen man etwas Konkretes hatte. Wer mochte sich angesichts des Schocks durch den verlorenen Krieg und den Zusammenbruch des „Reichs", an dem viele doch gehangen hatten, große Sprünge leisten – das Naheliegende war gefragt, die Organisation der Unmittelbarkeit. Der für die Mehrheit der Arbeiterschaft vertraute Umgang mit begrenzten Mitteln ließ auf dieser Grundlage nur begrenzte politische Optionen zu (vgl. Hochstein 1984, Bude 1987). Die unter Aufsicht der Alliierten erfolgende Etablierung politischer Verkehrsformen und eines neuen Parteiensystems war denn auch anfangs gekennzeichnet durch Phänomene, die der Weimarer Republik vergleichbar sind; erst allmählich schälten sich die Konturen des „CDU-Staats" heraus. Einerseits wurden zwar die Besitz- und Herrschaftsverhältnisse „restauriert", und damit bekam die lohnabhängige Bevölkerung ihren „angestammten Platz" zugewiesen, gleichzeitig boten aber begrenzte Partizipationsmöglichkeiten in Betrieben und die Verheißungen des wirtschaftlichen Aufschwungs eine Bindung an. Eine in der Arbeiterschaft verbreitete Unzufriedenheit konnte dann in der Realisierung eines beginnenden sozialen Aufstiegs insbesondere für Teile der Industriearbeiter (vgl. Lutz 1992) in einen „Konsens der Demokraten" übergeführt werden.[12]

---

11 Zur Rolle der ArbeiterInnenschaft vgl. Herbert 1989; Daniel 1991, Lüdtke 1993.

12 Für eine genauere Darstellung des mit dem Kürzel „CDU-Staat" (Schäfer/Nedelmann 1969) Bezeichneten siehe die Beiträge in Blanke/Wollmann (1991); zu Verschiebungen im Wahlverhalten unter Einbeziehung kultureller Aspekte: Rohe (1992, 164ff). – Im Folgenden spare ich die Entwicklung in der DDR aus; auch die Zeit nach der „Wende" 1989 scheint mir noch so diffus, als daß ihr hier mit einigen Hinweisen

Exemplarisch für die Nachkriegszeit und die Art des sich für die Bundesrepublik herausbildenden „Klassenkompromisses" steht das Ruhrgebiet als scheinbar „natürliche" sozialdemokratische Region, die es allerdings erst im Verlaufe der Neuordnungen der Nachkriegszeit wurde. Dabei ging es nicht einfach um eine „Verbürgerlichung" – wie wäre dann die lange Zeit währende Gebundenheit eines großen Teils der Ruhrarbeiter durch die katholische Kirche zu erklären? –, sondern sehr viel eher um ein (erst einmal) zeitweises politisches Arrangement, in das mentale Dispositionen eingehen, wie sie für Arbeiterkulturen charakteristisch sind. Ulrich Herbert rückt in einer Art Resümee des großen empirischen Ruhrgebiet-Projekts (von der Weimarer Republik bis in die Nachkriegszeit) wichtige Elemente dieses Zusammenhangs ins Blickfeld:

> „Die Lebensgeschichten der Arbeiter [des Ruhrgebiets, d.V.] machen ... deutlich, daß sie Arbeiter bleiben, die Subalternität und Ausbeutung als prägende Erfahrungen erlebten, die sich über die Gewerkschaften höhere Löhne und bessere Sozialleistungen erkämpfen mußten und die Gesellschaft als in 'wir und die' dichotomisch gespalten erlebten. Aber daneben gab es im Nahbereich auch Rechte. Nach dem Niedergang der Selbsthilfe-Macht der Betriebsräte und ihrer Ersetzung durch das Mitbestimmungssystem im Montanbereich weiteten sich die Klientelstrukturen der Betriebsräte zu einem Netz kommunaler, betrieblicher und regionaler Interessenvertretung aus, das gewerkschaftliche, kommunalpolitische, sozialstaatliche und sozialfürsorgerische Elemente hatte und in basisnahen Multifunktionären seinen personellen Ausdruck fand: ein Regionalmilieu arbeiterfreundlicher Substrukturen, aber ohne spezifische kulturelle und symbolische Inhalte oder politisch-programmatische Utopien" (Herbert 1985, 43f).

Der Pragmatismus dieses „sozialdemokratischen Milieus" (Faulenbach 1992), das in seiner politischen Ausgerichtetheit auf die Sozial- und Verteilungspolitik insbesondere die Interessen wichtiger Gruppen der Arbeit(nehm)erschaft in der Montanindustrie erfaßte, gilt nicht nur für das Ruhrgebiet, auch wenn es sich hier in einer Vielzahl von Vernetzungen niederschlug, wie sie in diesem Ausmaß in anderen Regionen/Städten (Bremen, Hamburg) nur selten anzutreffen waren. Es ist bezeichnend, daß gerade dieses Ruhrgebiet mit seiner festgefügten „sozialdemokratischen Kultur" spätestens in den 60er Jahren in eine ökonomische und infrastrukturelle Krise geriet, mit der die Zeichen der weiteren Entwicklung für die BRD gesetzt und auch Verschiebungen in der Klassenstruktur wie in den sozialen Milieus angezeigt wurden. Mit dem unaufhaltsamen Niedergang des Bergbaus, der den Kern des Ruhrgebietsmythos mit seiner in harter Arbeit

---

beizukommen wäre, vgl. aber Berger (1993), Thomas 1992, Kreckel (1992, 285ff), Koch (1994), Gehrke/Rüddenklau (1999), Kleßmann (2007).

begründeten Körperlichkeit und der aus dem Mangel scheinbar selbstverständlich erwachsenden Solidarität begründete, brachen neue Zeiten an.

Diese wurden nicht unmittelbar politisch sichtbar. Der Sozialdemokratie gelang es bekanntlich erst in den 60er Jahren, gestützt auf die Verbundenheit mit den Gewerkschaften und in gemeinsamer Ausrichtung auf die Modernisierung der Produktion, die politischen Mehrheiten auf Bundesebene zu erringen. Aber spätestens mit dem Niedergang des Ruhrbergbaus, der allerdings schon lange Zeit vor der „Kohlenkrise" der 60er Jahre bezuschußt worden war und nunmehr auf reduzierter Stufe künstlich am Leben gehalten wurde (vgl. Plumpe 1992), begann für die BRD eine neue Phase der Umwälzung des Produktionsprozesses, der eine weitgehende Ausrichtung der Unternehmen auf den Weltmarkt entsprach (vgl. Altvater u.a. 1979; Abelshauser 1983). Im Zuge dieser „Modernisierung" letztlich der gesamten Gesellschaft (Infrastruktur, Erziehungs- und Hochschulwesen, Forschung und Technologie) nahmen jene Prozesse schärfere Konturen an, die seit einiger Zeit unter dem Stichwort der „Tertiarisierung" oder der Umwandlung der Industrie- zur Dienstleistungs- oder postindustriellen Gesellschaft behandelt werden. Im Kern handelt es sich dabei sowohl um eine interne Umschichtung des sekundären Bereichs (Neuordnung der Branchenstruktur) als auch um eine Ausweitung der kapitalistisch betriebenen Dienstleistungen. Die hierin eingeschlossenen Umstrukturierungs- und Neuordnungsprozesse innerhalb des „gesellschaftlichen Gesamtarbeitskörpers" sind evident und häufig – etwa in der breiten Debatte um die Rolle der Angestellten" (vgl. Baethge/Oberbeck 1986; Steinkühler/Bleicher 1988; Boltanski 1990) – beschrieben worden. Ihre Pointe besteht darin, daß die Tertiarisierung insgesamt eine Verallgemeinerung der Lohnarbeit, zugleich aber eine neue Strukturierung der Unterschiede innerhalb der ArbeiterInnenschaft beinhaltet.

Diese Umstrukturierung und die gleichzeitige Verschiebung der internen Klassendifferenzierung sind zu berücksichtigen bei dem, was in der Literatur neuerdings als Neubestimmung von Milieus häufig nur schemenhaft auftaucht. Durch eine Auflistung von Milieugruppen (Hradil) oder durch die Setzung eines Begriffs („Erlebnisgesellschaft"), auf den hin alles konstruiert wird (Schulze 1992), gehen sowohl die Prozeßhaftigkeit der Bildung von Milieus wie die Vermitteltheit mit den gesellschaftlich-politischen Strukturen und ihrer historischen Entwicklung weitgehend verloren.[13] Erst die Berücksichtigung der immanenten Ambivalenzen von Milieus wie die ihrer Veränderung und Neuzusammensetzung

13 Unter den neueren Milieu-Studien sticht das Projekt um Michael Vester u.a. (1993) positiv hervor. Zur stärkeren Berücksichtigung der „materiellen Lebensweise" (Woh-

durch politische Optionen und praktische Erfahrungen ermöglicht eine über das Erscheinungsbild hinausgehende Bestimmung der auf den ersten Blick vielfältigen Entwicklungslinien, die das Bild der Nachkriegszeit prägen.

Wesentliche Impulse für diese Entwicklung gingen von der außerordentlichen Ausweitung des Bildungssystems und dabei insbes. vom Ausbau der Hochschulen und ihrer Öffnung für bis dahin bildungsferne Gruppierungen aus. Durch die Errichtung einer „educational ladder" gelang es, Übergänge zu organisieren, die zumindest zeitweise dazu führten, daß Teile auch der Arbeiterschaft hier eine zu nutzende Möglichkeit zum sozialen Aufstieg zu erblicken begannen. Axel Bolder (1992) und Hans-Ulrich Mayer/Peter Bloßfeld (1990) weisen zu Recht darauf hin, daß die Ungleichheitsstrukturen hierdurch nur gemildert worden sind; es ist insgesamt zu beachten, daß hier immer auch Elemente einer „ideologischen Anrufung" vorhanden waren, mit denen ein neuer – ich nenne ihn der Einfachheit halber „sozialdemokratischer" – Block an der Macht unter partieller Berücksichtigung auch der Interessen der ArbeiterInnenschaft und ihrer Organisationen gebildet wurde (vgl. hierzu die Diskussionen um Korporatismus und Neokorporatismus etwa im Sammelband von Alemann 1981). Die dadurch eröffnete Runde in der Selbstzuteilung von (in ihrer Reichweite begrenzten) Bildungs-Chancen hatte für die Beteiligten allerdings verschiedene Seiten: Neben dem Anstieg des Anteils von Arbeiterkindern an weiterführenden Schulen und Hochschulen und neben dem Anstieg des Anteils von Mädchen und Frauen bewirkte sie insgesamt eine Neubestimmung/Vertiefung der in den einzelnen Gruppen vorhandenen Werte und Normen, die unter den veränderten Bedingungen auch des Arbeitsbereichs nicht zuletzt zwischen den Generationen auszuhandeln war.

Mochte es zeitweise so geschienen haben, daß die Expansion des Bildungssektors alle alten Wertvorstellungen würde obsolet werden lassen, so zeigte sich bald, daß nur eine neue Phase bekannter Verhältnisse angebrochen war, in der sich andere Differenzierungs- (oder mit Bourdieu „Distinktions-)linien bildeten (vgl. Goeschel 1990). „Die 68er" [welch eine Abstraktion] hatten sich noch gegen Herrschaft schlechthin, mithin gegen Werte von Bourgeois wie Arbeitern und insbesondere von Kleinbürgern gewandt; ihre Revolte beinhaltete zugleich Elemente von allen dreien und löste sich wiederum hierin auf – allerdings unter veränderten Vorzeichen. Zwar wurde insgesamt eine Entsorgung der ideologischen Schlacken des CDU-Staates erreicht, aber zugleich wurden bald die Konturen der Grenzen dieser Verschiebung sichtbar. Die Berufswege

---

nen, Konsumstandards) vgl. Voy/Polster/Thomasberger (1991). Lesenswert noch immer Geiger (1972).

verzweigten sich, die Tätigkeit im Staatsdienst z.B. als LehrerIn mit lebenslang gesicherter Revenuequelle oder der Beginn einer letztendlich doch eingeschlagenen Karriere in „der Wirtschaft" oder den Medien ließen den Abstand zu den von manchen zeitweise gesuchten Arbeitern wieder deutlicher werden und die zumindest von einem Teil geglaubten Utopien einer Gesellschaftsveränderung verblassten. Zugleich wurde allerdings zumindest einem Teil der Beteiligten mit der anhaltenden Akademikerarbeitslosigkeit praktisch demonstriert, daß mit der Ausweitung des Hochschulstudiums zugleich eine Entwertung ihrer Zertifikate und der mit ihnen verbundenen Ansprüche auch an den Konsum eingesetzt hatte. Die Zeit der zu erneuernden Distinktionen begann. Sie fand ihre Themenfelder in der „Verfeinerung" oder der „Bewußtwerdung" von Essen und Trinken, von Körperpflege und Kleidung, Reisen und Bildung. Mochten sich die kapriziöse Kennerschaft der kulinarischen wie landschaftlichen Reize etwa der Toskana und der eher asketische Griff in die Körnerkiste und zu den Gesundheitssandalen diametral entgegenzustehen scheinen, so verband beide die Abwehr der „Massenhaftigkeit", gleich, ob diese in „fast food" und Massentourismus oder im ungefilterten Fernsehkonsum thematisiert und ausgegrenzt wurden. Gerade in der Konstruktion einer derartigen *Massenkultur*, von der diese Gruppierungen sich – eher cool die eine, moralisch erregt die andere – als ihrem Konstrukt distanzieren, zeigt sich die Wirkungsmächtigkeit eines neuen (verdeckten) Klassendiskurses, der in seiner Funktion, die eigene Gruppe zusammenzuhalten, seine zeitgemäße Gestalt findet.[14]

Wenn hier einerseits die Bedeutung des Generationenkonflikts aufscheint, so andererseits auch die der historischen Verlaufsform eines politisch artikulierten Konflikts; in ihm wurde kulturell mit der eigenen Situation und Zukunft umgegangen, in die schließlich und selbstverständlich auch die anderen gesellschaftlichen Gruppierungen einbezogen waren und sind. Konnte dabei anfangs in der ideellen Ausrichtung auf den Staatsdienst mit seinen aus der allgemeinen Konkurrenz herausgenommenen Absicherungen eher gegenkulturelle politische Akzente gesetzt werden, so traten mit der Expansion des Hochschulsektors und der Schließung des öffentlichen Dienstes Akzentverschiebungen in Richtung auf eine weitergehende Beliebigkeit von Kultur und schließlich die Ausrichtung auf

14 Der Begriff der „Kulturindustrie" lädt zu solchen Konstruktionen ein; die heutigen Pauschalkritiker eines nur verderblichen Einflusses des Fernsehens für die „einfachen Leute" sind der Ironie ausgesetzt, daß ihr Medium sich seit einiger Zeit gerade in einer Resonanzkrise bei ebendiesen befindet (vgl. Hickethier 1992). Zur stärker altkonservativen Aufladung dieses Diskursfeldes vgl. die Studie von Ehrenreich (1992); inzwischen grundlegend Steinert (2008).

neue, „realistischere" Karrierewege ein. An die Stelle von Politik und Gegenkultur tritt der pragmatische Umgang mit den Gegebenheiten. Gerade Angehörige der Gruppierungen, denen ab den 70er Jahren neue Bildungsmöglichkeiten eröffnet wurden (Akademiker der 1. Generation) greifen dabei auf ihnen aus der Gruppe der Kleinbürger bekannte Verhaltensweisen zurück; mangels ökonomischen oder kulturellen Kapitals greifen manche zur „neuen", ihnen sehr vertrauten Selbständigkeit oder arrangieren sich mit der Situation. Das gleichwohl vorhandene Bemühen um neue Formen eines besonderen Lebensstils weist eher den Charakter eines kompensatorischen Umgangs mit einer noch ungewohnten Situation auf; es bleibt offen, ob es zu einer dauerhaften Lebensweise selbst wird. Die intragenerationellen Mobilitätsprozesse setzen nicht per se ein Lebensmuster aus sich heraus, sondern werden vielfältig überlagert (vgl. Bloßfeld/Mayer 1991; Bertaux/Berteaux-Wiame 1991).

Auch bei den LohnarbeiterInnen der im Wandel befindlichen Produktionsbereiche sind Elemente der beschriebenen Änderungen in den Orientierungsmustern festzustellen; die gleiche Generationslagerung enthält politische Sozialisationswirkungen, die zu einer Affizierung der bis dahin geltenden Orientierungsweisen führen. Zudem gibt es zusätzliche Verbindungspunkte durch die Umwälzung des Produktionsprozesses und die Veränderung der Arbeitssituation – Technisierung, Entkörperlichung und Diversifizierung der betrieblichen Abläufe lassen immer weniger das Bild eines einheitlichen „Arbeitskörpers" – etwa *der* Fabrik oder *des* Büros – zu. In Verbindung mit den Lohnunterschieden setzen sich hier seit der frühen Industrialisierung auftretende innerbetriebliche Schließungsprozesse auf neuer Stufenleiter fort. Ins Auge springt dabei, dass inzwischen bei der Mehrheit der ArbeiterInnengruppierungen in der Industrie, mehr aber noch bei den angestellten Lohnarbeitergruppierungen vieles von jenen „klassischen" Arbeitern, die in der Regel als körperlich hart arbeitende vorgestellt werden, trennt. Zwar gibt es diese nach wie vor in beträchtlicher Anzahl (etwa als Bandarbeiter in der Automobilindustrie oder als Montagearbeiterinnen in der Elektroindustrie), aber insgesamt stellt dieser Arbeitertypus selbst in den bisherigen industriellen Kernsektoren nur eine von mehreren Gruppierungen dar, die zudem zunehmend aus ArbeitsmigrantInnen besteht; insgesamt ist auch hier die Art der Körperlichkeit einem Wandel unterworfen (vgl. Böhle 1989).

Wesentlicher und offensichtlicher Bestandteil dieser Entwicklung ist die in der Nachkriegszeit erstmalig auf breiter Linie erfolgende Einbeziehung von Frauen in den formellen Arbeitssektor. Auf der Grundlage einer – zumindest teilweisen – Umdefinition der Rolle von Frauen in bezug auf ihre bis dahin scheinbar selbstverständliche Sphäre von Hausarbeit und gefiltert durch die Zuweisung von i.d.R.

unterbezahlten Positionen stellten viele von ihnen sich – trotz oder vielleicht auch wegen häufiger Teilzeitbeschäftigung – auf eine langfristige Berufstätigkeit ein. Nicht das „Ende der Arbeitsgesellschaft" zeichnete sich für sie ab, sondern eine zunehmende Orientierung auf eigenständig erbrachte Existenzsicherung durch kontinuierliche Erwerbsarbeit (vgl. Kurz-Scherf 1989 und die anderen Beiträge in Müller/Schmidt-Waldherr 1989). Die generelle und eklatante Benachteiligung von Frauen läßt die These zu, daß es „innerhalb einer jeden sozialen Klasse [...] noch einmal eine Unterschicht: die Frauen" (Becker-Schmidt 1987) gibt; in bezug auf Verhaltensweisen und Orientierungen der beteiligten Individuen aber macht sich geltend, daß das Geschlechterverhältnis in jeder Klasse anders aussieht und anders gelebt wird: „Die geschlechtsspezifischen Merkmale sind ebensowenig von den klassenspezifischen zu isolieren wie das Gelbe der Zitrone von ihrem sauren Geschmack: eine Klasse definiert sich wesentlich auch durch Stellung und Wert, welche sie den beiden Geschlechtern und deren gesellschaftlich ausgebildeten Einstellungen einräumt. Darin liegt begründet, warum es ebensoviele Spielarten der Verwirklichung von Weiblichkeit gibt wie Klassen und Klassenfraktionen und warum die Arbeitsteilung zwischen den Geschlechtern auf der Ebene der Praxis wie der Vorstellungen innerhalb der verschiedenen Gesellschaftsklassen höchst unterschiedliche Ausprägungen annimmt" (Bourdieu 1982, 185; vgl. Frerichs/Steinrücke 1989, 1992). Auch „die Weiblichkeit" steht im Schnittpunkt unterschiedlicher Interessen, in welche die jeweiligen sozialen Lagen eingehen mit der immanenten Möglichkeit, daß zeitweise Konstruktionen Verbreitung finden, mit der die Besonderheit einzelner Lagerungen nicht ihren adäquaten Ausdruck findet.

Wenn hier statt einer eindeutigen Konstellation mit klarer Gliederung (nicht nur) heutzutage eher verschiedene Entwicklungslinien oder gar Fragmentierungsprozesse hervortreten, so verweist das wiederum auf den eben nicht eindeutigen Zusammenhang von sozialen Lagen, Bewußtseinsformen, Orientierungsmustern und hegemonialer Politik; zwar gibt es klassenförmige Bearbeitungsformen (z.B. Arbeiterkulturen), deren sozialmoralische Standards sich durch die Geschichte der letzten 150 Jahre ziehen und quasi als Sediment in das Verhaltensrepertoire jeder neuen Generation eingehen, sie sind aber letztendlich vom (Klassen)Individuum neu zu gestalten. Eine der dabei vorhandenen Möglichkeiten ist das sich Unterordnen unter die hegemoniale Politik, wird mit ihr doch auch an Teilinteressen angeknüpft und eine Zukunft verheißen. An kaum einem Beispiel tritt das so schlagend hervor wie an der Arbeitslosigkeit, die in der Bundesrepublik inzwischen seit 30 Jahren für Millionen alltägliche Realität ist. Aber die den Bürgern aufgeherrschte Individualisierung als notwendiger Kampf um bezahlte Arbeit, die grundlegende Angewiesenheit auf den Tausch der Ware Arbeitskraft behindert die Thematisierung dieser selbstverständlichen Begleiterscheinung kapitalistischer Gesellschaften, die ein Skandal ist. Mögen manche an die Unternehmer appellieren oder einen Groll gegen „die Reichen" oder die von ihnen durch Welten getrennte Bourgeoisie entwickeln, ihnen wird gleichzeitig die Möglichkeit eröffnet, den gleichen Groll gegen die Arbeitslosen zu wenden. Für den gewöhnlichen Gang der Dinge wirkt das Distinktionsmuster auch auf ArbeiterInnen; soziale Schließungs-, und d.h. auch Ausgrenzungsprozesse prägen ihre Lage (vgl. Hohn 1991).

Es wäre allerdings mehr als voreilig, die Differenzierungs- und Fragmentierungsprozesse im Topos einer Auflösung der ArbeiterInnenschaft (als „Vermassung" oder Verbürgerlichung; vgl. grundlegend Mahnkopf 1985) als völligen Bruch mit der Vergangenheit zu verdinglichen. Eines der erstaunlichsten Phänomene der letzten beiden Jahrzehnte besteht vielmehr darin, daß die bekannten Eigen- und Fremdbilder und entsprechenden Verhaltensweisen weiterhin gültig sind. Nach wie vor gibt es unterhalb der durch die genannten Differenzierungslinien verursachten Veränderungen allgemeine Orientierungsmuster. Das gilt etwa für das zwar mehrfach gebrochene und ambivalente, Bild von einer ArbeiterInnenschaft, der man/frau sich verbunden weiß (vgl. Kudera u.a. 1982; Reichwein 1986). Daß es sich dabei nicht um Relikte vergangener Zeiten handelt, wird dadurch belegt, daß Arbeiter in der BRD bis heute den (nach den Bauern) „sozial homogensten Verkehrskreis aller gesellschaftlichen Großgruppen" (Mooser 1984, 137) haben, der sich über das Heiratsverhalten auch im historischen Wandel reproduziert hat. „Ihre relative Geschlossenheit als eine soziale Klasse kann daher größer sein als die Beobachtung einzelner Dimensionen der Mobilität erkennen läßt, die Positionsveränderungen von Individuen abbilden. Hält man aber die berufliche und konnubiale Mobilität zusammen und betrachtet sie von dem Ort aus, an dem für sie Voraussetzungen geschaffen werden, dann scheint die Arbeiterfamilie und -verwandtschaft immer noch in breitem Maße zur Bildung einer sozialen Klasse im Weberschen Sinne beizutragen" (ebd., 137f). Zwar ist auch die Ehe als gesellschaftlich gültige Form des privaten Zusammenlebens einem Veränderungsschub ausgesetzt, aber dieser wird sehr unterschiedlich aufgenommen. Während auf der einen Seite im akademisch-alternativen Spektrum auf der Basis einer deutlichen Berufsbezogenheit beider Geschlechter individualistische Beziehungsformen mit ideeller Aufladung bestimmend werden, dominiert auf der anderen Seite im „ArbeiterInnenmilieu" eine eher pragmatische Orientierung, die allerdings dem familialen Zusammenhalt (und d.h. auch den Kindern) eine deutliche Priorität zuweist (vgl. Burkart 1991, 490ff; Visse 1993).

Ähnliches gilt für die allgemein verlängerte Jugendphase, in der zwar gleichfalls eine Bedeutungszunahme von Individualisierungsaspekten unübersehbar ist, gleichzeitig aber eine generelle Orientierung auf Arbeit aktualisiert wird, die Vorstellungen einer ausschließlichen Dominanz des Konsums oder eines „Erlebnisses" widersprechen. Auch hier sind die unterschiedlichen Linien zu beachten (siehe Baethge u.a. 1988).[15] Zwar scheint die Arbeit dabei stärker als bisher kulturell „aufgeladen" und an Eigengewicht zu gewinnen, wie etwa in der Verbindung mit verschiedenen Lebensstilen und der dabei generell artikulierten Abgrenzung von vorherigen Generationen dokumentiert wird (vgl. Zoll u.a. 1989; Paris 1990), zugleich aber sind *hierin* Bezüge auf Klassenaffinitäten vorhanden. Gerade dann, wenn einerseits homogene Milieus zerfallen und die beteiligten Jugendlichen andererseits mit allgemeinen „Medien" (Schule, Fernsehen) konfrontiert werden, werden klassenkulturelle Deutungsmuster aktualisiert. Skinheads und Yuppies stehen hier z.B. als zwei gegensätzliche Varianten für den Rückbezug auf solche Muster. In ihnen werden einzelne Facetten der Kulturen von Arbeitern und Bourgeois imaginiert, auch wenn es diese in der gedachten Weise gar nicht mehr geben mag. Das Eigentümliche an der Handlungsweise der beiden genannten Gruppierungen besteht darin, daß mit ihnen anscheinend gerade diejenigen in ihren Stilelementen am prägnantesten zu klassenkulturellen Mustern greifen, die heute am wenigsten im Zentrum der entsprechenden Klassen stehen, während deren Mehrheiten weniger auffällige Stilmittel benutzen. Während bei beiden sicherlich am deutlichsten auch Momente einer Kompensation von Unterlegenheitsgefühlen eine wichtige Rolle spielen (vgl. zu diesem Aspekt Neckel 1991), scheinen mir diese bei anderen Gruppierungen weniger wichtig.

---

15 Bei den folgenden Anmerkungen wird zurückgegriffen auf die inzwischen ein wenig verblaßten, aber nach wie vor sehr wichtigen Arbeiten der englischen Jugend- und Kulturforschung um das CCS, mit denen insbesondere die Wirkung von Schule und Konsumbereich auf Jugendliche thematisiert werden; vgl. Clarke u.a. 1979, Willis 1979, 1991 Cohen u.a. 1986. Rainer Paris kritisiert in einem lesenswerten Aufsatz zu „neuen Gesichtern der Jugend" das verbreitete Mißverständnis, die Gültigkeit des Konzepts „Klassenkultur" sei empirisch an die Existenz und den Fortbestand klassenhomogener Milieus gebunden und hebt demgegenüber mit den englischen Autoren darauf ab, daß es sich bei Klassenkulturen um „relativ fixe und zugleich variable Deutungsfolien für klassenspezifische Dauererfahrungen [handelt, die] eine Grammatik bereit[stellen], in der unterschiedliche und ungerechte Verteilungen von Lebenschancen, wie sie mit der sozioökonomischen Reproduktion von Klassenlagen gesetzt sind, kognitiv-affektiv interpretiert und biographisch verarbeitet werden" (1991, 26, Anm. 23). Zur Situierung der Skinheads als der heute prominentesten Teilgruppe siehe die materialreiche Arbeit von Rainer Funk (1991).

Auch sie werden in Schule wie in Zeitungen, Radio und Fernsehen nicht nur mit allgemeinen Konsumnormen und Weltbildern konfrontiert, sondern in diesen wird zugleich immer wieder, mehr oder weniger unterschwellig die Unterlegenheit von ArbeiterInnen transportiert, ohne daß sie wird doch voll verinnerlicht würden. Vielmehr scheint heute eine gegenüber vor 40 Jahren sehr viel stärker ausgeprägte Anspruchshaltung an die Lebensführung vorhanden zu sein, der gegenüber der Verweis auf „später" oder auf dafür vorweg zu erbringende Leistungen weniger greift. „Sie wollen *heute* Bedeutung und Befriedigung, und dies auch als Individuen, nicht als Mitglieder einer Einsatztruppe, die anderen zur Verfügung steht. Die verbale, stilistische, expressive Subversion und Destruktion der stereotypen Sichtweisen von homogenen Klassenkulturen wird zunehmend begrüßt. Für die Arbeiterklasse bedeutet dies einen Sieg. Bestimmte Freiheiten, besonders kulturelle, werden als solche empfunden und bewirken individuell Veränderungen. Dies bedeutet nicht das Ende der Klassen und Gruppen. Denn aus ihren Positionen und Reziprozitätsbeziehungen wächst auf unterschiedliche Weise Individualität heraus, die sich ihnen auf überraschenden Wegen wieder einfügt" (Willis 1991, 32).

Insofern ist es nicht überraschend, daß diese Thematik den Diskurs der Gewerkschaften als den wichtigsten und mitgliederstärksten Organisationen von Lohnabhängigen in der Bundesrepublik in den letzten Jahre maßgeblich bestimmt hat, um mittlerweile von dem der deutschen Einigung abgelöst zu werden. Hiermit reagieren die Diskursteilnehmer auf ein doppelt strukturiertes Feld: Einerseits gebunden an die Vertretung der Mitgliederinteressen, sehen sie sich andererseits der Notwendigkeit des regelmäßigen Nachweises ihrer Politikfähigkeit gegenüber den Konfliktgegnern wie staatlichen Instanzen konfrontiert. Wenn dabei angesichts der beschriebenen Verschiebungen im Arbeits- und Klassengefüge eine erstaunliche Stabilität der Mitgliedschaft festzustellen ist (vgl. Weischer 1989), so sind seit einiger Zeit gleichwohl bemerkenswerte Erosionserscheinungen unübersehbar. Das gilt für die Jugend, für die Gruppe der Arbeiterinnen wie für die der Angestellten; zwar gibt es vielfältige Anstrengungen und vor allem zahlreiche Diskussionen, aber die Erfolge sind (wenn auch bei den Einzelgewerkschaften unterschiedlich) spärlich.

Die – auch innerhalb der Gewerkschaften – gängigen Erklärungsmuster von der fortschreitenden Manipulation durch die Medien, der allumfassenden Individualisierung und schließlich dem Zerfall der „klassischen Arbeitermilieus" helfen zur Erklärung kaum weiter. Ebensogut könnte mit gegensätzlicher Akzentsetzung auf die Verallgemeinerung von Lohnarbeit und d.h. auch das Abschmelzen des traditionellen Sektors der Reproduktion hingewiesen werden (vgl.

Lutz 1984). Wesentlicher scheint mir, daß die Gewerkschaften bei aller internen Unterschiedlichkeit zunehmend weniger in der Lage sind, die unterschiedlichen Gruppierungen ihrer Mitglieder (und erst recht nicht die der gesamten ArbeiterInnenschaft) organisatorisch und kulturell zu erreichen oder gar politisch zu verbinden (vgl. Dörre 1995). Mitglieder wie ArbeiterInnen sind nicht einfach „unpolitischer" oder „individualistischer" geworden; vielmehr haben sie mehr als genug Anlaß gehabt, statt des Engagements in Gewerkschaften oder gängigen Parteien andere Organisationsformen zu wählen. Das, was als Auflösung von Arbeiterkulturen erscheint, ist die Krise der *sozialdemokratischen* Arbeiter*bewegungs*kultur und Politikform. Der dominierende Modernisierungsdiskurs erreicht nur einzelne Gruppierungen, schließt andere aber weitestgehend aus und sieht sich zunehmend veränderten politischen Anforderungen ausgesetzt. Zwar gibt es immer wieder Anstöße zur Initiierung, Belebung und Verallgemeinerung innergewerkschaftlicher Debatten (zuletzt Hoffmann u.a. 1990; Kempe 1990), aber ihre Reichweite scheint begrenzt und geht an der Mehrheit der Mitglieder vorbei. Die deutsche Einigung mit ihren internen Verwerfungen hat für eine Zuspitzung der Problematik gesorgt (Mahnkopf 1992), deren Ausmaß erst in Verbindung mit der zusätzlichen Verschärfung durch die europäische Integration zu ermessen ist (vgl. Hoffmann 1992; Altvater/Mahnkopf 1993).

Falls die Gewerkschaften hierauf nicht mit einer theoretischen Öffnung für neue Thematiken (Frauen"frage", vgl. Kurz-Scherf 1992; Ökologie, vgl. Hoffmann u.a. 1992; Migration und Rassismus, vgl. Balibar/Wallerstein 1990; Bommes/Scherr 1991), einer organisatorischen Öffnung für alte und neue Mitglieder und einer politischen Öffnung zur Formulierung eines gesamtgesellschaftlichen Projekts antworten, steht nicht nur das „'Ende der Erfolgsstory' der deutschen Gewerkschaften" (Mahnkopf 1992) zu erwarten; mit einer weitergehenden Internationalisierung der Produktion und nicht zuletzt einer Stärkung der Unternehmerschaft würde nicht nur die ArbeiterInnenschaft zunehmend fragmentiert, würden einzelne Gruppierungen noch stärker als schon bisher gegeneinanderstehen und handlungsunfähig, würde nicht nur das „Modell Deutschland" obsolet, sondern auch ein grundsätzlicher politischer Umbau der Gesellschaft wäre denkbar und nicht mehr nur von einzelnen gedacht.

Anders herum und auf die hier im Vordergrund stehende Analyse von Klassen und Kulturen bezogen: Das sozialdemokratische Politikkonzept, dem auch die Gewerkschaften verpflichtet sind, mit seiner Ausrichtung auf eine Modernisierung der Ökonomie und der *damit* verbundenen Hoffnung auf eine Demokratisierung der Gesellschaft (Buci-Glucksmann/Therborn 1982; Przeworski 1987) ist endgültig an seine Grenzen gestoßen. Wenn diese Grenzen sich innerhalb der ArbeiterInnenschaft schon seit längerem als zeitweise Unterordnung unter ein erfolgsträchtiges Konzept qua Beteiligung an den Früchten des technischen Fortschritts und d.h. als *Delegation* (nicht nur gewerkschafts-) politischer Macht geltend machten, so ist diese Phase nunmehr überholt. Angesichts einer durch einen „liberalen Produktivismus" (Lipietz) oder Neoliberalismus begonnenen Veränderung der gesellschaftlichen Perspektive ist eine solche Delegation für die Mehrheit der Beteiligten nur unter großen Einschränkungen (aus)haltbar. Nicht zuletzt an den Gewerkschaften wäre es, ihnen praktisch aufzuweisen, daß der neoliberale Weg

> „an der Wegkreuzung zum Ende des 20. Jahrhunderts nicht der einzig mögliche [ist, d.V.]. Eine demokratische Alternative, die den Organizismus mit dem Abbau von Hierarchien verbindet und die Demokratie auf die Arbeitsorganisation und die Solidarität ausweitet, bleibt möglich. Sie basiert auf der kollektiv ausgehandelten Einbeziehung der Produzenten, auf der dynamischen Beschäftigungsgarantie und der Arbeitszeitverkürzung. Sie umfaßt eine grundlegende Transformation des Wohlfahrtsstaates oder Fürsorge-Staats [...] zu einer fürsorglichen Gemeinschaft [...]. Die direkten demokratischen Regulationsformen, die von Angesicht zu Angesicht erfolgen, also lokal sind, werden dabei eine bestimmende Rolle spielen" (Lipietz 1991a, 693).

Mögen die Deregulierungsprozesse inzwischen auch in der Bundesrepublik Ausmaße angenommen haben, daß vereinzelt schon von einer „Wiederkehr der Proletarität" gesprochen und hinter anhebenden Widerstandskämpfen der radikale Klassenkampf gesichtet wird (Roth 1994). Eine solche Hoffnung scheint vorschnell angesichts der Vielschichtigkeit der kulturellen Transformationsprozesse. Eine Rückkehr zu alten Konzepten führt hier ebensowenig weiter wie das Setzen auf neue Modelle, denen die Lage und Lebensweise der arbeitenden Menschen äußerlich bleibt.

1998

Die soziale Frage neu entdeckt: gespaltene Gesellschaften

Aller Anfang ist schwer, und ich muss gestehen: Das mir vorgegebene Thema[1] hat mich vor mehr Schwierigkeiten gestellt als ich vermutet hatte. Bald aber zeigte sich, dass sie Teil des zu behandelnden Sachverhalts selbst sind. Mit diesen Schwierigkeiten will ich beginnen.

Die Themenstellung erweist sich insofern schnell als ein wenig „tückisch", als die angesprochene „soziale Frage", jenes vielbehandelte Leitthema des 19. Jahrhunderts heutzutage schlichtweg überholt erscheint; in diesem Sinne formuliert eines der maßgeblichen soziologischen Lexika:

> „in einem engeren Sinne meint [Soziale Frage] die Verelendung und Ausbeutung des Proletariats im Verlauf der anfänglich sprunghaften Entwicklung der Industrialisierung. Insoweit ist die s.F. z.B. für Großbritannien, Frankreich und Deutschland im 19. Jahrhundert weitgehend identisch mit der Arbeiterfrage" (Lexikon zur Soziologie, 212).

Eine solche materielle Verelendung gibt es in den hochentwickelten westlichen Gesellschaften wie der BRD offensichtlich nicht, augenblicklich assoziiert man demgegenüber heutzutage Bilder von den Slums in Rio oder Delhi, Mexiko City o.a., der angesprochene Sachverhalt scheint sich mithin in Länder der bis vor kurzem so bezeichneten 3. Welt verschoben zu haben – ein wichtiges Thema, dem ich hier aber nicht nachkommen kann. Nun hebt die Themenstellung ja auch darauf ab, die soziale Frage „neu zu entdecken"; aber wenn diese eine des 19. Jahrhunderts ist, was gibt es denn daran heute neu zu entdecken? Oder ist vielleicht gemeint, die „neue soziale Frage" zu behandeln, wäre die Themenstellung also ein wenig ungenau? Wird also im Gefolge der Diskussion der 70er Jahre vielleicht gerade darauf abgehoben, dass die jetzt dominanten sozialen Spannungen nicht nach dem Muster der sozialen Frage des 19. Jahrhunderts

---

1 Die Themenstellung ergab sich aus einer Vortragsreihe des KAB Bayern; für die Zusammenarbeit bedanke ich mich bei Bernhard Eder. Im Folgenden behalte ich den Charakter des Vortrags so weit wie möglich bei; gleichzeitig wird versucht, zumindest einige der in der Diskussion angesprochenen Fragen und Einwände zu berücksichtigen.

verstanden und behoben werden können, daß also, um erneut das schon bemühte Lexikon heranzuziehen,

> „... innerhalb der übergreifenden Wohlfahrtsentwicklung sich bei einigen Gruppen, besser: in einigen Lebenslagen Benachteiligungen häufen, die nur unzureichend oder gar nicht vom System der sozialen Sicherung erfaßt werden (Alte, Einsame, Dauerarbeitslose, Frauen nach Scheidung usw.). Theoretischer Bezugspunkt ist oft die Disparitätsthese." (ebd.) „Hin und wieder ... auch Bezeichnung für andere Spannungen oder Gefährdungspotentiale, die nicht nach dem Muster der sozialen Frage des 19. Jahrhunderts begriffen werden können (Umweltschäden und deren Auswirkungen auf Gesundheit, Verhältnis von entwickelten Gesellschaften zu denen der Dritten Welt o.ä.)" (ebd.)

Das scheint nun wirklich klar, und man ist geneigt, sich rasch unter jene inzwischen zahlreichen Verfechter einer neuen Qualität der sozialen Frage zu begeben; diese sei von einer gesamtgesellschaftlichen, oder, um deutlicher zu werden, einer Klassenfrage zu einer von sozialen Problemlagen, von „social problems" geworden. Aber ganz so einfach ist dies wiederum auch nicht; denn wenn wir ein letztes mal das inzwischen bekannte Lexikon zurate ziehen, dann bleibt zumindest als Irritation eine andere Dimension der, so können wir inzwischen vereinfachend sagen, „alten sozialen Frage" zu berücksichtigen; der Begriff wird auch verwendet zur

> „Kennzeichnung der durch die Entwicklung des privatkapitalistischen Wirtschaftssystems bewirkten gesellschaftlichen Desorganisationstendenzen und Konflikte, die nicht in Beibehaltung des Wirtschaftssystems durch private Initiative der Betroffenen gelöst werden können. Damit werden sie zu gesamtgesellschaftlichen Problemen; die Lösung der s.n. F. ist Teil des Zwecks des sozialen Systems" (ebd., 212)

Was also, wenn jene Problemlagen aus der „Entwicklung des privatkapitalistischen Wirtschaftssystems" resultieren, wenn sie mithin keine ausschließlich eines Status, sondern der Struktur der Gesellschaft sind? Mit Verweisen ausschließlich auf empirische Phänomene ist diesem Sachverhalt bekanntlich nicht beizukommen. Wenn deshalb einerseits zu fragen ist, inwieweit durch die empirisch evidenten Phänomene der „neuen sozialen Frage" die heutige Situation bestimmt wird, andererseits berücksichtigt werden sollte, ob und inwieweit diese auch aus strukturellen Grundlagen resultieren, so bleibt schließlich auch zu fragen, ob dadurch die „alte soziale Frage" tatsächlich obsolet geworden ist oder ob sie nicht einfach – und möglicherweise nur für einige Zeit ? – in den Hintergrund getreten ist und unter Umständen – welchen? – durchaus wieder aktualisiert werden könnte. Warum sollte die „soziale Frage", ob alt oder neu, überhistorisch sein oder anders gefragt: warum sollten sich SozialwissenschaftlerInnen bei der Analyse historischer Phänomene davon abhalten lassen, nach den diesen zugrundeliegenden gesellschaftsstrukturellen Voraussetzungen zu fragen und sie in Verbindung mit eben jenen Phänomenen zu analysieren?

Wir befinden uns hiermit zweifellos bei dem die soziologische Diskussion über soziale Ungleichheit beherrschenden Grundthema der letzten Jahre. Diese Diskussion kann hier selbstverständlich nicht in ihren Einzelheiten aufgenommen und kommentiert werden; das wird gar nicht erst versucht. Stattdessen soll versucht werden, durch einige Akzentsetzungen inzwischen eingeschliffene Denkschablonen in Frage zu stellen; die sich dabei mitunter einstellende Grobheit der Argumentation wird bewußt in Kauf genommen; auch auf umfassende Literaturhinweise wird hier verzichtet.

In einer popularisierten Form von Sozialwissenschaft, und seit einiger Zeit beherrscht diese nicht zuletzt über den Bedeutungszuwachs der Medien den Diskurs über soziale Ungleichheit heute, tauchen immer wieder folgende Phänomene auf, um den verbreiteten Argumenten Plausibilität zu verleihen:

- das Anwachsen des Dienstleistungs- gegenüber dem Produktionsbereich,
- der Bedeutungszuwachs von Forschung und Technologie insbesondere in Gestalt der Neuen Technologien und deren Auswirkungen auf die gesamte Gesellschaft,
- die dadurch bewirkte Zurückdrängung der Hand- gegenüber der Kopfarbeit, die nicht zuletzt durch die seit den 60er Jahren geradezu explosionsartig erfolgende Ausweitung des höheren Schul- und insbesondere des Hochschulwesens anschaulich vor Augen geführt wird,
- und nicht zuletzt die deutlich verbesserten Lebens- und Konsummöglichkeiten der Mehrheit der Bevölkerung etwa gegenüber den 50er Jahren; allerdings ist spätestens mit den 90er Jahren auch ein gegenläufiger Trend festzustellen.

All das ist in den letzten Jahren allzu häufig beschrieben worden als daß ich es hier nochmals zusammenfassen müßte (vgl. z.B. Hirsch/Roth 1986; Brock 1991). Ich will Sie auch nicht mit einem erneuten Durchgang durch die langwierigen und inzwischen vielleicht auch langweiligen Verzweigungen des Diskurses um soziale Ungleichheit und Klassenlagerungen traktieren; (vgl. ausführlich und kompetent Bader/Benschop 1989; Müller 1992; Koch ^{2}1998, Ritsert 1998). So viel lässt sich aber inzwischen, nach dem Abflauen einer ersten Euphorie über vermeintlich umwälzende Veränderungen der Sozialstruktur festhalten: Die Gesellschaftsstruktur der Bundesrepublik – mag man sie nun mit Klassen-, Schicht- oder welchen Begriffen auch immer analysieren – ist nach wie vor durch gravierende soziale Ungleichheitsverhältnisse charakterisiert. Das gilt sowohl für das verfügbare Einkommen wie die Besitzverhältnisse (vgl. auch die Beiträge in Huster 1993, Vesper 1995, Klaus 1998 und die Beiträge in Stadlinger 2001), es gilt für die Wohnungsgröße und -ausstattung wie für die Freizeitmöglichkeiten. Zur punktuellen Veranschaulichung sei nur auf die Einkommensverhältnisse hingewiesen (vgl. Tab. 1); auf eine Kommentierung der Zahlen kann hier verzichtet werden.

Tabelle 1: Verfügbares Einkommen der Privathaushalte 1989

Haushalte	*DM je Haushalt*	*DM je Haushaltsmitglied*
Landwirte	62.051	15.880
sonst. Selbständige	167.017	59.915
Beamte	60.552	21.712
Angestellte	53.247	22.195
Arbeiter	43.869	15.970
Arbeitslosengeld/-hilfeempfänger	29.153	12.116
Rentner	34.175	20.857
Pensionäre	47.214	28.989
Sozialhilfeempfänger	20.790	9.429
sonst. Nichterwerbstätige	31.880	16.421
Insgesamt	50.080	22.245

Quelle: Statistisches Bundesamt 1992, 115, nach Koch [2]1998, 163

Angesichts der Höhenflüge mancher Individualisierungstheoretiker, aber auch im Rückbezug auf eine – heute allerdings hierzulande kaum noch vorhandene – abstrakte Klassentheorie sind solche empirischen Hinweise nicht nur Erweiterungen unserer Kenntnisse, sondern stellen eine notwendige Fundierung unserer Sichtweisen dar, als sie auf den nach wie vor vorhandenen Kern auch des heutigen gesellschaftlichen Lebens von Individuen verweisen, das Einkommen, das in der Regel selbst unter „postmodern“ oder noch so „erlebnishaft“ bezeichneten Bedingungen erst durch Arbeit verdient werden muss. Es ist denn auch kein Wunder, dass die vielerorts behaupteten Mobilitätsbewegungen jener „individualisierten Individuen“ nur in sehr begrenztem Maße tatsächlich vorhanden sind. (vgl. Koch [2]1998; Bloßfeld/Mayer 1991). Insofern spricht manches dafür, auch heute am Konzept einer in sich strukturierten Klassengesellschaft festzuhalten; siehe zur wieder nur vereinfachten Veranschaulichung Tab. 2, in der die angesprochenen Veränderungen ersichtlich sind; eine genauere Erläuterung versage ich mir hier wiederum.

Tabelle 2: Quantitative Verteilung der sozialen Klassen zwischen 1970 und 1988

Klassen/ Berufsgruppen	*Erwerbsbevölkerung (in%)* 1970	1978	1982	1988
Kapitalisten/Man.	2,7	3,8	4,3	2,5
Bildungsspitzen Prof. Ing.	3,6	4,2	4,6	9,0
Mittelklasse	50,9	54,0	55,6	56,2
Arbeiterklasse	42,8	38,0	35,5	32,3
Insgesamt	100,0	100,0	100,0	100,0

Quelle: nach Koch [2]1998, 134

Auch wenn über die hier verwendete Terminologie wie auch über die Berechnungsgrundlage und -art sowie über die Interpretation des Sachverhalts sicherlich gestritten werden könnte, über eines herrscht, so weit ich sehe, allgemein Einigkeit vor. Hinter dem erheblich angestiegenen Wohlstandsvolumen der Bundesrepublik verbergen sich nach wie vor gravierende soziale Unterschiede. Selbst Ulrich Beck als der bekannteste Wortführer der „Individualisierungsthese geht ja von einer nach wie vor vorhandenen sozialen Ungleichheit aus; aber diese sei weitgehend ihrer „früheren“ Dynamik und Sprengkraft beraubt. Allenfalls die für einzelne Gruppierungen auf der Basis eines Bedeutungszuwachses askriptiver Merkmale zu beobachtenden sozialen Schließungsprozesse erinnerten an teilweise an „alte“ Konflikte.

Angesprochen ist dabei der schon von Max Weber für Verhaltensweisen in der Arbeitswelt hervorgehobene Sachverhalt,

> „ ... daß irgendein äußerlich feststellbares Merkmal eines Teils der Mitkonkurrierenden: Rasse, Sprache, Konfession, örtliche oder soziale Herkunft, Abstammung, Wohnsitz usw. von den anderen zum Anlaß genommen wird, ihren Ausschluß vom Mitbewerb zu erstreben. Welches im Einzelfall dieses Merkmal ist, bleibt gleichgültig: es wird jeweils an das nächste sich darbietende angeknüpft“ (Weber, 201)

Die hieraus resultierenden Phänomene sind allzu bekannt als dass sie hier im einzelnen dargelegt werden müßten: etwa die noch immer vorhandene Diskriminierung von Frauen gegenüber Männern, obwohl insgesamt die Lage von Frauen gerade im Berufsleben verbessert wurde; gemeint ist ebenso die Benachteiligung von Arbeitsmigranten gegenüber „einheimischen“ Arbeitern und teilweise auch Arbeiterinnen; gemeint sein kann auch die Nachordnung von jüngeren gegenüber älteren, von noch älteren gegenüber jüngeren Berufstätigen. Vielfältige Kombinationen von Schließungsprozessen sind möglich. Eine solche „Soziale Schließung … ist immer zugleich Einschließung wie (graduelle oder umfassende) Ausschließung. Auch sie ist relational und antagonistisch: die einen werden ausgeschlossen, 'weil' die anderen – bewußt oder unbewußt und nicht-intendiert – ausschließen. Prozesse sozialer Schließung erzeugen oder verstärken Schranken vertikaler Mobilität zwischen Klassenlagen, Elitepositionen, selektiven Interaktionspositionen und Prestigepositionen, also auch die Entstehung von Klassen und Eliten, welche … gar nicht mehr 'askriptiv neutral' gedacht werden können" (Bader 1995, 59).

Dieser kurze Hinweis mag hier genügen. Wichtig erscheint mir, daß die kurz angesprochenen und in allen westeuropäischen wie nordamerikanischen Gesellschaften zu beobachtenden und in ihrer Bedeutung gesehenen Schließungsprozesse keineswegs neue sind, sondern sich durch die Geschichte der letzten 200 Jahre ziehen (vgl. z.B. Kocka 1990). Es ist keineswegs so, als wenn erst die „Postmoderne" die Bedeutung askriptiver Merkmale aus sich herausgesetzt hätte. Ich komme hierauf zurück.

In der aktuellen Diskussion um die heutige Ausprägung sozialer Ungleichheit, oder um die heutige „soziale Frage" wird diese Thematik zwar angesprochen, aber doch eher in Spezialstudien zum „Rassismus" oder zur Benachteiligung von Frauen auf dem Arbeitsmarkt und im Beruf, während ihre gesamtgesellschaftliche Bedeutung und Verankerung doch eher im Hintergrund bleibt. Demgegenüber treten im herrschenden Diskurs eben jene Prozesse in den Vordergrund, die etwa mit dem Begriff der „Individualisierung" oder der „Erlebnisgesellschaft" (Schulze 1992) in einem Ausmaß auf kulturelle Veränderungsprozesse abheben, dass das Bestehen auf der Klärung von Prozessen der sozialen Schließung fast per se veraltet wirken muss, sie gehören einem inzwischen gewechselten und gemiedenen Diskursfeld an. Auch wenn die neuen Begriffe eingängig und in fast aller Munde sind, zumindest bei den professionell damit Befassten, scheint ihr erster Reiz inzwischen allerdings dahin, wie es bekanntlich bei allen Moden der Fall ist. Die vorgebliche Abhängigkeit „moderner Menschen" von unmittelbaren Reizen, wie sie vor allem im massenhaften Waren- und vor allem Medienkonsum gegeben scheint, verflüchtigt sich bei genauerem Zusehen und hinter der Evidenz von unmittelbaren Phänomenen werden Lebenswelten und -muster sichtbar, die manche Überschneidung mit historisch bekannten und gut erforschten Kulturen aufweisen. Weitere Forschung wird zeigen müssen, was an heutigen Lebenswelten, Milieus oder Teilkulturen – all dies mehr oder weniger Verlegenheitsbegriffe für einen nach wie vor ungeklärten Zusammenhang, zu dem nach Gramsci nicht zuletzt auch die politische Hegemonie gehört – tatsächlich neu ist. Am aufschlußreichsten erscheint mir in dieser Hinsicht nach wie vor die empirische Untersuchung von Michael Vester u.a. „Soziale Milieus im gesellschaftlichen Strukturwandel", bei der die Autoren zumindest plausibel zeigen können, dass zwischen verschiedenen sozialen Gruppen – und wenn man will, kann man, was gewiß ein Stück grobschlächtig ist, sich die oben wiedergegebene Klasseneinteilung parallel dazu denken – nicht nur Unterschiede im Einkommen und der Berufsposition, sondern auch in der Lebensweise bestehen. Sie identifizieren dabei ein „konservativ gehobenes" Milieu, ein „kleinbürgerliches Milieu", ein „traditionelles" und „traditionsloses" Arbeitermilieu, ein „aufstiegsorientiertes" Milieu, ein „technokratisch-liberales", ein „hedonistisches", ein „alternativ-linkes" Milieu sowie schließlich ein „neues Arbeitnehmermilieu" (vgl. Vester u.a. 1993 und Alheit 1995; siehe Tab. 3)

Tabelle 3: Sozialmilieus der pluralisierten Klassengesellschaft

Habitus	*modernisiert (14%/20%)*	*teilmodernisiert (38/45%)*	*traditionell (46/35%)*
Oberklassen-Habitus (22/19%)	ALT Alternatives Milieu (4/2%)	TEC Technokratisch-Liberales Milieu (9/9%)	KON Konservativ-Gehobenes Milieu (9/8%)
Mittelklassen-Habitus (58/59%)	HED Hedonistisches Milieu (10/13%)	AUF Aufstiegsorientes Milieu (20/24%)	KLB Kleinbürgerliches Milieu (28/22%)
Arbeiter-Milieu (18/22%)	NEA Neues Arbeitnehmermilieu (0/5%)	TLO Traditionsloses Arbeitermilieu (9/12%)	TRA Traditionelles Arbeitermilieu (9%5%)

Quelle: Vester u.a. (2001); die Prozentzahlen geben die Veränderungen von 1982 gegenüber 1992 wieder.

Wichtig erscheint mir diese Plausibilisierung vor allem deshalb, weil Vester u.a. unter Rückgriff auf den Bourdieuschen Habitus- und Distinktions-Begriff gleichzeitig das Spannungsverhältnis zwischen historischer Kontinuität und Veränderung offenhalten. Erinnern wir uns: Habitus ist nach Bourdieu das „Repertoire kultureller Praktiken (Denk-, Wahrnehmungs-, Beurteilungs- und Aktionsschemata), das den Mitgliedern einer sozialen Einheit (Gruppe, Klasse, Gesellschaft, Kultur) jeweils gemeinsam ist. Bourdieu zufolge produzieren Familie, Schule und Kulturindustrie einen für jede soziale Einheit spezifischen H., indem sie für deren Verinnerlichung seitens der Individuen sorgen, denen dann der H. zur zweiten Natur wird ..." (Lexikon, 261f.). Dieser Habitus wird praktiziert in der Distinktion gegenüber anderen sozialen Gruppen – die Assoziation an die soziale Schließung liegt nahe. Aber beide sind nicht fix sondern unterliegen Veränderungen, wie sollte es auch anders sein; die Distinktionslinien werden, so könnte man sagen, immer wieder neu vermessen, was auch die Möglichkeit eines Rückgriffs auf längst überholt geglaubte Muster und Habitus einschließt. Das Aufschlußreiche an der Untersuchung von Vester u.a. ist ja gerade diese Doppelheit: einerseits die Kenntnisnahme neuer Vorstellungen und Praktiken, von Bewegung, Dynamik also; andererseits die Erschließung von Kontinuitätslinien. Wenn dabei für unsere Fragestellung manche Verschiebungen wichtig und festzuhalten sind, so gilt allerdings auch: „Die Machtbalance im sozialen Raum scheint dabei kaum berührt zu sein: Gehobene soziale Milieus bilden gehobene neue Kulturen, mittlere und untere soziale Gruppen bilden eher marginalisierte Subkulturen. Einzig die symbolischen Distinktionsarsenale haben sich ausdifferenziert und verfeinert. Bemerkenswert ist vielleicht noch die Annäherung der Nachfolgemilieus traditioneller Arbeiterkulturen an sozial ambitionierte Mittelschichtmilieus" (Alheit 1995, 100). Eine grundlegende Änderung der Mentalitätsverhältnisse im Sinne einer fundamental neuartigen Individualisierung hat offensichtlich nicht stattgefunden. Gleichwohl sind die Verschiebungen innerhalb und zwischen den einzelnen Gruppierungen ernst zu nehmen; zu einer nostalgischen Verklärung vergangener Zeiten und ihrer scheinbar authentischen „Kulturen" besteht kein Anlaß.

Wenn man insofern die hier generell im Vordergrund stehende Neu-Entdeckung der sozialen Frage in diesem Feld nicht machen kann, es sei denn, man versteht den Aufweis einer kontinuierlich vorhandenen sozialen Ungleichheit als Entdeckung, so liegt der Schritt zur zeitweise und teilweise noch immer die Diskussion beherrschenden Vorstellung von einer Zweidrittel-Gesellschaft nahe. Und er drängt sich angesichts der offensichtlich werdenden Verarmungsprozesse ja auch geradezu auf; eine Sozialhilfe-Reform ist in aller Munde. Zwei Schlaglichter können den Sachverhalt illustrieren:

> „Die aktuellen Probleme sozialstaatlicher Risikobearbeitung sind bekannt: Arbeitslosenversicherung und Sozialhilfe werden überhäuft mit Klienten, die diese als Notsysteme gedachten Sicherungsinstitutionen stark belasten. Der Anteil der Sozialhilfeempfänger (Hilfe zum Lebensunterhalt) in der Bevölkerung hat sich von Anfang der siebziger Jahre bis Anfang der neunziger Jahre fast vervierfacht, nämlich von 1,2% auf 4,4%" (Leibfried u.a. 1995, 32).

Dabei tritt eine Kumulierung der Probleme bei einzelnen Gruppen auf; so ist z.B. der

> „... Sozialhilfebezug bei Ausländern seit den achtziger Jahren massiv und überproportional gestiegen (von 3% der Ausländer 1980 über 7,7% 1986 auf 17,9% 1992; die Ausländer machen damit 33,1% aller Hilfeempfänger des Jahres 1992 aus)" (ebd., 33).

Hiermit bin ich nun anscheinend endgültig bei unserem Thema der „neuen sozialen Frage" angelangt. Diese besteht gemäß einer verbreiteten Lesart darin, dass im Zuge der Segmentierung für einzelne soziale Gruppierungen kaum noch Chancen (vor allem für Arbeitslose) bestehen, ihren zeitweiligen Ausschluß aus dem Arbeitsbereich rückgängig zu machen und in die Arbeitsbevölkerung zurückzukehren. Diese Gruppen werden vom Wohlstand abgekoppelt und in „randständige Lebenslagen" abgedrängt, sie werden marginalisiert, und hierdurch entstehe inzwischen die Situation einer Zweidrittelgesellschaft: Während Zweidrittel der Gesellschaft am wachsenden Wohlstand partizipiere, sei das übrige Drittel abgehängt, marginalisiert, die neue „Quasi-Klasse" (Peter Glotz).

Die Befunde von zunehmenden Verarmungsprozessen sind eindeutig; DGB und Paritätischer Wohlfahrtsverband (vgl. Hanesch u.a. 1994), Kirchen und Wissenschaft (vgl. Leibfried u.a. 1995) sind sich hierin einig. Gleichwohl gibt es Streit um die Interpretation oder, genauer gesagt, um die angewendeten Erhebungsmethoden und vor allem um die Bedeutung der erhobenen Ergebnisse. Eine besondere Rolle spielt dabei die Bremer Forschergruppe um Stephan Leibfried, der seit Beginn der 80er Jahre immer wieder bemerkenswerte Forschungsbeiträge vorgelegt und auf den skandalösen Sachverhalt der Verarmung in der Wohlstandsgesellschaft hingewiesen hat. Das geschieht auch im neuesten Beitrag der Forschergruppe; und dennoch wenden sich Leibfried u.a. vehement gegen die Diagnose einer Zweidrittelgesellschaft, wie sie aus ihren und den Befunden anderer zu resultieren scheint. Zwar sehen sie durchaus, dass die heutigen „Problemgruppen" relativ eindeutig identifizierbar sind, aber die mit dem Bild einer Zweidrittelgesellschaft verbundene Ausgrenzung einer „Quasiklasse" aus dem gesellschaftliche Leben sei in dieser Form nicht gegeben. Die hiermit verbundenen Annahmen einer Dauerhaftigkeit, einer Marginalisierung und eines Dualismus (Beschäftigte-Nichtlohnarbeitende) seien nicht zu verifizieren (vgl. ebd., 335ff). Die Autoren schlagen demgegenüber den Begriff einer „funktionalen Unterschicht" vor, da mit ihm das Neue der heutigen Situation zu erfassen sei:

> „Wenn wir den Begriff »funktionale Unterschicht« als Bezeichnung eines fluktuierenden unteren Bevölkerungsteils verstehen, auf den die unerwünschten Begleiterscheinungen gesellschaftlicher Entwicklung abgeschoben werden, so wäre er

> geeignet, die beiden konkurrierenden sozialstrukturellen Befunde zu vermitteln: Abspaltung fester Bevölkerungsgruppen in der Zweidrittelgesellschaft einerseits, Aushöhlung von Klassenstrukturierung durch Individualisierung und Verzeitlichung von Ungleichheit in der Risikogesellschaft andererseits. Dabei ließe die funktionale Betrachtung der Unterklasse eine latente Funktionalität von Armut zu – es wäre also nicht notwendig anzunehmen, Ausgrenzung und Ausbeutung des unteren Teils werde durch die Oberen bewußt herbeigeführt, wie es im Konzept der Zweidrittelgesellschaft teilweise geschieht, obwohl zumindest ein passives In-Kauf-Nehmen plausibel erscheint" (Leibfried u.a., 339, Hervorh. d.V.).

Das Konzept von Leibfried u.a., das sich unter dem Leitmotiv einer „dynamischen Armutsforschung" in einer Vielzahl von Veröffentlichungen niedergeschlagen hat, findet viel Zuspruch; gleichzeitig wird es einer harschen Kritik unterzogen. So wirft Gerstenberger den Autoren nicht nur eine methodische Verengung ihres Blickwinkels vor, die das Vorhandensein einer Armutsbevölkerung zugunsten einer alles dominierenden Individualisierung ausblende, sondern sie sieht die grundsätzliche Schwäche im Ausblenden gesellschaftsstruktureller Armutsursachen (Gerstenberger 1994, 6ff). Auch ohne diese Kontroverse hier im Detail auszubreiten, überrascht und befremdet bei Leibfried u.a. für unsere Fragestellung nicht nur die im obigen Zitat zu findende unterschiedliche, ja implizit gegensätzliche Begrifflichkeit (Schicht vs. Klasse), auch die Behauptung dieser ausgesprochenen Fachkenner, man müsse notwendig eine intentionale Sichtweise von Armutsprozessen vermeiden, stattdessen müsse eine funktionelle Sichtweise vorherrschen, sticht ins Auge; denn warum sollte das eine das andere ausschließen? Und wollen sie etwa damit bestreiten, dass es tatsächlich Personen gibt, die von einer Nützlichkeit der Armut sprechen und diese deshalb nicht nur in Kauf zu nehmen bereit sind? Das müßten sie aus manchen neueren Debatten zu einer Neufassung der Sozialhilfe, aber auch aus der Geschichte der Armut wie nicht zuletzt aus den neoliberalen Positionen nun wirklich besser wissen, wird doch jeden Tag in den Medien darüber berichtet, dass nicht nur in den USA sondern auch hierzulande der weitergehenden Verarmung größerer Bevölkerungskreise eine weitergehende Zunahme des Reichtums anderer Bevölkerungskreise parallel läuft, und dass nichtdestotrotz oder gerade deswegen auch ein weiterer Um- sprich Abbau des Sozialstaats von mancher Seite als für „das wirtschaftliche Wachstum" dringend geboten erachtet wird.

Wenn Leibfried u.a. zurecht auf die – allerdings begrenzte – „soziale Durchlässigkeit" und Umschichtung innerhalb der Armutsgruppierung hinweisen, so belassen sie zugleich die Ursachen des zunehmenden Verarmungsprozesses und seine Auswirkungen (nicht nur) auf die Verarmten im Hintergrund. Denn das, was bei ihnen – verdinglicht – als Begleiterscheinung einer Zuspitzung der

Kostenfrage erscheint, stellt sich bei genauerem Hinsehen letztlich als Resultat einer neuen Konstellation des Weltmarktes dar, die ihren Niederschlag auch in der Bundesrepublik findet. Das, was in den USA seit geraumer Zeit an der Tagesordnung ist, scheint uns nun ebenfalls bevorzustehen, nämlich die Bildung einer – so der dortige Begriff – „underclass", die den „Übergang von einer industriellen zu einer nachindustriellen Gesellschaft, die der enormen Konkurrenz einer neuen internationalen Arbeitsteilung ausgesetzt ist [anzeigt]. Industrielle Arbeitsplätze gehen aufgrund von Rationalisierungsstrategien, Weltmarktkonkurrenz und Betriebsverlagerungen verloren" (Kronauer 1995). Wird dies berücksichtigt, so wird es erst einmal nachrangig, ob man diese Gruppe als Klasse, Schicht oder soziale Gruppe bezeichnet, auch das Phänomen, dass sie nicht geschlossen ist, verliert an Bedeutung gegenüber dem grundlegenden Sachverhalt, dass die Zahl der Personen angewachsen ist und noch weiter anwachsen wird. Bemerkenswert ist, dass dies inzwischen kein Randphänomen mehr ist, sondern als Resultat der gesellschaftlichen Entwicklung, beim höchsten Stand der bisher erreichten Technik also, das soziale Leben hierzulande und anderswo mitprägt und noch stärker prägen wird. Nicht mehr nur in den Ländern der (ehemaligen) „Dritten Welt" gibt es eine verbreitete Armut; nein, aktuell scheint bzw. ist die „Dritte Welt in Europa" oder in den USA angekommen, wie ein Buchtitel angesichts der massenhaften Arbeitsmigration schon in den 80er Jahren hieß (Blaschke 1980).

Nun wird sicherlich – und zurecht – eingewendet werden, dass dies zumindest in der bisherigen Allgemeinheit überzogen sei und wichtige Unterschiede weiterhin vorhanden und zu beachten seien. Dem stimme ich ausdrücklich zu; schon zwischen den USA und den europäischen Ländern gibt es erhebliche Unterschiede in der Lage der Armutsbevölkerung, ganz zu schweigen von denen innerhalb der europäischen Länder und erst Recht denen zwischen den hochentwickelten europäischen Ländern und solchen der Dritten Welt. Auch wenn es mir also selbstverständlich fern liegt, eine solche Gleichsetzung vorzunehmen und die Unterschiede nun wirklich nicht zu übersehen sind, bleibt allerdings gleichzeitig zu beachten, daß wir in Bezug auf die hochentwickelten Länder anscheinend für geraume Zeit Abschied nehmen von jenem Modell gesellschaftlich-politischer Entwicklung, das für weite Teile der Nachkriegszeit charakteristisch war und in dem auf der Basis einer Steigerung des Wirtschaftswachstums nahezu alle gesellschaftlichen Gruppen an diesem Wachstum partizipieren konnten – sei es auch in durchaus unterschiedlichem Maße. Gemeint ist primär die Verbindung von Kapital- und Arbeitsseite in der Produktion wie sie als korporativistisches Arrangement oder als Fordismus theoretisch zu fassen versucht wurde und anscheinend insbesondere für die Bundesrepublik prägend war („Modell Deutschland", vgl. z.B. Hirsch/Roth 1986; Altvater 1992). Stattdessen herrscht inzwischen ein „Postfordismus" oder Neoliberalismus vor (vgl. z.B. Altvater/Mahnkopf 2002; Brand/Raza 2003).

Das Feld reizt zum Ausmalen vielfältiger Szenarios; ich will mich an solchen – mehr oder weniger realistischen – Spekulationen über die Zukunft der Weltwirtschaft und -politik sowie die neue internationale Arbeitsteilung hier nicht beteiligen, aber so viel scheint mir immerhin erkennbar, daß auf der Grundlage der angesprochenen technologischen Neuerungen und einer Kapitalkonzentration in bisher ungekanntem Maße die Handlungsmöglichkeiten dieser weltweit operierenden Einzelkapitale immens gestiegen sind und zumindest teilweise nationalstaatliche Regelungen übersteigen (vgl. Hirsch 1995; Altvater/Mahnkopf ^{7}2007; Castells 2001). Das läßt noch immer verschiedene Optionen und Wege zu, aber unübersehbar scheint die im Zuge einer Kapitaloffensive angesichts einer Neuordnung des Weltmarkts und in Verbindung mit dem Erstarken des Neoliberalismus vollzogene Wendung gegen den „Wohlstandsstaat", jenes inzwischen als geradezu altbacken erscheinende und häufig denunzierte Modell der Nachkriegszeit.

Es liegt m.E. nahe, dies – auch vor dem Hintergrund der unterschiedlichen Voraussetzungen z.B. gegenüber der Weimarer Republik – als Bedingungskontext für eine „neue soziale Frage" zu bezeichnen. Aber wir sollten es uns – um es noch einmal zu wiederholen – mit solchen Kürzeln nicht zu einfach machen; zugleich bleibt nach wie vor zu fragen, ob der Verursachungszusammenhang und die Folgen für die Betroffenen tatsächlich so neu sind, wie häufig unterstellt, und was denn durch eine solche Qualifizierung gewonnen ist, wenn damit nicht ausschließlich gemeint ist, daß in der historischen Entwicklung Konstellationen und Phänomene kaum je als identische vorkommen. Möglicherweise wäre im vorliegenden Fall viel mehr damit gewonnen, hier zurückhaltender zu sein und nicht von vornherein eine Exklusivität zu unterstellen. Womit wir erneut beim schon zu Anfang angeschnittenen Verhältnis von neuer und alter sozialer Frage wären. Wenn dabei nun allerdings berücksichtigt wird, daß die heutigen Verarmungsprozesse letztlich aus dem Inneren der jeweiligen Gesellschaft kommen, aus ihrer Struktur also, dann ist der Bezug auf die zu Anfang zitierte weite Fassung des Begriffs der sozialen Frage naheliegend. Robert Castel (2000) hat die „Metamorphosen der sozialen Frage" in ihrer historischen Entwicklung als Zusammenhang dargestellt. Wenn manche sich demgegenüber darauf kaprizieren, in der Hypostasierung eines Phänomens eine neue Soziologie „der

Überflüssigen“ (so Bude 1998) lautstark zu formulieren, so ist dies wohl mehr ihrem rastlosen Treiben und Betreiben des Wissenschaftsgeschäfts geschuldet denn der notwendigen Analyse (siehe kritisch Steinert 2000).

Auch in dieser Hinsicht scheint das Bild von der Zweidrittelgesellschaft überdenkenswert und zu schematisch; denn statt einer Spaltung der Gesellschaft in zwei ungleiche Teile, wie im Bild unterstellt, scheinen sich eher mehrfache Spaltungslinien abzuzeichnen, und man könnte vielleicht von einer sich durchsetzenden Fragmentierung des „Gesellschaftskörpers“ sprechen. Ausgehend von den Internationalisierungsbewegungen „der Wirtschaft“, nicht zuletzt zugespitzt von den Aktivitäten im und des Finanzsektors, erfolgt eine Neumischung auch der jeweiligen nationalstaatlich eingefaßten Gesellschaftsverhältnisse (vgl. Hirsch 1995). Dabei handelt es sich nicht einfach um einen neuen Schub in der Rationalisierung der Produktion, wie er etwa aus den 50er Jahren bekannt ist und im Wirtschaftswachstum aufgefangen wurde. Vielmehr werden nunmehr alle Gesellschaftsbereiche durch eine Form der Rationalisierung betroffen, die sich die auf Basis der elektronischen Datenverarbeitung erfolgenden internationalen Streumöglichkeiten zunutze macht und nicht zuletzt auch den Dienstleistungsbereich erfaßt. In Zuspitzung der Konkurrenz zwischen den Wirtschaftsunternehmen verschärft sich diese gleichfalls für alle „Wirtschaftssubjekte“ in einem Ausmaß, das daran erinnert, dass wir es hierzulande immer noch mit Gesellschaftsverhältnissen zu tun haben, „Volkswirtschaften“, die auf der Profitmaximierung beruhen und in denen die theoretisch vorgestellten Subjekte allzu häufig zu realen Objekten werden – am nachhaltigsten in Gestalt der scheinbar überflüssigen Arbeitslosen. Bemerkenswert ist dabei: „Die Nivellierung in den Modalitäten der Lebensführung wird seit den 80er Jahren zunehmend aufgebrochen und zwar nicht vom Randbereich her (etwa durch den seit 1982 relativ stabilen Sockel an Dauerarbeitslosen) sondern gerade um die alte Nahtstelle zwischen Arbeiterschaft und Kleinbürgertum herum. Diese historische Trendwende hat allem Anschein nichts mit dem Versagen sondern vielmehr mit den *Erfolgen* der marktwirtschaftlichen Ordnung zu tun. Sie haben Folgeprobleme nach sich gezogen, die auf eine Weise gelöst werden, die die alte, gerade vernarbte Bruchlinie in der Sozialstruktur erneut aufplatzen lassen“ (Brock 1993, 190, Hervorh. von mir). Zwar ist nicht prognostizierbar, wie und in welchem Ausmaß diese zukünftigen Spaltungslinien verlaufen und in welchem Ausmaß sie die soziale Kohäsion unterminieren werden, da hierbei nicht zuletzt das politische Handeln der beteiligten Gruppierungen von zentraler Bedeutung sein wird; auf jeden Fall aber werden die Folgen der nach wie vor ungeklärten ökologischen Problematiken und Gefährdungen, die Art der Einbeziehung der Länder des ehemaligen „realen Sozialismus“ sowie und die politischen Auseinandersetzungen um die Arbeitszeit (und ihre mögliche Verkürzung) eine wesentliche Rolle spielen.

Auch wenn die veränderten Spaltungslinien sich in der Bundesrepublik Deutschland, die (zumindest in ihrem westlichen Teil) noch von einer Art Polster an Wohlstand wie insbesondere an institutioneller Stabilität zehren kann, erst in Ansätzen zeigen und hier keinesfalls ein vereinfachtes Verelendungsbild gezeichnet werden soll – insbesondere die Auseinandersetzungen um die Sozialpolitik, die Sparbeschlüsse bei der Arbeitslosen- und Sozialhilfe und beispielsweise die Verschlechterung der Lage von Jugendlichen (und eben nicht nur die von Arbeiterjugendlichen sondern auch die der UniversitätsabsolventInnen) sprechen für eine Umbruchsituation. Die gravierenden Akzentverschiebungen im politischen Diskurs, die unter dem ideologischen Banner des Neoliberalismus vollzogen wurden, sind hier weiter als die Veränderung der sozialen Lagen, könnten aber bald auch für diese realisiert werden. Kurz gesagt: „Hartz IV" zeitigt seine Wirkungen.

Mit hierzulande noch immer vorherrschenden grobschlächtigen und irreführenden Zugängen – wie dem vorgeblichen Gegensatz von „Klassengesellschaft" vs. „Individualisierung" (so z.B. Schroer 2001) – ist diesem Zusammenhang nicht beizukommen, gefordert ist vielmehr eine Gesellschaftstheorie, die auf dem Hintergrund und im Wissen um die historische Entwicklung und ihre Zerklüftungen zeitdiagnostisch die „Dynamiken sozialer Spaltung und Ausgrenzung" (Bieling 2000) ins Blickfeld hebt. Heinz Steinert (o.J., S. 63) hat dabei völlig zu Recht und nachdrücklich auf eine zentrale Schwachstelle der soziologischen Diskussion (auch in ihrem kritischen Strang) hingewiesen, nämlich auf die fast ausschließliche Konzentration auf widerständige Befindlichkeiten bei den Unterdrückten, Ausgegrenzten oder von Ausgrenzung Bedrohten. Demgegenüber bleiben die Mächtigen und Einflussreichen, die elitären Gruppierungen, sprich das, was man früher selbstverständlich als Bürgertum bezeichnen konnte, was Marx „Bourgeoisie" nannte und wofür heute ein Begriff zu fehlen scheint, weitgehend ausgeblendet; es bedarf schon eines Historikers, um den Aneinanderreihungen einer soften Ungleichheits-Soziologie (zusammenfassend etwa Hradil [7]1999) souverän mit den Ergebnissen historischer Forschungen zum Bürgertum auch für die Zeit nach 1945 zu begegnen (Wehler 2001, dort auch weitere Literatur).

Gleichwohl scheint der Begriff des Bürgertums allzu sehr dem Nationalstaat verhaftet und die Veränderungen der letzten Jahrzehnte, wie sie mit dem Sachverhalt der Globalisierung gegeben sind, nicht zureichend erfassen zu können. Auch mit für die hiesige Soziologie bemerkenswerten internationalen Vergleichen der Rekrutierung von Eliten (so in geradezu bewunderswerter Hartnäckigkeit die Beiträge von Hartmann, der nachdrücklich die Analyse der Spitzenmanager betreibt: 1995,

1997a, 1997b, 1999) kommt man diesem Zusammenhang wohl erst schrittweise näher. Denn dabei geht es nicht einfach um die Rolle von einzelnen Gruppen – also etwa den neuerdings wieder ins Auge genommenen Eliten, sondern eher um die veränderten Modi der „Reproduktion und Problematik sozialer Distanz", so der Untertitel von Papcke (2001), unter den Bedingungen einer „Weltgesellschaft", die sich im Umbruch befindet. Wenn in diesem Kontext die schon von Poulantzas (1975) ins Blickfeld gerückte Frage nach einer neuen Bourgeoisie erneut als die nach einer „transnationalen Bourgeoisie" (Hartmann 1999, vgl. vor allem auch van der Pijl 1998 sowie die Beiträge in Bieling/Steinhilber 2000, insbesondere Gill und Apeldoorn) oder von einer „Transnational Capitalist Class" (Sklair 2001) gesprochen wird, so sollten diese Veränderungen im Zentrum einer notwendigen Diskussion stehen. Nach wie vor geht es momentan wohl vor allem um die Eröffnung eines Forschungsfeldes, und es erweist sich dabei wieder einmal, dass mit dem ausschließlichen (soziologischen) Bezug auf einzelne soziale Gruppen, und mögen sie noch so sehr die öffentlichen Debatten beherrschen, allenfalls die Oberfläche eines Zusammenhangs angesprochen werden kann, der sich als vielschichtiger Raum mit unterschiedlichen Hierarchien und Artikulationsebenen darstellt (vgl. weiterführend Castells 2001; Borg 2001; Altvater/Mahnkopf 2002; neuerdings die Beiträge in Castel/Dörre 2009 und Thien 2010).

Kommen wir zum Ausgangspunkt zurück: Die „soziale Frage" ist keine einer soziologischen Definition sondern eingespannt ins politische Feld, ins Verhältnis von Politik und „Ökonomie"; dieses Feld beinhaltet nicht nur soziale Lagen und die Sichtweisen durch die Beteiligten, sondern den Prozess der politischen Hegemonie. Für die „Zweidrittelgesellschaft" und die Frage des Vorhandenseins einer „underclass" heißt das: Sicherlich gibt es diese hierzulande bisher nicht in dem Ausmaß wie z.B. in den USA; aber das kann sich durchaus dann ändern, wenn die „neue soziale Frage, als Kostenfrage getarnt, ihre für die sozialen Grundlagen der Demokratie verheerende politische Wirkung erst wirklich entfalten könnte: als Kampf derer, die (noch) im Erwerbssystem verankert sind und prekäre Besitzstände zu verteidigen suchen, gegen die Finanzierung der Marginalisierten und Ausgeschlossenen. 'Underclass' wäre dann das Symptom einer Gesellschaft, in der sich die Lebensqualität für viele, keineswegs nur die Ausgeschlossenen, verschlechtert hat; in der soziale Verunsicherungen die Möglichkeiten demokratischer Gestaltung unterminieren und die 'Gewinner' sich auch noch durch Ritterschlag zu den besseren Menschen adeln" (Kronauer 1995).

Die sozialen Auseinandersetzungen und politischen Kräfteverschiebungen der nächsten Zeit werden zeigen, inwieweit es auch hierzulande zu einer solchen neuen sozialen Frage kommen wird oder ob es gelingt, das Verhältnis von Ökonomie, Gesellschaft und Politik in eine Form zu bringen, in der größere Teile der Bevölkerung nicht ausgegrenzt werden. Gegenüber der Politikoption des Neoliberalismus, in der auf der Grundlage ökonomischer Globalisierung weiterhin auf ein hemmungsloses Wirtschaftswachstum und zugleich auf eine weitergehende Konkurrenz zwischen vereinzelten Individuen (auch unterschiedlicher Nationalitäten) gesetzt wird, kann Eric Hobsbawm zugestimmt werden, der zum Abschluß seiner großen Weltgeschichte des 20. Jahrhunderts die begründete Vermutung äußert:

> „Soziale Umverteilung und nicht so sehr Wachstum wird die Politik des neuen Jahrtausends bestimmen. Die marktunabhängige Zuteilung von Ressourcen, oder zumindest eine scharfe Beschränkung der marktwirtschaftlichen Verteilung, wird unumgänglich sein, um der drohenden ökologischen Krise die Spitze zu nehmen. Und auf die eine oder andere Weise wird das Schicksal der Menschheit im neuen Jahrtausend vom Wiederaufbau der öffentlichen Institutionen abhängen" (Hobsbawm 1995, 711).

Vorausgesetzt und angestrebt wird von Hobsbawm allerdings das Ziel der Beseitigung sozialer Ungerechtigkeit, in die er selbstverständlich auch die Bevölkerungen der „Entwicklungsländer" einbezieht. Diese Selbstverständlichkeit ist – wie (nicht nur) die jüngste Entwicklung gezeigt hat, keine allgemein gültige mehr; der neoliberale Diskurs droht die Bevölkerung der Länder der III. Welt vollends an den Rand zu drängen. Gesucht und propagiert wird gegenüber solch scheinbar überholten und unmodernen Zielvorstellungen eine windschnittigere Politik, in der neue Eliten den Weg in eine zeitgemäße Zukunft weisen können sollen. So wenig originär das ist, so klar verortet man sich damit in einem auch weltgeschichtlichen Zusammenhang, dem eine realistische und wünschbare Zukunft abhanden zu kommen droht. Auch hier ist Hobsbawm zuzustimmen, der sich jenseits jeder postmodernen Befindlichkeit zu der pessimistischen Äußerung veranlaßt sieht:

> „Wenn die Menschheit eine erkennbare Zukunft haben soll, dann kann sie nicht darin bestehen, daß wir die Vergangenheit oder Gegenwart lediglich fortschreiben. Wenn wir versuchen, das dritte Jahrtausend auf dieser Grundlage aufzubauen, werden wir scheitern. Und der Preis für dieses Scheitern, die Alternative zu einer umgewandelten Gesellschaft, ist Finsternis" (ebd., 720).

2002

Geschichte, Gesellschaft und Handeln oder: die Revolution als Wunsch*

„Wir kennen nur eine einzige Wissenschaft,
die Wissenschaft der Geschichte."
Marx/Engels

Gesellschaft(en) scheinen heutzutage weltweit im Umbruch, ihre Strukturen in grundlegender Veränderung, ihre Mitglieder in Bewegung, vielleicht ins Abseits, möglicherweise in einen Aufbruch. In solchen Zeiten einer Neustrukturierung, manche sprechen von einer neuen Epoche, wären insbesondere SozialwissenschaftlerInnen gefordert, im Rückgriff auf präzise Kenntnisse der geschichtlichen Veränderungen ebenso wie in weitestgehender theoretischer Reflexion, zumindest die Konturen der immer wieder behandelten Verschiebungen insbesondere in ihren Auswirkungen für die Beteiligten – Objekte wie Subjekte – zu erfassen. Nun tun sich bekanntlich gerade die Sozialwissenschaften insbesondere in ihrer Ausprägung als akademische Soziologie schwer mit „der" Geschichte, und im Verlaufe ihrer eigenen Geschichte haben diese Schwierigkeiten noch zugenommen. Herausgetrieben aus den Umwälzungen der Gesellschaften des 19. Jahrhunderts und erst im Laufe des 20. Jahrhunderts als Moment der Zerfaserung wissenschaftlichen Tuns als arbeitsteilige eigenständige Disziplin etabliert, versuchten und versuchen ihre Protagonisten nicht zuletzt immer wieder diese Eigenständigkeit unter Beweis zu stellen, und das meinte man in der Regel nur gegen die anderen Disziplinen tun zu können; die marginale Existenz dessen, was man als Historische Soziologie bezeichnet, mag das statt vieler möglicher Belege illustrieren. Das hindert SozialwissenschaftlerInnen aber keineswegs, sich immer wieder zu eben jenen mehr oder weniger grundlegenden historischen Veränderungen zu äußern und sie in ihre theoretischen Entwürfe einzubauen.

---

* Der folgende Text ist die überarbeitete und erweiterte Fassung eines erstmals in Bührmann u.a. (2006) erschienenen Beitrages; eine gekürzte Fassung erschien in www.linksnetz.de. Sein Zustandekommen verdankt sich Diskussionen mit den Teilnehmer_innen meines Kolloquiums am Institut für Soziologie der Universität Münster, bei denen ich mich herzlich bedanke.

Kaum irgendwo wird das so deutlich wie an dem vielverwendeten Begriffspaar Moderne und Postmoderne, das lange Zeit den medialen Diskurs dominierte, inzwischen aber eher verdeckt weiter wirkt. Peter Wagner (1995) benennt die wesentliche Problematik: „Ein neuer Zustand und der Weg zu diesem werden im Vergleich mit einem früheren Zustand beschrieben, aber der Angemessenheit und der Konsistenz der Begriffe, mittels derer der frühere Zustand analysiert wurde, wird wenig Aufmerksamkeit geschenkt. Bei näherem Hinsehen verflüchtigen sich die meisten wohlfeilen Theoreme über die Neuheit der Gegenwart. Was angeblich neu ist, erweist sich als langhin vertrautes Phänomen der Moderne" (ebd., S. 10). Ich will das hier nicht weiter allgemein vertiefen, sondern verweise auf die grundlegende Untersuchung von Wagner. Mein Interesse gilt vielmehr dem Sachverhalt, dass selbst kritische Sozialwissenschaftler, ja sogar auf Marx sich berufende Theoretiker diese Problematik nicht genügend beachten. Das mag überraschen, gilt Marx doch gemeinhin als Konstrukteur eines Historischen Materialismus, womit die Historizität von Gesellschaft und ihrer Analyse grundlegend angezeigt scheint; das aber hat Marxisten bekanntlich keineswegs gehindert mit Schematisierungen und unzulässigen Verallgemeinerungen (dem sog. Histomat) zu arbeiten und damit der Marxschen Intention gerade nicht gerecht zu werden. Diese kann abgekürzt vielleicht so zusammengefaßt werden:

> „Die Geschichte tut nichts, sie besitzt keinen ungeheuren Reichtum, sie kämpft keine Kämpfe! Es ist vielmehr der Mensch, der wirkliche, lebendige Mensch, der das alles tut, besitzt und kämpft; es nicht etwa die Geschichte, die den Menschen zum Mittel braucht, um ihre – als ob sie eine aparte Person wäre – Zwecke durchzuarbeiten, sondern sie ist nichts als die Tätigkeit des seine Zwecke verfolgenden Menschen." (Engels/Marx 1845/1974, Hervorh. dort)

Die Art und Weise, in der die Menschen diese Zwecke verfolgen und Form und Inhalt der Beziehungen zwischen ihnen, die sich auch noch in Veränderung befinden, sind dem Betrachter weder durch Einfühlung oder schlichte statistische Daten noch durch allgemeine Konstruktionen als Resultate von Geschichte zugänglich; sie müssen jeweils erschlossen werden.

Das ist anscheinend außerordentlich schwierig und umstritten.

Kaum irgendwo wird das bei den momentanen Debatten und Auseinandersetzungen um die Folgen der Globalisierung als dem Kerntopos gesellschaftstheoretischer Selbstvergewisserung so deutlich, wie bei den Büchern von Michael Hardt und Antonio Negri „Empire. Die neue Weltordnung" und „Multitude. Krieg und Demokratie im Empire", weltweiten Bestsellern, die insbesondere auf der Linken eine breite Diskussion entfachten, und die sich in einer kaum mehr zu übersehenden Fülle von Tagungen, Diskussionsbänden und Stellungnahmen niederschlugen.[1] All das soll hier nicht im Einzelnen verfolgt und nachgezeichnet oder um eine weitere Variante bereichert werden; vielmehr interessiert mich im Folgenden ausschließlich das Verhältnis von Theorie und Empirie/Praxis und dabei wiederum die Bedeutung des Handelns von Menschen; die solcherart spezifizierte Aufnahme von Hardt/Negri kann vielleicht die Symptomatik dieser hier thematisierten Problematik erhellen.

I.

Der Ausgangspunkt der Argumentation von Hardt/Negri ist ganz konventionell, wenn man will momentan wissenschaftlicher common sense: Die Globalisierung mit ihren Folgen: Im Zuge eines neuen Globalisierungsschubs sind die für die Moderne charakteristischen Nationalstaaten mitsamt ihren territorialen und zeitlichen Regimes überholt worden. Mit dem Ende ihrer Souveränität erfolgt die Ablösung der Moderne durch die Postmoderne, die neben dem Primat der Kommunikation auch die Entmaterialisierung der Ökonomie beinhaltet: Empire als allgemeine für die heutige Zeit charakteristische Herrschaftsstruktur, die auf kein Territorium bezogen ist, sondern alles umfasst.

Aber die Rettung naht, und hierin unterscheiden sich Hardt/Negri von vielen MitdiskutanInnen: Es erfolgt Gegenwehr in Gestalt der Multitude, der Menge; Voraussetzung für ihre Bildung ist die Verallgemeinerung immaterieller Arbeit. Das ist die geradezu klassische Form Hegelscher Dialektik. Wie im Grundkonzept des „Kommunistischen Manifests“: Der Kapitalismus entwickelt sich, die Produktivkräfte treten in Widerspruch zu den Produktionsverhältnissen, diese erweisen sich als Hindernis für die weitere Entwicklung, was sich wiederum in der Aktion des Proletariats geltend macht. – So die, zugegebenermaßen sehr vereinfacht zusammengefasste, aber doch zentrale Botschaft dieser zentralen Programmschrift der kommunistischen Bewegung. Trotz mancher hellsichtigen Passagen über die Zukunft des Kapitalismus ist das Kommunistische Manifest einer der schwächeren Texte von Marx und Engels, der eher politisch appelliert

1 Genannt seien hier nur die beiden Sammelbände von Atzert/Müller (2003, 2004) und die Rezension von Reinhart Kößler; vgl. auch Krysmanski (2009). Zitate aus den Bänden von Hardt/Negri werden im Folgenden abgekürzt als I. bzw. II. Siehe inzwischen auch den Interviewband von Antonio Negri/Raf Valvola Scelsi, Goodbye Mr. Socialism, Berlin 2009.

statt zu analysieren, der mobilisieren soll und nicht als letztes Wort Marxscher Analyse missverstanden werden sollte.[2]

Es überrascht, dass Hardt und Negri trotz der sicherlich vorhandenen Kenntnis all dieser Texte und angesichts des seitherigen geschichtlichen Verlaufs die Argumentationsfigur des Manifests schlicht wiederholen und sich gegenüber der Empirie geradezu immunisieren:

> „Der Begriff der Multitude nun richtet sich erstens darauf zu zeigen, dass eine Theorie der ökonomischen Klasse nicht zwischen Einheit und Vielheit zu wählen braucht. Eine Multitude bildet eine irreduzible Vielfalt; die einzelnen sozialen Differenzen, die die Multitude konstituieren, *müssen* [sic!] jederzeit einen Ausdruck finden und können niemals zu Einförmigkeit und Einheitlichkeit, Identität und Indifferenz eingeebnet werden. ... Zweitens zielt der Begriff der Multitude darauf, das von Marx entworfene politische Projekt des Klassenkampfs erneut aufzunehmen. Aus dieser Perspektive betrachtet basiert die Multitude nicht so sehr auf der gegenwärtigen empirischen Existenz, sondern vielmehr auf den Bedingungen der *Möglichkeit* als Klasse ... (II, 123f)

Die Multitude ist in gewissem Sinne Klassenkampf, irgendwie aber auch nicht, denn Einheit wie auch Vielfalt sind potentiell, sie *müssen* sich erst noch ergeben oder hergestellt werden. Das erinnert sehr an die geradezu klassische marxistische Denkfigur von der Notwendigkeit der Entwicklung der Klasse an sich zu der für sich, wobei der Weg vom einen zum anderen immer wieder strittig war und tatsächlich nie so recht beschritten wurde. Befinden Hardt/Negri sich hiermit mehr als sie glauben machen wollen in der Verlängerung marxistischer Orthodoxie, so bereichern sie diese durchaus auch um Neues, sozusagen das Aktuelle; dieses besteht in der Neu-Akzentuierung der immateriellen Arbeit, die in der Postmoderne letztlich an die Stelle der Industriearbeit getreten sei und letztendlich auch die Möglichkeit der Multitude überhaupt erst erlaube:

> „Wir können also, kurz gesagt, drei Typen immaterieller Arbeit unterscheiden, die dem Dienstleistungssektor den Spitzenplatz der Informationsökonomie sichern. Der erste Typ betrifft die industrielle Produktion: Sie wurde so informatisiert, dass sich der industrielle Produktionsprozess selbst transformiert. Die Fertigung haltbarer Güter wird nun wie eine Dienstleistung angesehen, und die materielle Arbeit, die zu ihrer Produktion notwendig ist, vermischt sich mit der immateriellen Arbeit, sie geht selbst in Richtung der neuen immateriellen Arbeitsform. Der zweite Typ immaterieller Arbeit kann durch analytische und symbolische Anforderungen umrissen werden, die selbst wiederum in deren kreative und intelligente Handha-

---

2 Ich verweise hier nur summarisch auf die lesenswerten Ausführungen bei Kößler/Wienold (2002, 165ff)

> bung einerseits und deren durch Routine geprägte andererseits auseinander fallen. Der dritte Typ schließlich bezieht sich auf die Produktion und Handhabung von Affekten. Diese Form immaterieller Arbeit erfordert – sei es virtuell oder aktuelle – zwischenmenschlichen Kontakt und die Arbeit am körperlichen Befinden. Die genannten drei Typen von Arbeit haben die Postmodernisierung der globalen Ökonomie vorangetrieben."

Das scheint mir einer der interessantesten Punkte bei Hardt/Negri, wird doch spätestens seit der Rezeption des berühmten Grundrisse-Abschnitts bei Marx (vgl. Marx 1974, 582ff) über die Bedeutung der wissenschaftlichen Durchdringung des Produktionsprozesses in Bezug auf die Formbestimmtheit der Produktion, ihrer immanenten Widersprüchlichkeit wie auch ihrer Auswirkungen auf die Sozialstruktur debattiert; es sei erinnert an das Konzept der „wissenschaftlich-technischen Revolution", an das der „Produktivkraft Wissenschaft", aber auch an den neuerdings ins Feld geführten Begriff der „Wissensgesellschaft", mit dem die Spezifik der heutigen Gesellschaften zu erfassen behauptet wird (vgl. kritisch Resch 2005, Resch/Steinert 2009). Aber ich denke, in allen drei Fällen wie auch bei Hardt/Negri findet eine Überverallgemeinerung statt, zumindest bleiben sie den Nachweis der überragenden Bedeutung der immateriellen Arbeit schuldig und vor allem beachten sie viel zu wenig – vereinfacht zugespitzt – die Frage der kapitalistischen Formbestimmtheit; denn nach wie vor, und die neoliberalen „Reformforderungen" belegen dies doch nachdrücklich, geht es nicht um „die" Wissenschaft" oder „die" immaterielle Arbeit, sondern um deren mögliche Inwert-Setzung, und hierzu werden alle erdenklichen Anstrengungen zur sog. „Privatisierung" unternommen; aber Wissen als solches oder affektive Arbeit als solche sind nach wie vor wertlos – erst die affektive Arbeit der Krankenschwester, um nur ein Beispiel zu nennen, die in einem als Privatunternehmen geführten Krankenhaus beschäftigt ist, ist unter diesem Gesichtspunkt interessant, nicht der freundliche Mensch von nebenan als solcher. Nicht zuletzt den Protagonisten der Kommunikations- und New Technology(industrie) ist dies durch den zeitweiligen Absturz der new economy drastisch vorgeführt worden. Welche Auswirkungen die unter diesem Imperativ behandelte immaterielle Arbeit auf den Produktionsprozess und seine interne Hierarchie wie etwa den Gegensatz von Hand- und Kopfarbeit hat oder haben wird, ist damit noch keineswegs ausgemacht.[3]

---

3 Insofern erscheint es mir vorschnell, wenn Alex Demirović (2004) im Anschluss an Hardt/Negri meint konstatieren zu können: „Die Trennung von geistiger und körperlicher Arbeit als wichtigste Grundlage der Klassenspaltung hat heute schon keine Geltung mehr, sondern wurde in der immateriellen Arbeit überwunden." (251) – Das wäre erst noch konkret zu zeigen; man denke hierzulande nur an die

Hardt/Negri setzen sich mit ihrer Akzentuierung immaterieller Arbeit in Gegensatz zu den altbekannten Heroisierungen der Arbeiterklasse, wie sie lange Jahre für die kommunistische Bewegung kennzeichnend waren und sich in den wechselnden Konjunkturen marxistischer Klassentheorie als unendliche – in der Regel exegetische – Suche nach der Handlungskraft des Proletariats nieder schlugen. Hierin ist ihnen erst einmal durchaus zu folgen; mit den immer erneut ausgesandten Beschwörungen der Kampfkraft der Arbeiterklasse log man sich nur in die eigene Tasche. Aber die Art und Weise dieser Umakzentuierung durch Hardt/Negri hat ihren Preis; denn sie durchschlagen den gordischen Knoten des in Frage stehenden Zusammenhangs von objektiver Lage und politischem Handeln der Klassenindividuen, indem sie die kapitalistische Formbestimmtheit der Arbeit mitsamt ihren inneren Differenzierungen letztlich auflösen:

> „Alle Formen [von Arbeit, d.V.] sind gesellschaftlich produktiv, sie produzieren gemeinsam; und ebenso gemeinsam ist ihnen das Potenzial, der Herrschaft des Kapitals zu widerstehen. ... Multitude bezeichnet all jene, die unter der Herrschaft des Kapitals arbeiten und produzieren." (II, 125)

Eine einfache Lösung, die zweifellos den Vorteil hat, dass nicht erneut in eine jener ermattenden Runden von abstrakt bleibenden Debatten um „das Subjekt" in der Geschichte eingetreten werden muss; der Nachteil dieser Lösung ist, dass die nach wie vor vorhandenen Unterschiede zwischen den Individuen ausgeblendet werden, das Beziehungsgeflecht zwischen ihnen nicht behandelt wird und die dem zweifellos berechtigt zugrunde liegende Problematik der handelnden empirischen Subjekte einer Veränderung nur in die Zukunft verschoben wird. Diese Verschiebung wird immer wieder bestätigt, ohne dass auch nur einzelne Schritte einer Klärung getan würden. Behauptete Angleichungsprozesse in der Situation der vom Kapitalverhältnis Betroffenen werden letztlich von diesem selbst zu dessen Auflösung treiben; der Mechanismus selbst scheint sich zu beseitigen:

> „Arbeit und Wert sind in dem Sinn biopolitisch geworden, wie Leben und Produzieren tendenziell ununterscheidbar werden. Insofern das Leben vollständig aus Akten der Produktion und Reproduktion besteht, wird das Leben selbst zu einer produktiven Maschine" (II, 169). „In diesem biopolitischen Gewebe verknüpft sich die Multitude mit anderen Multitudes, und aus den Tausenden von Verknüpfungspunkten, aus den Tausenden von Rhizomen, die diese Produktionen der Multitude

---

Absolvent_innen der Hauptschule, die nach wie vor oder vielleicht stärker denn je – wenn überhaupt – ihr zukünftiges Arbeitsfeld im Bereich körperlicher Arbeit finden werden. Für Frankreich aufschlussreich: Beaud/Pialoux (2004, 231ff). Zu berücksichtigen wären aber auch Differenzierungsprozesse innerhalb der geistigen Arbeit.

miteinander verbinden, aus den Tausenden von Gedanken, die in jeder Singularität geboren werden, entsteht *unausweichlich* das Leben der Multitude. Die Multitude ist eine diffuse Ansammlung von Singularitäten, die ein gemeinsames Leben produzieren; sie ist eine Art soziales Fleisch, das sich zu einem neuen sozialen Körper zusammensetzt." (I, 384, Hervorh. d.V.)

Es ist wiederum jene allgemeine Dialektik von Subjekt und Objekt, die ins Spiel gebracht wird, um die perspektivische Auflösung des Kapitalverhältnisses behaupten zu können:

„Die Wirksamkeit der regulierenden und repressiven Vorgehensweise des Empire hängt letztlich vom virtuellen, konstitutiven Handeln der Menge ab. Das Empire selbst ist keine positive Wirklichkeit. Mit seiner Entstehung vergeht es auch schon wieder. Jedes imperiale Handeln ist ein Echo auf den Widerstand der Menge und bildet nichts anderes als ein neues Hindernis, das es für die Menge zu überwinden gilt. Imperiale Befehlsgewalt erzeugt nichts Lebendiges und nichts Ontologisches. Aus ontologischer Sicht ist sie rein negativ und passiv. ... Imperiale Macht ist das negative Residuum, das Zurückweichen vor dem Handeln der Menge; sie ist ein Parasit, der von der Fähigkeit der Menge lebt, immer wieder neue Energie- und Wertquellen zu schaffen. Ein Parasit jedoch, der seinem Wirt die Kraft aussaugt, gefährdet seine eigene Existenz. Das Funktionieren imperialer Macht ist *unausweichlich* mit ihrem Verfall verknüpft"(I, 369, Hervorh. d.V.,).

Das mag manchem tröstlich sein, gleichwohl ist ein solches Setzen auf eine vorgebliche Zukunft der Menge, also von allen außer einigen wenigen, tatsächlich eine Vertröstung aufs Jenseits, wie sie aus der Geschichte der (nicht nur) kommunistischen Arbeiterbewegung allzu bekannt ist. Einer Gegenwart, der in der Regel nicht viel an revolutionärer Transformation ab gewonnen werden kann, wird eine Zukunft als Ideal entgegen gesetzt, dem man nur noch zu folgen habe. Hardt/Negri versuchen diese Sinngebung von Geschichte begriffsdialektisch zu untermauern, indem sie die Gegenwart in Gestalt der Globalisierung wirken lassen:

„Die Dialektik zwischen den Produktivkräften und dem Herrschaftssystem konzentriert sich nicht mehr auf einen bestimmten Ort. Die spezifischen Eigenschaften der Arbeitskraft (Differenz, Maß und Entschlossenheit) lassen sich nicht mehr festmachen, und in ähnlicher Weise lässt sich die Ausbeutung nicht mehr lokalisieren. Das bedeutet, dass nicht mehr konkrete produktive Aktivitäten Objekt von Ausbeutung und Herrschaft sind, sondern die allgemeine Fähigkeit zu produzieren, das heißt eine abstrakte gesellschaftliche Aktivität und deren umfassende Macht. Diese abstrakte Arbeit ist eine Tätigkeit ohne Ort, und doch ist sie sehr wirkungsvoll. Denn sie ist die Zusammenarbeit vieler Köpfe und Hände, vieler Geister und Körper; sie ist sowohl das Nicht-Gehören wie die kreative gesellschaftliche Verteilung lebendiger Arbeit; sie ist das Begehren und das Bestreben der Menge mobiler und flexibler Arbeiter; und gleichzeitig ist sie die geistige Energie sowie sprachliche und kommunikative Konstruktion der Menge der intellektuellen und affektiven Arbeiter." (I, 221)

Zugespitzt gesagt ist das ebenso richtig wie inhaltsleer, denn letztlich wird wiederum nur die schon behandelte Position bestätigt, dass alle gleich seien außer den wenigen Einzelnen, und dass an sich schon alles anders sein *müsste*, da die Menge das Begehren danach habe. Die Spannung zwischen Sein und Sollen bleibt allgemein, die Art der Beziehung zwischen den genannten unterschiedlichen Gruppierungen von ArbeiterInnen ausschließlich benannt.

In gewissem Sinne wird hier der Operaismus wieder belebt, allerdings in einer Schrumpfform; zeichnete dieser sich einerseits dadurch aus, dass er entgegen einem vorhandenen Ökonomismus das Augenmerk auf die Subjektivität der Arbeitskräfte legte und vorwärtsweisende Untersuchungen ihrer konkreten Arbeitssituationen und -felder forderte und begann, so wurde die Subjektivität der Massenarbeiter andererseits von einem Teil der Operaisten derart überhöht, dass aus einem Untersuchungskonzept ein vorgeblicher Universalschlüssel für das Ziel der Befreiung wurde, der mit jeder Benutzung untauglicher wurde, die sich verändernden Konjunktur der Klassenverhältnisse und der Handlungen der unterschiedlichen beteiligten Personen und Gruppierungen aufzuschließen (vgl. Pozzoli 1972, Wright 2005). Der politische Wunsch ersetzte schließlich die Analyse. Ähnlich Hardt/Negri:

> „*Wenn* wir die Armen als paradigmatische subjektive Gestalt der heutigen Arbeit bezeichnen, dann nicht deshalb, weil die Armen leer und von Reichtum ausgeschlossen sind, sondern weil sie in die Produktionskreisläufe eingebunden sind und voller Potenzial stecken, das immer über das hinausreicht, was Kapitel [meint: Kapital, d.V.] und globaler politischer Körper ausbeuten und kontrollieren können." (II, 239)

Ja, „*wenn* wir ...", aber warum sollten wir, welchen Grund sollten wir haben anzunehmen, dass gerade die Armen, größtenteils eben *nicht* eingebunden in die kapitalistische Produktion, „die paradigmatische subjektive Gestalt heutiger Arbeit" bezeichneten? Warum nicht die Industriearbeiter oder -arbeiterinnen, warum nicht die immateriellen Arbeiter im affektiven Sektor, also z.B. die Krankenschwestern? Das behauptete Potenzial soll hier grundsätzlich gar nicht bestritten werden, auch wenn es erst gezeigt werden müsste und gerade nicht als solches immer vorhanden ist (vgl. Piven/Cloward 1986); und gibt es nicht unterschiedliche Abstufungen von Armut, gibt es nicht Reichtum in wiederum unterschiedlichen Ausprägungen? – Selbstverständlich würden Hardt/Negri solche elementaren Sachverhalte nicht bestreiten, aber sie tun kaum etwas, diese naiv scheinenden Fragen konkret zu beantworten; durch ihre Überdehnung des Arbeitsbegriffs bis hin zu seiner Ausweitung auf Nicht-Arbeit versperren sie sich letztendlich den Zugang zur differentia spezifica kapitalistischer Gesellschaften, zumal in ihren unterschiedlichen konkreten Ausprägungen in den durch den Weltmarkt verbundenen, aber nach wie vor differenzierten (National) Gesellschaften.

Das ist nur folgerichtig, denn es geht ihnen einfach nicht um Konkretionen als „Einheit des Mannigfaltigen“ (Marx), es geht ihnen um Universalien:

> „Und *schließlich* führt die Intensivierung des Gemeinsamen zu einer anthropologischen Veränderung, sodass aus den Kämpfen eine neue Menschheit hervorgeht“ (II, 24, Hervorh. d.V.).

Und „schließlich“ also eröffnet sich, kulturindustriell ausgedrückt, das Happy End oder, in den Worten der althergebrachten Kulturträger, das Himmelreich. Viele Menschen mögen dies ersehnen, möglicherweise verstehen sie aber alle etwas anderes darunter, und wenn sie sich nicht darüber verständigen und gangbare Wege zur Herbeiführung einer „neuen Menschheit“ finden, dann werden sie noch lange auf eine solche warten müssen. Hardt/Negri jedenfalls vermögen ihnen diese konkreten Schritte auf dem Weg hin zur Realisierung dieses Wunsches nicht zu zeigen. Zwar beziehen sie sich immer wieder auf die Geschichte und insbesondere die großen Gestalten der Geistesgeschichte, aber der historische Prozess mit all seinen Brüchen, Verschiebungen und Knotenpunkten, seinen Kräftekonstellationen, unterschiedlichen Protagonisten und ihren Zielen, Organisationen und Handlungsweisen bleibt weitgehend unbeachtet, mithin auch die Ursachen für seine Resultate.

II.

Fassen wir zusammen und versuchen, aus dem Vorherigen einige Schlussfolgerungen zu ziehen – wenn schon nicht das häufig vermisste Positive, dann zumindest einige Andeutungen für notwendige Klärungen: Wenn nicht auf die Dialektik der Geschichte gesetzt wird, mag sie nun als Multitude, Menge oder das Begehren bezeichnet werden, dann müsste die allgemeine Objekt-Subjekt-Beziehung sozusagen verstofflicht werden, dann müssten die dramatis personae als Handelnde wie als Erduldende dessen, was man gemeinhin als Globalisierung bezeichnet, erst ins Blickfeld gerückt werden; d.h. Globalisierung dürfte nicht technologisch aufgefasst, sondern müsste als Globalisierungs*prozess* verstanden werden (vgl. Altvater/Mahnkopf 2002), dessen Ergebnisse nicht von vornherein feststehen. Sicher macht es theoretisch Sinn, wenn neuerdings wieder von einem (neuen) Imperialismus gesprochen wird (Harvey 2004, 2005, Zeller 2004) und geprüft wird, inwiefern sich die heutige Lage von der zu Anfang des 20. Jahrhunderts unterscheidet, in der Hobson, Hilferding, Rosa Luxemburg und Lenin über diese Problematik nachdachten (vgl. Kößler 2003); aber über die wichtige Bedeutung der Überakkumulation von Kapital, die Möglichkeiten wie Notwendigkeiten zur technologischen Umwälzung des Produktionsprozesses und die Art der Bedeutungsverschiebung zwischen Produktivem und Finanzkapital sollte die Handlungsdimension nicht vergessen werden. D.h. unter Rückgriff auf die Trennung, aber auch die Beziehung zwischen Finanz- und produktivem Kapital müsste, und dies unter Einbeziehung der empirischen Entwicklung des Weltmarkts, endlich das, was mit den ersten Analysen zur Frage des Vorhandenseins von transnationalen Klassen begonnen wurde (vgl. die Beiträge in Bieling/Steinhilber 2000; Sklair 2001), fortgesetzt werden. Spätestens mit der sog. Finanzmarktkrise ist die schnell geführte Rede vom Finanzkapitalismus und seiner Herstellung von transnationalen Klassen (vgl. z.B. Pijl 1998) einem verstärkten Erklärungsdruck ausgesetzt; denn die Darstellung ihrer wesentlichen Züge und Bewegungsformen bleibt bisher eher schemenhaft, wenngleich durchaus ein Erkenntnisgewinn festzustellen ist (vgl. z.B. die Beiträge in Windolf 2005 und Thien 2010). Das meint selbstverständlich mehr als nur die Klärung der Frage nach der Existenz einer Kapitalistenklasse – auch das schon schwierig genug (vgl. auch Krysmanski 2009) –, es beinhaltet zugleich die Frage nach dem Vorhandensein einer (national oder international) herrschenden Klasse (vgl. schon Wienold 1986, 2010), sprich die Frage nach Hegemonie.[4]

Es ist nicht so, dass es nicht relevante Versuche in dieser Richtung gäbe; so hat Beverly J. Silver (2005) mit „Forces of Labor. Arbeiterbewegungen und Globalisierung seit 1870" materialreich belegt, dass der hierzulande unter SozialwissenschaftlerInnen seit geraumer Zeit geradezu eherne Gemeinplatz vom „Ende der Arbeiterbewegung" bei weltweiter Betrachtung einer empirischen Überprüfung nicht stand hält. Gleichwohl ist bei ihr, wie auch bei dem schon erwähnten Band von Harvey über einen „neuen Imperialismus" (2005, auch 2004) eine gewisse Schematik festzustellen, wenn zwar der Prozess der Kapitalakkumulation mit sei-

4 Es ist inzwischen fast müßig, auf die Bedeutung von Nicos Poulantzas (1975, 1978) hinzuweisen, der hierzu wichtige Vorarbeiten geleistet hat, da momentan eine gewisse Poulantzas-Renaissance festzustellen ist (vgl. Wissel 2005, Bretthauer u.a. 2006, Demirović 2007); wichtig erscheint mir aber, dass an ihn endlich auch empirisch (nicht empiristisch) angeknüpft werden sollte. Das gilt übrigens auch für die Vertreter einer „neuen" Kapital-Lektüre, die dem zeitgenössischen Kapitalismus häufig doch ziemlich fremd gegenüberstehen. Dabei sollte der Hegemonie-Begriff unbedingt überdacht werden; denn inzwischen muss man feststellen, dass dieser unter Rückgriff auf Gramsci neue Dimensionen in der Erklärung des Verhältnisses von Staat und Gesellschaft eröffnende Begriff häufig nur noch als Standard-Floskel für eine Thematik benutzt wird, statt diese aufzuschließen. Vgl. kritisch Opratko 2014.

nen widersprüchlichen Folgen nicht zuletzt auch räumlicher Art dargestellt wird, aber die Auswirkungen auf die unterschiedlichen Gruppen der Beteiligten und deren Reaktionen letztlich vage bleiben (vgl. Schmalz/Schulten/Wenten 2010). Letztendlich wird eine Reaktionsform der Arbeitenden/Unterworfenen auf die Bewegung des Kapitals unterstellt bzw. nachzuweisen versucht, diese selbst aber eher ökonomisch aufgefasst. Ähnlich behauptet das hierzulande allzu dominant vorherrschende Theorem einer durchgehend unterstellten „Individualisierung" unter Rückgriff auf Foucaults Begriff der „Gouvernementalität" eine Eindeutigkeit der Auswirkungen der zweifellos festzustellen Veränderungen der Arbeitsprozesse auf die betroffenen Individuen und Gruppierungen. Das gilt insbesondere für die Verschiebungen zwischen diesen Gruppen, die am Produktionsprozess beteiligt waren und möglicherweise sind, wenn die Rationalisierungsschübe, die häufig als Auslagerung ins Ausland erfolgen, ihre Wirkungen zeitigen (kritisch Dankbaar 2006); welchen Metamorphosen unterliegt die Lohnarbeit? (Castel 2000). Nach wie vor oder wieder umstritten ist die Rolle der Mittelschichten, fraglich ist die Veränderung des Geschlechterverhältnisses (Lohr/Nickel 2005, Klinger/Knapp 2008) ebenso wie die der Lage von MigrantInnen, Prekären und Armen (Pelizzari 2004). Das ist nicht erstaunlich, denn gerade deren Situation wird maßgeblich bestimmt von politischen Eingriffen und verweist auf die m. E. ungelöste Problematik des Nationalstaats; denn allzu leicht begnügt man sich hier mit der Extrapolierung von (vorgeblichen) Imperativen *der* Globalisierung, statt die realen Prozesse zu analysieren.

Letztlich geht es wieder einmal um die konkrete Ausprägung des – in der marxistischen Diskussion immer wieder thematisierten – Verhältnisses von Politik und Ökonomie, um einen vorgeblich ökonomischen Prozess, der aber in einer *Gesellschafts*struktur gründet, also in einem spezifischen Zusammenwirken von Personen, die dieses Verhältnis in ihrem alltäglichen Tun in Gang setzen (müssen) und gleichzeitig mit seinen Resultaten konfrontiert werden. Trotz gleicher Voraussetzungen müssen diese Personengruppen und erst recht die Individuen nicht gleich handeln, ihnen stehen unterschiedliche Optionen und Verbindungen offen. Und sie tun es auch nicht, sind sie doch auch gebunden an Organisationen (Parteien, Gewerkschaften, Verbände) und Ideologien, sind sie doch mehr oder weniger eingebunden in hegemoniale Prozesse (wie den Nationalismus), aber auch in Versuche zur Entfaltung von Gegen-Macht. Das politische Feld ist formatiert, aber nicht geschlossen.

All das ist nicht sonderlich neu; wie sollten TheoretikerInnen kapitalistischer Entwicklung, deren Moment sie nicht zuletzt auch sind, nicht von deren Widersprüchlichkeit affiziert sein? So verwundert es nicht, dass etwa in der Weimarer

Republik ganz ähnliche Thematiken wie heute diskutiert wurden, als es um die Konturierung und Realisierung einer zeitgenössischen marxistischen, sprich einer kritischen Theorie ging, die diese Bezeichnung tatsächlich verdient.[5] Das – und manches andere – ist, wie die Lektüre von Hardt/Negri belegt, anscheinend weitgehend vergessen und folgenlos geblieben; die Möglichkeit des Wissens um diese Sachverhalte, d.h. die Möglichkeit ihrer Berücksichtigung in den heutigen theoretischen Bemühungen wird bis auf wenige Ausnahmen kaum wahrgenommen. So werden aus Selbstverständlichkeiten Ausnahmen, was nicht gerade optimistisch für die Zukunft stimmt.[6]

III.

Die Zunft der Soziologie stochert bei all diesen Fragen, die sie in der Regel nicht hat, aber irgendwie teilweise ahnt, weitgehend im Nebel; um ihnen beizukommen, packt sie die Problematiken in einzelne Päckchen – heißen sie nun Migranten- Armen-, Prekären- oder wie-auch-immer-Soziologie, wichtig ist, dass man seine eigene Domäne hat, Neues behauptet werden kann und der Zusammenhang nicht erschlossen wird.[7] Gesellschaftstheoretisch ist da wenig zu erwarten. Am ehesten ist das, so scheint mir, noch bei den Beiträgen zu finden, die sich auf die Regulationstheorie beziehen und versuchen, den Unterschied zwischen Fordismus und Postfordismus am Material zu entfalten (vgl. insb. Brand/Raza 2003, Kohlmorgen 2004; die Beiträge in Thien 2010). Aber auch hier gerät man leicht in ein systemisches Fahrwasser, in dem einzelne Momente aufgrund ihrer scheinbaren Passgenauigkeit für das theoretische Konstrukt überverallgemeinert werden und als die Realität die vorgefasste Theorie zu bestätigen scheinen.

Um nur ein Beispiel zu nennen: Common sense unter SozialwissenschaftlerInnen ist heutzutage, dass im Zuge der Globalisierung eine durchgehende

---

5 Vgl. insgesamt die Beiträge im Sammelband von Demirović (2003), insbes. den Aufsatz von Thomas Sablowski zu „Entwicklungstendenzen und Krisen des Kapitalismus". In Bezug auf die Subordinierten siehe neuerdings Marcel van der Linden (2008, 2010).

6 Ein „kollektives Gedächtnis" für die Analyse kapitalistischer Entwicklung scheint mir heute nötiger denn je; Universitäten als naheliegende Orte einer solchen Reflexion und Selbstreflexion auf Dauer haben hierfür in der Bundesrepublik massiv an Bedeutung verloren, was angesichts der neoliberalen Kräfteverschiebung nicht verwundern kann.

7 Zur Veranschaulichung siehe die fulminante Kritik von Heinz Steinert (2000) am charakteristischen Beispiel einer proklamierten „Überflüssigen-Soziologie"; siehe inzwischen auch Steinert (2010).

Auflösung der bisher bestehenden sozialen Einheiten erfolge, was eine zunehmende Individualisierung beinhalte, die man in Anlehnung an Foucault gern als Gouvernementalisierung bezeichnet. Zweifellos eine zentrale Problematik; wenn aber in diesem Kontext etwa im Zuge einer ausführlichen Darstellung von „Macht, Wissen und Techniken des Selbst im Feld unternehmerischer Rationalität" unversehens z.B. vom „Ende der Fabrik" (Opitz 2004, 101) im Postfordismus fabuliert wird, dann lehrt uns selbst der Augenschein, dass die Konstruktionen der Theorie tunlichst nicht mit dem empirischen Gesellschaftsprozess verwechselt werden sollten. Wieder einmal bestätigt sich, dass gegenüber der theoretischen Fassung historischer Verschiebungen Behutsamkeit angesagt ist. So spricht manches dagegen, die mit Individualisierung, Informalisierung etc. gekennzeichnete Entwicklung der letzten Jahre schon als eine neue Regulationsweise, nämlich die des Postfordismus, zu bezeichnen, „die dem alten, inzwischen informalisierten Formgefüge des ‚Fordismus' folgt. Denn es fehlen alle systemischen Merkmale, wie Komplementarität der Institutionen, Kongruenz der ökonomischen, sozialen, politischen Regeln und Rhythmen, Kompatibilität von Entwicklungspfaden gesellschaftlicher Teilbereiche." (Altvater/Mahnkopf 2002, 353f; vgl. Günther u.a. 2004).

Anscheinend befinden wir uns in einer Phase des Übergangs, möglicherweise des Umbruchs, der aber seine Form noch nicht gefunden hat. Die Finanzmarktkrise mit all ihren noch immer nicht präzise abgeklärten Implikationen hat hier auch linke Gewissheiten in Frage gestellt.

Es scheint keine besonders gute Zeit für das Nachdenken über die Spezifik der gegenwärtigen Situation und mögliche Perspektiven der zukünftigen Entwicklung. Wie anders wäre die anhaltend große Resonanz auf die mehr als nur allgemein bleibenden Reflexionen von Hardt/Negri und ihre unablässige Verbreitung zu erklären?[8] – Man mag einwenden, meine Kritik sei überspitzt und berücksichtige nicht den geschichtsphilosophischen Charakter von „Empire" und „Multitude", wie ihn etwa Demirović (2004) hervorhebt. Frieder Wolf sieht hierin eine „radikal zeitgenössische Gestalt kritischer Gesellschaftstheorie" (2004, 71). Mir scheint das in die falsche Richtung zu weisen, denn besteht gerade darin nicht eine der – nach wie vor – zentralen Problematiken marxistischer Theorie, darin nämlich, dass eine geschichtsphilosophische Dimension von einer – ich nenne sie vereinfacht einmal so – real-gesellschaftlichen Dimension getrennt oder ihr gar entgegengesetzt wird? Deren Vermitteltheit kann dann partout nicht gefunden werden, weil sie gar nicht mehr gesucht wird und man sich – wie Hardt/Negri

8 Siehe etwa taz vom 24.11. bzw. 02.12.2009.

– mit Geschichtsphilosophie begnügt. Ist das vielleicht das „zeitgenössische“ ihrer Überlegungen und Prophezeiungen, gerade auch in Kenntnis und unter Berücksichtigung der bisherigen Wege und auch Irrwege marxistischer Theorien?

Symptomatisch scheint mir die Stellungnahme eines der in den letzten Jahren prominentesten intellektuellen Trendsetter, die von Slavoj Žižek:

> „Was Hardt/Negri hier vorlegen, ist nichts weniger als ein ‚Kommunistisches Manifest' für unsere Zeit: Empire legt schlüssig dar, wie der globale Kapitalismus Widersprüche generiert, die schließlich zu seinem Ende führen“ (Zitat vom Buchumschlag I)

In einer solchen Äußerung und darin, dass der Verlag von Hardt/Negri meint, mit ihr werben zu können, liegt wohl die symptomatische Problematik von Entwürfen wie den hier behandelten: Die Setzung auf ein Ende, mit der man politische Hoffnung erzeugen will und anscheinend auch kann, ohne allerdings auch nur in irgendeiner Weise angeben zu können, in welcher Weise und von wem die erhofften Gesellschaftsveränderungen wann ins Werk gesetzt werden. Man mag dies wohlwollend geschichtsphilosophisch nennen, angemessener wäre die Kennzeichnung als Hilflosigkeit einer Theorie angesichts eines sich verändernden gesellschaftlichen Zusammenhangs, den sie zu erfassen behauptet und in den sie auch noch handelnd eingreifen will. – Welch ein Abstand zur Lage und Lebensweise der von den Autoren für eine Befreiung in Anspruch Genommenen, welch ein Abstand zu den alltäglichen Nöten des Zurechtkommens, der mühevollen Sicherung der Lebensnotwendigkeiten und der Verzweiflung (vgl. Bourdieu et al. 1997; Schultheis/Schulz 2005). Nicht die Zeit einer Umwälzung von unten, aber vielleicht die einer eher untergründigen Umorientierung, eines Sammelns von Kräften, die möglicherweise in Gegensatz zu den in verschärfter Weise aufgeherrschten Zumutungen treten können.

Intellektuelle sollten zurückhaltender sein bei der Einkategorisierung von aktuellen Phänomenen und ihrer Einbindung in allgemeine theoretische Konzepte – eine Selbstverständlichkeit für am Wissenschaftsprozess Beteiligte, so sollte man meinen. Aber dieser beinhaltet mehr, nämlich die Positionierung der Diskutanten zum politisch-gesellschaftlichen Prozess und seinen AkteurInnen. Mit einer Vorwegnahme extrapolierter Ergebnisse sollten Möglichkeiten ihres Handelns nicht abgeschrieben oder ihnen gewissermaßen ein gewünschtes Handeln vorgeschrieben werden. Vielmehr hätten Intellektuelle mehr als genug Grund, ihr eigenes Handeln – auch politisches – kritisch zu bedenken. Das schließt Handeln keineswegs aus.

2006

Nachweise der Erstveröffentlichungen

Zur Klassenstruktur der kapitalistischen Gesellschaft, in: Ferdinand Buer/Eckhard Dittrich/Alfons Cramer/Roland Reichwein/Hans-Günter Thien, Zur Gesellschaftsstruktur der BRD, Münster (Westfälisches Dampfboot) 1985, S. 11-57

Arbeiterklasse, Klassenindividuen und Arbeiterkultur. Überlegungen zu einem fragwürdigen Zusammenhang, in: Hans-Günter Thien/Hanns Wienold (Hrsg.), Herrschaft, Krise, Überleben. Gesellschaft der Bundesrepublik in den 80er Jahren, Münster (Westfälisches Dampfboot)1986, S. 296-334

Von der Arbeiterkultur zur Individualisierung? Eine polemische Skizze zum Lobe der Massenkultur, in: Hans-Erich Bremes/Maria Schumacher (Hrsg.), Mit der Vergangenheit in die Zukunft. Felder gewerkschaftlicher Politik seit 1945, Münster (Westfälisches Dampfboot) 1989, S. 185-208

Strukturen, Klassen und Kulturen oder Von der Schwierigkeit, soziale Ungleichheit in heutigen kapitalistischen Gesellschaften zu erkennen, in: Veit M. Bader/Albert Benschop/Michael R. Krätke/Werner van Treeck (Hrsg.), Die Wiederentdeckung der Klassen, Hamburg (Argument Verlag) 1998, S. 55-82

Die soziale Frage neu entdeckt: gespaltene Gesellschaften, in: Oliver Brüchert/Christine Resch (Hrsg.), Zwischen Herrschaft und Befreiung. Politische, kulturelle und wissenschaftliche Strategien. Festschrift zum 60. Geburtstag von Heinz Steinert, Münster (Westfälisches Dampfboot) 2002, S. 26-42

Geschichte, Kapitalismus und politisches Handeln oder: die Revolution als Wunsch, in: Andrea Bührmann/Reinhart Kößler/Wichard Puls/Katrin Späte/Hans-Günter Thien/Elisabeth Tuider (Hrsg.), Gesellschaftstheorie und die Heterogenität empirischer Sozialforschung. Festschrift für Hanns Wienold, Münster (Westfälisches Dampfboot) 2006, S. 193-205

Literatur

A.R.T. (Hrsg.) 1988: Kultur Macht Politik. Wie mit Kultur Stadt/Staat zu machen ist. Köln

Abercrombie, Nicholas/Hill, Stephen/Turner, Bryan S. 1980: The Dominant Ideology Thesis. London u.a.

Abraham, David 1981: The Collapse of the Weimar Republic. New York

Adorno, T.W. 1980: Reflexionen zur Klassentheorie, in: ders., Gesammelte Schriften 8, 2. Aufl., Frankfurt/M., S. 373-391

Adorno, Theodor W./Horkheimer, Max 1955: Dialektik der Aufklärung. Amsterdam: Querido

AK-München 1974: Warum scheitern Marxisten an der Erklärung des bürgerlichen Staates? Resultate der Arbeitskonferenz 1, Nr. 1, S. 120-170

Alheit, P./Dausien, B. 1985, Arbeitsleben, Frankfurt/M./New York: Campus

Alheit, Peter 1989: Krise der Arbeitsgesellschaft – Ende der Arbeiterkultur?, in: päd. extra&demokratische erziehung, Mai 1989, S. 32-36.

– 1994: Aufbruch in die „Erlebniskultur"?, in: Das Argument, 37. Jg., H. 208, S. 91-104

ALSO 1983, Orthodoxie und Klassentheorie, in: Sozialismus H. 1, S. 106-113

Althusser, L. 1977, Ideologie und ideologische Staatsapparate, West Berlin: VSA

Altvater, E. 1982, Die Linke auf der Suche nach dem „Dritten Weg", in: ders. et al., Erneuerung der Politik, Hamburg, S. 7-35

Altvater, E./Hoffmann, J./Semmler, W. 1979: Vom Wirtschaftswunder zur Wirtschaftskrise, Berlin.

Altvater, Elmar 1991: Die Zukunft des Marktes. Ein Essay über die Regulation von Geld und Natur nach dem Scheitern des „real existierenden Sozialismus". Münster: Westfälisches Dampfboot.

– 1992: Der Preis des Wohlstands. Münster: Westf. Dampfboot.

Altvater, Elmar/Mahnkopf, Birgit 2002: Globalisierung der Unsicherheit. Arbeit im Schatten, schmutziges Geld und informelle Politik, Münster: Westf. Dampfboot

– ^{7}2007: Grenzen der Globalisierung. Ökonomie, Ökologie und Politik in der Weltgesellschaft, Münster: Westf. Dampfboot

Armanski, G. 1974: Staatliche Lohnarbeiter im Kapitalismus. PROKLA 4, H. 16: S. 1-16.

Atzert, Thomas/Müller, Jost (Hrsg.) 2003: Kritik der Weltordnung, Berlin: ID Verlag

– (Hrsg.) 2004: Immaterielle Arbeit und imperiale Souveränität, Münster: Westf. Dampfboot

Bader, Veit 1995: Rassismus, Ethnizität, Bürgerschaft, Münster: Westf. Dampfboot

Bader, Veit M./Benschop, Albert/Krätke, Michael R./Treeck, Werner van (Hrsg.) 1998: Die Wiederentdeckung der Klassen (Argument Sonderband, NF 247), Berlin/Hamburg

Bader, Veit Michael 1991: Kollektives Handeln. Protheorie sozialer Ungleichheit und kollektiven Handelns II. Opladen: Leske und Budrich

Bader, Veit Michael/Benschop, Albert 1989: Ungleichheiten. Protheorie sozialer Ungleichheit und kollektiven Handelns Bd.1. Opladen: Leske und Budrich

Baethge, M./Schumann, M. 1975: Legitimation und Staatsillusion im Bewußtsein der Arbeiter, in: M. Osterland (Hrsg.), Arbeitssituation, Lebenslage und Konfliktpotential, Frankfurt/M., S. 39-69

Baethge, Martin/Hantsche, Brigitte/Pelull, Wolfgang/Voskamp, Ulrich 1988: Jugend: Arbeit und Identität. Opladen: Westdt. Verlag

Balibar, Etienne 1986: Artikel Klassen, in: G. Labica/G.Bensussan (Hrsg.), Kritisches Wörterbuch des Marxismus, Berlin, Bd. 4, S. 614-626.

– 2006: Der Schauplatz des Anderen, Hamburg: HIS

Balibar, Etienne/Wallerstein, Immanuel 1990: Rasse Klasse Nation. Ambivalente Identitäten. Hamburg/Berlin: Argument

Balistier, Thomas 1989: Gewalt und Ordnung. Kalkül und Faszination der SA, Münster: Westfälisches Dampfboot

Balla, B. 1978: Klassenstruktur, in: Lexikon der Soziologie hrsg. v. W. Fuchs/R. Klima/R. Lautmann/O. Rammstedt/H. Wienold. 2. verb. u. erw. Aufl. Opladen, S. 389

Balko, Gerd 2005: Land in dunklen Zeiten. Erinnerungen eines Arbeiters, Münster: Westf. Dampfboot

Barrow, Logie/Schmidt, Dorothea/Schwarzkopf, Jutta (Hg.) 1991: Nichts als Unterdrückung? Geschlecht und Klasse in der englischen Sozialgeschichte (Theorie und Geschichte der bürgerlichen Gesellschaft Bd. 4). Münster: Westf. Dampfboot

Bausinger, Hermann 1981, Verbürgerlichung – Folgen eines Interpretatements, in: D. Langewiesche/K. Schönhoven (Hrsg.), Arbeiter in Deutschland, Paderborn, S. 98-117

– 1985: Traditionale Welten. Kontinuität und Wandel in der Volkskultur, in: Zeitschrift für Volkskunde, 81 (1985), S. 173-190

Beck, Ulrich 1983: Jenseits von Stand und Klasse. In: Kreckel, R. (Hg.): Soziale Ungleichheiten. Soziale Welt, Sonderband 2, Göttingen

– 1985: Von der Vergänglichkeit der Industriegesellschaft, in: Schmid, Th. (Hrsg.): Das pfeifende Schwein – über weitergehende Interessen der Linken. Berlin

– 1986: Risikogesellschaft. Auf dein Weg in eine andere Moderne. Frankfurt/M.: Suhrkamp

Becker, Regina 1990: Individuum, Klasse und Geschlecht aus der Perspektive der Kritischen Theorie, in: W. Zapf (Hg.), Die Modernisierung moderner Gesellschaften (25. dt. Soziologentag), Frankfurt/M./New York: Campus, S. 383-394

Becker, U. 1984: Zum Status der Klassentheorie und der klassentheoretisch fundierten Politikanalyse – heute. PROKLA 14, H. 57, S. 142-158; auch in Thien (2010)

Becker-Schmidt, R./Knapp, G.-A./Schmidt, B. 1984, Eines ist zuwenig – beides ist zuviel. Erfahrungen von Arbeiterfrauen zwischen Familie und Fabrik, Bonn

Becker-Schmidt, Regina/Axeli-Knapp, Gudrun 1985: Arbeiterkinder gestern – Arbeiterkinder heute. Bonn: Dietz

Beer, Ursula (Hg.) 1987: Klasse Geschlecht. Feministische Gesellschaftsanalyse und Wissenschaftskritik. Bielefeld: AJZ

Bendele, U. 1979, Sozialdemokratische Schulpolitik und Pädagogik im wilhelminischen Deutschland (1890-1914), Frankfurt/M./New York: Campus

Benjamin, Walter 1978a: Das Kunstwerk im Zeitalter seiner technischen Reproduzierbarkeit, in: Gesammelte Werke Bd. I.2, Frankfurt/M.: Suhrkamp, S. 431-470

– 1978b: Charles Baudelaire. Ein Lyriker im Zeitalter des Hochkapitalismus, in: Gesammelte Werke Bd. 1.2. Frankfurt/M.

Berdahl, R. et al. 1982, Klassen und Kultur, Frankfurt/M.: Syndikat

Berger, Peter A. 1986: Entstrukturierte Klassengesellschaft? Klassenbildung und Strukturen sozialer Ungleichheit im historischen Wandel. Opladen: Westdeutscher Verlag.

– 1987: Klassen und Klassifikation. Zur „neuen Unübersichtlichkeit" in der soziologischen Ungleichheitsdiskussion, in: KZfSS, S. 59-85

– 1988: Die Herstellung sozialer Klassifikationen. Methodische Probleme der Ungleichheitsforschung, in: Leviathan, S. 501-520

– 1989: Ungleichheitssemantiken, in: Arch. europ. sociol., XXX, S. 48-60

– 1990: Sozialer Wandel und soziale Topologien, in: V. Bornschier u.a. (Hg.), Diskontinuität des sozialen Wandels, Frankfurt/M./New York, S. 115-138

– 1991: Von Beweglichkeit in zur Beweglichkeit von Strukturen. Provisorische Überlegungen zur Sozialstrukturanalyse im vereinten Deutschland, in: Soziale Welt, 42, S. 69-92

Berger, Peter A./Hradil, Stefan 1990: Lebenslagen, Lebensläufe, Lebensstile (Soziale Welt, Sonderband 7). Göttingen

Berger, Peter A./Sopp, Peter 1992: Bewegtere Zeiten? Zur Differenzierung von Erwerbsverlaufmustern in Westdeutschland, in: Zeitschrift für Soziologie, 21. Jg., H. 3, S. 166-185

Berger, U./Offe, C. 1981: Das Rationalisierungsdilemma der Angestelltenarbeitin: J. Kocka (Hrsg.), 1981 a, S. 39-58

Berking, Helmuth 1984: Masse und Geist. Studien zur Soziologie in der Weimarer Republik. Berlin.

Berking/Evard/Schwengel 1988: Die veredelte Gesellschaft. Vom Verschwinden der Eliten und der Wiederkehr des Elitären. Würzburg

Beyme, Klaus v. 1993: Die politische Klasse im Parteienstaat. Frankfurt/M.: Suhrkamp.

Bieling, Hans-Jürgen 2000: Dynamiken sozialer Spaltung und Ausgrenzung, Münster: Westf. Dampfboot

Bieling, Hans-Jürgen/Steinhilber, Jochen (Hrsg.) 2000: Dimensionen einer kritischen Integrationstheorie, Münster: Westf. Dampfboot

Biermann, B. 1971: Die soziale Struktur der Unternehmerschaft, Stuttgart: Enke

Bischoff, J. u.a. 1982, Jenseits der Klassen? Gesellschaft und Staat im Spätkapitalismus, Hamburg: VSA

Blackbourn, David/Evans, Richard J. (ed.) 1991: The German Bourgeoisie. London/ New York: Routledge

Blanke, Bernhard/Wollmann, Helmut (Hrsg.) 1991: Die alte Bundesrepublik (Leviathan Sonderheft 12). Opladen: Westdt. Verlag

Blaschke, Jochen (Hrsg.) 1980: „Dritte Welt in Europa“, Frankfurt/M.: Syndikat

Blossfeld, Hans-Peter/Mayer, Karl-Ulrich 1991: Berufsstruktureller Wandel und soziale Ungleichheit. Entsteht in der Bundesrepublik Deutschland ein neues Dienstleistungsproletariat?, in: KZfSS, 43. Jg., H. 4, S. 671-696

Bogdal, Klaus-Michael 1978: Schaurige Bilder. Der Arbeiter im Blick des Bürgers am Beispiel des Naturalismus. Frankfurt/M.: Syndikat

Böhle, Fritz 1989: Körper und Wissen. Veränderungen in der sozio-kulturellen Bedeutung körperlicher Arbeit, in: Soziale Welt, 40. Jg., H. 4, S. 497-512

Böhnisch, Tomke 2000: Gattinnen – die Frauen der Elite, Münster: Westf. Dampfboot

Bolder, Axel/Rodax, Klaus (Hrsg.) 1987: Das Prinzip der aufge(sc)hobenen Belohnung. Die Sozialisation von Arbeiterkindern für den Beruf. Bonn: Dietz

Bolder, Axel 1992: Chancenrealisierung als Prozeß der begrenzten Interaktion von Umwelt und Individuum, in: H. Daheim (Hg.), Soziale Chancen. Frankfurt/M./ New York: Campus, S.120-154

Boll, Friedhelm (Hrsg.) 1986: Arbeiterkulturen zwischen Alltag und Politik. Beiträge zum europäischen Vergleich in der Zwischenkriegszeit. Wien u.a.

Boltanski, Luc 1990: Die Führungskräfte. Die Entstehung einer sozialen Gruppe. Frankfurt/M./New York: Campus.

Boltanski, Luc/Chiapello, Ève 2003: Der neue Geist des Kapitalismus, Konstanz: UVK

Bolte, K.M./Hradil, S. 1984: Soziale Ungleichheit in der Bundesrepublik Deutschland, Opladen.

Bommes, Michael/Scherr, Albert 1991: Der Gebrauchswert von Selbst- und Fremdethnisierung in Strukturen sozialer Ungleichheit, in: PROKLA 21, S. 291-316

Bonß, W./Heinze, R.G. (Hrsg.), 1984, Arbeitslosigkeit der Arbeitsgesellschaft, Frankfurt/M.

Bonß, W./Honneth, A. 1982, Kritische Theorie als interdisziplinärer Materialismus, in: dies. (Hrsg.), Sozialforschung als Kritik, Frankfurt/M., S. 31-66

Borg, Erik 2001: Projekt Globalisierung. Soziale Kräfte im Konflikt um Hegemonie, Hannover: Offizin

Borst, Renate u.a. (Hg.) 1990: Das neue Gesicht der Städte. Basel u.a.: Birkäuser

Bottomore, Tom/Brym, Robert J. (Hg) 1989: The Capitalist Class: An International Study. New York u.a.: Harvester Wheatsheaf

Bourdieu, Pierre 1970: Zur Soziologie der symbolischen Formen, Frankfurt/M.: Suhrkamp

– 1985: Sozialer Raum und ‘Klassen’. Lecon sur la lecon, Frankfurt/M.: Suhrkamp

– 1982: Die feinen Unterschiede. Kritik der gesellschaftlichen Urteilskraft, Frankfurt/M.: Suhrkamp

– 1985: Sozialer Raum und „Klassen". Frankfurt/M.: Suhrkamp

– et al. 1997: Das Elend der Welt, Konstanz: UVK

Brand, K.-W./Büsser, D./Rucht, D. 1983, Aufbruch in eine andere Gesellschaft. Neue soziale Bewegungen in der Bundesrepublik, Frankfurt/M./New York: Campus

Braverman, H. 1977: Die Arbeit im modernen Produktionsprozeß, Frankfurt/M./New York: Campus

Braverman, Harry 1974: Labor and Monopoly Capital. New York: Monthly Review Press

Breuer, Stefan 1992: Die Gesellschaft des Verschwindens. Hamburg: Junius

Brieler, U. u.a. 1986, Gramsci, Foucault und die Effekte der Hegemonie, in: KultuRRevolution Nr. 11, S. 60-66

Brock, Ditmar 1991: Der schwierige Weg in die Moderne. Umwälzungen in der Lebensführung der deutschen Arbeiter zwischen 1850 und 1980. Frankfurt/M./New York: Campus

– 1993: Wiederkehr der Klassen? Über Mechanismen der Integration und der Ausgrenzung in entwickelten Industriegesellschaften, in: Soziale Welt, 44. Jg., H. 2, S. 157-176

Brückner, P. 1982, Psychologie und Geschichte, Berlin

Brüggemeier, Franz-Josef 1980, Soziale Vagabundage oder revolutionärer Heros? Zur Sozialgeschichte der Ruhrbergarbeiter 1880–1920, in: L. Niethammer (Hrsg.), Lebenserfahrung und kollektives Gedächtnis, Frankfurt/M., S. 193-213

– 1988: Leben in Bewegung. Zur Kultur unständiger Arbeiter im Kaiserreich, in: R. v. Dülmen (Hg.), Armut, Liebe, Ehre, Frankfurt/M.: Fischer, S. 225-257

Brüggemeier, F./Niethammer, L. 1978, Schlafgänger, Schnapskasinos und schwerindustrielle Kolonie, in: J. Reulecke/W. Weber (Hrsg.), Fabrik, Familie, Feierabend, Wuppertal, S. 135-175

Bublitz, H. 1980, Ich gehörte irgendwie so nirgends hin... Arbeitertöchter an der Hochschule, Gießen

Büchtemann, Ch. 1984, Der Arbeitslosigkeitsprozeß, in: W. Bonß/R.G. Heinze (Hrsg.), Arbeitslosigkeit in der Arbeitsgesellschaft, Frankfurt/M., S. 53-105

Buci-Glucksmann, Christine/Therborn, Göran 1982: Der sozialdemokratische Staat. Hamburg: VSA

Bude, Heinz 1998: Die Überflüssigen als transversale Kategorie, in: P.A. Berger/Michael Vester (Hrsg.), Alte Ungleichheiten, Neue Spaltungen, Opladen, S. 363-382

Bürger, Christa/Bürger, Peter/Schulte-Sasse, Jochen (Hrsg.) 1982: Zur Dichotomisierung von hoher und niederer Literatur. Frankfurt/M.: Suhrkamp

Burkart, Günter 1991: Treue in Paarbeziehungen. Theoretische Aspekte, Bedeutungswandel und Milieu-Differenzierung, in: Soziale Welt, 42, H. 4, S. 489-509

Castel, Robert 2000: Die Metamorphosen der sozialen Frage, Konstanz: UVK

Castel, Robert/Dörre, Klaus (Hrsg.) 2009, Prekariat, Abstieg, Ausgrenzung, Frankfurt/M.: Campus

Castells, Manuel 2001: Das Informationszeitalter, Opladen: Leske & Budrich

Claessens, D./A. Klönne/A. Tschoepe 1985: Sozialkunde der Bundesrepublik Deutschland. Aktualisierte Ausgabe, Reinbek: Rowohlt

Clarke, J. u.a. 1979: Jugendkultur als Widerstand. Milieus, Rituale, Provokationen, Frankfurt/M.: Syndikat

Clarke, John/Hall, Stuart/Jefferson, Tony/Roberts, Brian 1979: Subkulturen, Kulturen und Klasse, in: A. Honneth u.a. (Hrsg.), Jugendkultur als Widerstand, Frankfurt/M.: Syndikat, S. 39-131

Conze, W./Kocka, J. (Hrsg.), 1985, Bildungsbürgertum im 19.Jahrhundert, Stuttgart: Klett/Cotta

Cottrell, A. 1984: Social Classes in Marxist Theory, London

Cramer, A. 1985, Soziale Ungleichheit am Beispiel der Einkommensverteilung, in: F. Buer et al., Zur Gesellschaftsstruktur der BRD, 2. überarb. Aufl., Münster

Cremer-Schäfer, Helga/Steinert, Heinz 1998: Straflust und Repression. Zur Kritik einer populistischen Kriminologie, Münster: Westf. Dampfboot

Crew, David 1980: Bochum. Sozialgeschichte einer Industriestadt 1860-1914. Frankfurt/Berlin/Wien: Ullstein

Crompton, Rosemyry/Devine, Fiona/Savage, John/Scott, John (ed.), Renewing Class Analysis, Oxford

Daniel, Ute 1991: Über die alltäglichen Grenzen der Verantwortung: Industriearbeit 1933–1945, in: SOWI, Jg. 19, H. 3, S.84-89

– 1993: „Kultur“ und „Gesellschaft“. Überlegungen zum Gegenstandsbereich der Sozialgeschichte, in: Geschichte und Gesellschaft 19(1993), S. 69-99

Dankbaar, Ben 2006: Dreißig Jahre Politische Ökonomie der Arbeit. Oder wie Harry Braverman doch Recht bekam, in: Leviathan, 34. Jg., H. 2, S. 242-269

Demirović, Alex 1992: Regulation und Hegemonie, in: ders. u.a. 1992, S. 128-157

– 2004: Vermittlung und Hegemonie, in T. Atzert/J. Müller , S. 235-254

– 2009: Staatliche Herrschaft und die politische Konstruktion von Klassen, in: Bescherer, Peter/Schierhorn, Karen (Hrsg.), Hello Marx, Hamburg: VSA. S. 62-88

Demirović, Alex/Krebs, Hans-Peter/, Thomas (Hg.) 1992: Hegemonie und Staat. Kapitalistische Regulation als Projekt und Prozeß. Münster: Westf. Dampfboot

Deppe, Frank/Dörre, Klaus 1991: Klassenbildung und Massenkultur im 20. Jahrhundert, in: K. Tenfelde (Hg.), Arbeiter im 20. Jahrhundert, Stuttgart, S. 726-771

Deppe, W. 1982: Drei Generationen Arbeiterleben, Frankfurt/M./New York: Campus

Deutschmann, Christoph 1985: Der Weg zum Normalarbeitstag, Frankfurt/M./New York: Campus

Dörre, Klaus 1988: Risikokapitalismus. Zur Kritik an Ulrich Becks „Weg in eine andere Moderne“. 2. überarb. Aufl. Marburg

– 1995: Junge GewerkschafterInnen: Vom Klassenindividuum zum Aktivbürger?, Münster: Westf. Dampfboot

– 2011: Landnahme und soziale Klassen, in: H.G. Thien (Hrsg.), Klassen im Postfordismus, Münster: Westf. Dampfboot, S. 113-151

Dörre, Klaus/Lessenich, Stephan/Rosa, Hartmut (2009): Soziologie – Kapitalismus – Kritik. Eine Debatte, Frankfurt/M.: Suhrkamp

Dörre, Klaus/Behr, Michael/Everberg, Dennis/Schierhorn, Karen 2009: Krise ohne Krisenbewusstsein? Zur subjektiven Dimension kapitalistischer Landnahmen, in: PROKLA, 39. Jg., Nr. 157, S. 559-576

Dransfeld, Birgit 1987: Gewerkschaftliche Kulturpolitik und Kulturarbeit – Eine Literatursichtung neuerer Aussagen und Ansätze, in: Beiträge Informationen Kommentare (Forschungsinstitut f. Arbeiterbildung Nr. 6/1987, S. 76-109

Dröge, Franz/Krämer-Badoni, Thomas 1987: Die Kneipe. Zur Soziologie einer Kulturform. Frankfurt/M.: Suhrkamp

Dülmen, Richard van/Schindler, Norbert (Hrsg.) : Volkskultur. Frankfurt/M.: Fischer

Ebbighausen, R./Tiemann, F. (Hrsg.), 1984: Das Ende der Arbeiterbewegung in Deutschland? Opladen

Eder, Klaus 1985, The „New Sozial Movements": Moral Crusades, Political Pressure Groups, or social Movements, in: Social Research, Vol. 52, No. 4, S. 869ff

– (Hg.) 1989: Klassenlage, Lebenstil und kulturelle Praxis, Beiträge zur Auseinandersetzung mit Pierre Bourdieus Klassentheorie: Suhrkamp

– 1989a: Jenseits der nivellierten Mittelstandsgesellschaft. Das Kleinbürgertum als Schlüssel einer Klassenanalyse in fortgeschrittenen Industriegesellschaften, in: ders. 1989, S. 341-392

– 1990: Gleichheitsdiskurs und soziale Ungleichheit, in: H. Haferkamp (Hg.), Sozialstruktur und Kultur, Frankfurt/M., S. 177-208

Ehrenreich, Barbara 1992: Angst vor dem Absturz. Das Dilemma der Mittelklasse. München: Kunstmann

Eley, Geoff 1991: Geschichte der Arbeiterbewegung – Sozialgeschichte – Alltagsgeschichte: Erfahrung, Kultur und die Politik des Alltags, in: ders.: Wilhelminismus, Nationalismus, Faschismus. Münster: Westf. Dampfboot, S. 251-296

– 1991a: Nazismus, Politik und Bilder der Vergangenheit: Gedanken zum Historikerstreit 1986–1987, in: ders.: Wilhelminismus, S. 297-331

Elias, Norbert 1978: Über den Prozeß der Zivilisation, 2 Bde. Frankfurt/M.: Suhrkamp

Ellmers, Sven 2007: Die formanalytische Klassentheorie von Karl Marx, Duisburg

Elster, John 1985: Drei Kritiken am Klassenbegriff. PROKLA 15, H. 58, S. 63-82

Emig, B. 1980: Die Veredelung des Arbeiters. Sozialdemokratie als Kulturbewegung, Frankfurt/M./New York: Campus

Emmerich, Wolfgang (Hrsg.) 1974: Proletarische Lebensläufe, 2 Bde, Reinbek: Rowohlt: Rowohlt

Engels, F. 1971: Karl Marx, 'Zur Kritik der Politischen Ökonomie' (Rezension), in: MEW Bd. 13, Berlin, S. 468-477

Engels, Friedrich/Marx, Karl 1845/1974: Die heilige Familie, in: MEW Bd. 2 Berlin: Dietz

Erbslöh, Barbara u.a. 1990: Ende der Klassengesellschaft? Eine empirische Studie zu Sozialstruktur und Bewußtsein in der Bundesrepublik. Regensburg

Eurich, C./Würzberg, G. 1983, 30 Jahre Fernsehalltag, Reinbek: Rowohlt

Evans, Richard 1991: Im Schatten Hitlers? Frankfurt/M.: Suhrkamp

Faulenbach, Bernd 1988: Von der Klassenkultur zur Massenkultur? Zur Frage der historischen Einordnung der Arbeiterkultur, in: Beiträge, Informationen, Kommentare, Nr. 7, S. 4-21

– 1992: Die Herausbildung eines neuen sozialdemokratischen Milieus nach dem Zweiten Weltkrieg, in: Friedemann/Seebold (Hg.), S. 450-458

Floßdorf, B. 1979, Prolet kaputt? Über das Elend subjekttheoretischer Verblendungsgewißheit, in: Soziale Welt, 30. Jg., H. 4, S. 422-438

Foucault, Michel 1979: Überwachen und Strafen. Die Geburt des Gefängnisses. Frankfurt/M.: Suhrkamp

Frerichs, Petra/Steinrücke, Margareta 1989: Symbolische Interessen von Frauen im Betrieb, in: Das Argument 31, Nr. 174, S. 209-223.

– 1992: Klasse und Geschlecht als Medien der Chancenzuweisung, in: H. Daheim u.a. (Hg.), Soziale Chancen, Frankfurt/M./New York, S. 55-79

Friedemann, Peter/Seebold, Gustav (Hg.) 1992: Struktureller Wandel und kulturelles Leben. Politische Kultur in Bochum 1860–1990. Essen: Klartext.

Friedmann, P./Pfau, B. 1985: Frauenarbeit in der Krise – Frauenarbeit trotz Krise? Leviathan 2, S. 155-186.

Fromm, E. 1983: Arbeiter und Angestellte am Vorabend des Dritten Reiches, München: dtv

Fukuyama, Francis 1992: Das Ende der Geschichte. München

Funk, Rainer 1991: Skinheads in Großbritannien: Lebensweise und Handlungen einer auffälligen Subkultur, Staatsexamensarbeit Münster

Gailus, M. (Hrsg.) 1984: Pöbelexzesse und Volkstumulte in Berlin. Zur Sozialgeschichte der Straße (1830–1980), Berlin

Gartner, A./Riessman, F. 1978: Der aktive Konsument in der Dienstleistungsgesellschaft, Frankfurt/M.

Geary, D. 1983: Arbeiterprotest und Arbeiterbewegung in Europa 1848–1939, München

Geiger, Theodor 1972: Die soziale Schichtung des deutschen Volkes (1932). Darmstadt: Wissenschaftliche Buchgesellschaft

Geißler, Rainer 2002: Die Sozialstruktur Deutschlands, 3. grundlegend überarb. Auflage, Wiesbaden: Westdt. Verlag

Gerstenberger, Heide 1990: Die subjektlose Gewalt. Theorie der Entstehung bürgerlicher Staatsgewalt. Münster: Westf. Dampfboot (2. überarb. Aufl. 2017)

– 1994: Die dynamische Armutsforschung und das Elend der Welt, in: Leviathan, Jg. 22, H. 1, S. 7ff

Giddens, Anthony 1979: Die Klassenstruktur fortgeschrittener Gesellschaften, Frankfurt/M.

– 1985: Das Ende der Arbeiterklasse? Oder: Die Gefahren der Gelehrsamkeit, in: H. Strasser/J.H. Goldthorpe (Hg.), Die Analyse sozialer Ungleichheit. Wiesbaden, S. 112-128

Giddens, Anthony /Held, David (Hg.), 1987: Classes, Power, and Conflict. Basingstoke/ London

Glaß, Christian 1988: Zeit in der Unzeit „Arbeitslosigkeit“, in: R. Zoll (Hrsg.), Zerstörung und Wiederaneignung von Zeit. Frankfurt/M., S. 276-292

Glatzer, W./Zapf, W. (Hrsg.), 1984, Lebensqualität in der Bundesrepublik, Frankfurt/M./ New York: Campus

Göschel, Albrecht 1990: Wandlungen kultureller Orientierungen in der Abfolge von Generationen, in: PROKLA, 20. Jg., H. 80, S. 118-134

– et al. 1982: Zur Bedeutung von sozialer Infrastruktur für Arbeiterwohngebiete, in: L. Vaskovics (Hrsg.), Raumbezogenheit sozialer Probleme, Opladen, S. 137-156

Gramsci, Antonio 1968: Philosophie der Praxis, Frankfurt/M.

– 1983: Marxismus und Literatur, Hamburg

– 1991: Gefängnishefte, Bd. 1. Hamburg: Argument

Gransow, V./Offe, C. 1981, Politische Kultur und Sozialdemokratische Regierungspolitik, in: Argument, 23. Jg., H. 128, S. 551-564

Grießinger, A. 1981: Das symbolische Kapital der Ehre. Streikbewegungen und kollektives Bewußtsein deutscher Handwerksgesellen im 18. Jahrhundert, Frankfurt/M. u.a.: Ullstein

Groh, Dieter 1973: Negative Integration und revolutionärer Attentismus. Die deutsche Sozialdemokratie am Vorabend des Ersten Weltkrieges, Frankfurt/M.: Ullstein

– 1986: „Spuren der Vernunft in der Geschichte“. Der Weg von Jürgen Habermas’ zur „Theorie des kommunikativen Handelns“ im Schatten Max Webers, in: Geschichte und Gesellschaft, 12. Jg., S. 443-476

Gröll, Johannes 1977: Marxistisch-materialistische Pädagogik, unveröff. Man., Dortmund

– 1975: Erziehung im gesellschaftlichen Reproduktionsprozeß. Frankfurt/M.

– 1988: Bürgerliche Familie und Staat, in: G. Hörmann/W.Körner/F.Buer (Hrsg.), Familie und Familientherapie, Opladen, S. 13-58

Grüttner, M. 1984a: Unterklassenkriminalität in Hamburg. Güterberaubungen im Hamburger Hafen 1888–1923, in: H. Reif, S- 153-184

– 1984b: Arbeiterkultur versus Arbeiterbewegungskultur, in: A. Lehmann 1984, S. 244-282

Günther, Thomas/Herrmann, Annett/Michel, Boris/Thien, Hans-Günter/Türkmen, Ceren 2004: Fragen zum Kapitalismus heute, in: spw, H. 135, S. 21-25

Habermas, Jürgen 1975[3]: Legitimationsprobleme im Spätkapitalismus, Frankfurt/M.: Suhrkamp

– 1979: Strukturwandel der Öffentlichkeit. 10. Aufl. Darmstadt/Neuwied: Luchterhand

– 1981: Theorie des kommunikativen Handelns (2 Bde). Frankfurt/M.: Suhrkamp

– 1985: Die neue Unübersichtlichkeit. Frankfurt

Hachtmann, Rüdiger 1997: Berlin 1848. Bonn: Dietz

Hack, Lothar 1988: Vor Vollendung der Tatsachen. Die Rolle von Wissenschaft und Technologie in der dritten Phase der industriellen Revolution. Frankfurt/M.: Fischer

– u.a. 1979: Leistung und Herrschaft. Soziale Strukturzusammenhänge subjektiver Relevanz bei jüngeren Industriearbeitern. Frankfurt/M.: Campus

Hagelstange, Thomas 1988: Die Entwicklung von Klassenstrukturen in der EG und in Nordamerika. Frankfurt/M./New York: Campus

Hagemann, Karen 1990: Frauenalltag und Männerpolitik. Alltagsleben und gesellschaftliches Handeln von Arbeiterfrauen in der Weimarer Republik. Bonn: Dietz

Halle, D. 1984: America's working man. Work, home and politics among blue-collar property owners, Chicago

Haller, M. 1983: Theorie der Klassenbildung und sozialen Schichtung, Frankfurt/M./New York: Campus

Hammerich, K./Klein, M. (Hrsg.), 1978: Materialien zur Soziologie des Alltags (Sonderheft 20 KZISS), Opladen: Westdt. Verlag

Handl, J./Mayer, K.U./Müller, W. 1977: Klassenlage und Sozialstruktur, Frankfurt/M./New York: Campus

Hanesch, Walter u.a. 1994: Armut in Deutschland, Reinbek: Rowohlt

Hardt, Michael/Negri, Antonio 2002: Empire, Frankfurt/M./New York: Campus

– 2004: Multitude, Frankfurt/M./New York: Campus

Hartmann, Michael 1995: Deutsche Topmanager: Klassenspezifischer Habitus als Karrierebasis, in: Soziale Welt, 46. Jg., H. 4, S. 440-468

– 1999: Auf dem Weg zur transnationalen Bourgeoisie? Die Internationalisierung der Wirtschaft und die Internationalität der Spitzenmanager Deutschlands, Frankreichs, Großbritanniens und der USA, in: Leviathan 27, S. 113-141

– 1997a: Die Rekrutierung von Topmanagern in Europa, in: Archives Européennes de Sociologie, XXXVIII. Jg., S. 3-37

– 1997b: Soziale Öffnung oder soziale Schließung. Die deutsche und französische Wirtschaftselite zwischen 1970 und 1995, in: Zeitschrift f. Soziologie, 26. Jg., H. 4, S. 296-311

Harvey, David 2004: Die Geographie des neuen Imperialismus: Akkumulation durch Enteignung, in: Christian Zeller (Hrsg.), Die globale Enteignungsökonomie, Münster: Westf. Dampfboot, S. 183-216

– 2005: Der neue Imperialismus, Hamburg: VSA

Haug, Wolfgang Fritz 1985, Pluraler Marxismus. Beiträge zur politischen Kultur Bd. 1, Berlin

– 2009: Gewerkschaften im Hightech-Kapitalismus vor der Hegemoniefrage, in: Das Argument, 51 Jg., H. 284, S. 879-893

Hauk, Gerhard 1986: „Armeekorps auf dem Weg zur Sonne". Einige Bemerkungen zur kulturellen Selbstdarstellung der Arbeiterbewegung, in: D. Petzina (Hrsg.), Fahnen, Fäuste, Körper. Symbolik und Kultur der Arbeiterbewegung, Essen: Klartext, S. 69-89

Haupt, H.-G. (Hrsg.) 1978: 'Bourgeois und Volk zugleich'? Zur Geschichte des Kleinbürgertums im 19. und 20. Jahrhundert, Frankfurt/M./New York: Campus

– (Hrsg.) 1985: Die radikale Mitte. Lebensweise und Politik von Handwerkern und Kleinhändlern in Deutschland seit 1848, München

Heckmann, F. 1983: Einwanderung und die Struktur sozialer Ungleichheit in der Bundesrepublik, in: Kreckel, R. (Hrsg.), 1983, S. 36-388

Heinrich, Michael 2003: Die Wissenschaft vom Wert, 3. überarb. und erw. Neuauflage, Münster: Westf. Dampfboot

Heins, Volker 1990: Strategien der Legitimation. Münster: Westf. Dampfboot

Heinze, R.G./Hinrichs, K./Hohn, W.W./Olk, Th. 1981: Armut und Arbeitsmarkt: Zum Zusammenhang von Klassenlagen und Verarmungsrisiken im Sozialstaat. Zeitschrift für Soziologie 10, S. 219-243

Herbert, Ulrich 1985, Zur Entwicklung der Ruhrarbeiterschaft 1930 bis 1960 aus erfahrungsgeschichtlicher Perspektive, in: Niethammer/v. Plato, S. 19-52

– 1985: Zur Entwicklung der Ruhrarbeiterschaft 1930-1960 in erfahrungsgeschichtlicher Perspektive, in: PROKLA, H. 60, S. 77-104

– 1989: Arbeiterschaft im „Dritten Reich". Zwischenbilanz und offene Fragen, in: Geschichte und Gesellschaft 15, S. 320-360

Herkommer, S. 1975: Soziologie und Sozialstruktur. Historisch-materialistische Kritikpunkte zu 'Klasse' und 'Schicht', in: H.J. Krysmanki/P. Marwedel (Hrsg.), Die Krise in der Soziologie, Köln, S. 122-139

– 1984: Klassenstruktur im Spätkapitalismus, in: Mehrwert Nr. 25, S. 98-115

Herkommer, S./Bischoff, J./Lohauß, P./Maldaner, K./Steinfeld, F. 1979: Gesellschaftsbewußtsein und Gewerkschaften, Hamburg

Herz, T.A. 1983: Klassen, Schichten und Mobilität, Stuttgart

Hickethier, Knut 1992: Hermetik der Medien, in: Ästhetik&Kommunikation, 21. Jg., H. 79, S. 58-64

Hirsch, Joachim 1985, Postfordismus? Neuformierung des Kapitalismus, in: Argument 27. Jg., H. 151, S. 325-342

– 1990: Kapitalismus ohne Alternative? Hamburg: VSA

– 1995: Der Wettbewerbsstaat, Amsterdam/Berlin: ID

Hirsch, Joachim/Roth, Roland 1986: Das neue Gesicht des Kapitalismus, Hamburg: VSA

Hirsch, Joachim/Wissel, Jens 2011: Transnationalisierung der Klassenverhältnisse, in: Thien, Hans-Günter (Hrsg.), Klassen im Postfordismus, S. 287-309

Hobsbawm, Eric 1983: Mass-Producing Traditions: Europe, 1870-1914, in: ders./T. Ranger (Hg.), The Invention of Tradition, Cambridge, S. 263-307

– 1995: Das Zeitalter der Extreme. Weltgeschichte des 20. Jahrhunderts, München: Hanser

Hochstein, Beatrix 1984: Die Ideologie des Überlebens. Zur Geschichte der politischen Apathie in Deutschland. Frankfurt/M./New York: Campus

Hoffmann, Jürgen 1992: Neuer Produktivitätstyp – alte Vertretungsstrukturen. Die industriellen Beziehungen in der Bundesrepublik zwischen regionaler Dezentralisierung und Internationalisierung, in: PROKLA, 22. Jg., H. 86, S. 137-154

– u.a. 1990: Jenseits der Beschlußlage. Köln: Bund

– 2009: Politisches Handeln und gesellschaftliche Struktur. Politische Soziologie der europäischen und der deutschen Geschichte, 3. erw. und gründlich überarb. Auflage Münster: Westf. Dampfboot

Hoffmann, Jürgen/Matthies, Hildegard/Mückenberger, Ulrich (Hg.) 1992: Der Betrieb als Ort ökologischer Politik. Münster: Westf. Dampfboot

Hoffmann, R. 1981, Arbeitskampf im Arbeitsalltag. Formen, Perspektiven und gewerkschaftliche Probleme des verdeckten Arbeitskampfes, Frankfurt/M. /New York

Hoffmann-Lange, Ursula 1992: Eliten, Macht und Konflik in der Bundesrepublik. Opladen: Leske und Budrich

Hoggart, R. 1967: The Uses of Literacy. Aspects of working-class life, with special references to publications and entertainments, 6. ed. London

Hohn, Hans-Willy 1991: Von der Einheitsgewerkschaft zum Betriebssyndikalismus. 2. durchges. Aufl. Berlin: Sigma

Homuth, Karl 1987: Identität und soziale Ordnung. Zum Verhältnis städtischer Kultur und gesellschaftlicher Hegemonie, in: PROKLA, 17. Jg., H. 68, S. 90-112

Honneth, A. 1981, Moralbewußtsein und soziale Klassenherrschaft, in: Leviathan, S. 556-570

– 1984: Die zerrissene Welt der symbolischen Formen. Zum kultursoziologischen Werk Pierre Bourdieus, in: KZfSS, 36. Jg., S. 147-264

– 1985: Kritik der Macht, Frankfurt/M.

– 1990: Die zerrissene Welt des Sozialen. Frankfurt/M.: Suhrkamp

– 1992: Kampf um Anerkennung. Zur moralischen Grammatik sozialer Konflikte. Frankfurt/M.: Suhrkamp

Horkheimer, Max/Adorno Theodor W. 1955: Dialektik der Aufklärung. Amsterdam: Querido

Hoss, Willi [2]2006: „Komm ins Offene, Freund." Autobiographie, Münster: Westf. Dampfboot

Hörning, K.H. (Hrsg.) 1976: Soziale Ungleichheit, Darmstadt/Neuwied: Luchterhand

Hradil, Stefan 1990: Sozialstrukturelle Paradoxien und gesellschaftliche Modernisierung, in: W. Zapf (Hg.), Die Modernisierung moderner Gesellschaft (Verhandlungen des 25. dt. Soziologentags), S. 361-369. Frankfurt/M./New York: Campus

– [7]1999: Soziale Ungleichheit in Deutschland, Opladen

Hürtgen, Renate 2009: Angestellt im VEB. Loyalitäten, Machtressourcen und soziale Lagen der Industrieangestellten in der DDR, Münster: Westf. Dampfboot

Huster, Ernst-Ulrich (Hrsg.) 1993: Reichtum in Deutschland, Frankfurt/M./New York: Campus

IMSF 1974: Klassen- und Sozialstruktur der BRD 1950–1974, Frankfurt/M.

Inglehart, Ronald 1989: Kultureller Umbruch. Wertewandel in der westlichen Welt. Frankfurt/M./New York: Campus.

Jelich, Franz-Josef 1988: „Zierleiste am Wagen der Arbeiterbewegung"? Zur gewerkschaftlichen Kulturarbeit nach 1945, in: Beiträge, Informationen, Kommentare, Nr. 7, S. 71-90

Jessen, Johann/Siebel, Walter/Siebel-Rebell, Christa u.a. 1988: Arbeit nach der Arbeit. Schattenwirtschaft, Wertewandel und Industriearbeit. Opladen

Johannson, Kurt/Jelich, Franz-Josef 1989: Thesen zur gewerkschaftlichen Kulturarbeit, in: Arbeitsmaterialien des IMSF: Lebensweise und Organisationskultur – Neue Fragen gewerkschaftlicher Kulturarbeit, Frankfurt/M., S. 9-13

Johnson, R. 1979: Three problematics: elements of a theory of working-class culture, in: J. Clarke/C. Critcher/R. Johnson (Hrsg.), Working-Class Culture, London, S. 201-237

Jong, Jutta de (Hg.) 1991: Kinder, Küche, Kohle – und viel mehr! Bergarbeiterfrauen aus drei Generationen erinnern sich. Essen: Klartext

Kadritzke, U. 1976: Angestellte – die geduldigen Arbeiter, Frankfurt/M.: EVA

– 1982: Angestellte als Lohnarbeiter. Kritischer Nachruf auf die deutsche Kragenlinie, in: G. Schmidt/H. Braczyk/J. v.d. Knesebeck (Hrsg.), Materialien zur Industriesoziologie, Opladen, S. 219-249

Kaelble, H. 1978: Historische Mobilitätsforschung, Darmstadt: WBG

– 1983: Soziale Mobilität und Chancengleichheit im 19. und 20. Jahrhundert, Göttingen

Kaschuba, Wolfgang/Korff, Gottfried/Warneken, Bernd Ulrich (Hrsg.) 1991: Arbeiterkultur seit 1945 – Ende oder Veränderung?. Tübingen

Kaschuba, Wolfgang 1988: Volkskultur zwischen feudaler und bürgerlicher Gesellschaft. Zur Geschichte eines Begriffs und seiner gesellschaftlichen Wirklichkeit. Frankfurt/M./New York: Campus

– 1989: Volkskultur und Arbeiterkultur als symbolische Ordnungen, in: A. Lüdtke (Hrsg.), Alltagsgeschichte, Frankfurt/M./New York, S. 191-223

– 1992: Ritual und Fest. Das Volk auf der Straße, in: R.v. Dülmen (Hg.), Dynamik der Tradition. Frankfurt/M., S. 240-267

Kebir, Sabine 1991: Antonio Gramscis Zivilgesellschaft. Hamburg: VSA

Keil, Roger 1993: Welt-Stadt – Stadt der Welt. Internationalisierung und lokale Politik in Los Angeles. Münster: Westf. Dampfboot

Kellner, D. 1982, Kulturindustrie und Massenkommunikation. Die kritische Theorie und ihre Folgen, in: W. Bonß/A. Honneth (Hrsg.), Sozialforschung als Kritik, Frankfurt/M., S. 482-515

Kempe, Martin 1990: Die Kraft kommt von den Wurzeln. Perspektiven der Gewerkschaftsbewegung in Deutschland. Frankfurt/Wien: Büchergilde Gutenberg

Kern, H./Schumann, M. 1984: Das Ende der Arbeitsteilung? Rationalisierung in der industriellen Produktion, München: Beck

Kimeldorf, H. 1985, Working class culture, occupational recruitment, and Union politics, In: Social Forces, Vol. 64,2, S. 359-376

Kirchberger, St. 1975: Kritik der Mobilitäts- und Schichtungsforschung. Zum Verhältnis von soziologischer Theoriebildung und empirischer Sozialforschung, Frankfurt/M./ New York: Campus

Klauss, Martin 1997: In der Mitte wird es eng: Das Wachstum von Reichtum und Armut in Deutschland, in: R. Schneider-Wilkes (Hrsg.), Demokratie in Gefahr? Zum Zustand der deutschen Republik, Münster: Westf. Dampfboot, S. 347-377

Kleining, G. 1975: Soziale Mobilität in der Bundesrepublik Deutschland. Kölner Zeitschrift für Soziologie und Sozialpsychologie 27, S. 97-121; 273-292

Kleßmann, Christoph 2007: Arbeiter im „Arbeiterstaat" DDR (Geschichte der Arbeiter und der Arbeiterbewegung in Deutschland seit dem Ende des 18. Jahrhunderts, Bd. 14), Bonn: Dietz

Klinger, Cornelia/Knapp, Gudrun-Axeli (Hrsg.) 2008: Überkreuzungen. Fremdheit, Ungleichheit, Differenz, Münster: Westf. Dampfboot

Kmieciak, P. 1976: Wertstruktur und Wertwandel in der Bundesrepublik Deutschland, Göttingen

Knoell, Dieter R. 1992: Kritik der deutschen Wendeköpfe. Frontberichte vom publizistischen Feldzug zur Herbeiführung des Endsiegs über die zersetzende Gesellschaftskritik. Münster: Westf. Dampfboot

Koch, Max [2]1998: Vom Strukturwandel einer Klassengesellschaft, Münster: Westf. Dampfboot

Kocka, Jürgen (Hrsg.), 1981a: Angestellte im europäischen Vergleich, Göttingen: Vandenhoeck & Rupprecht

– 1981b: Die Angestellten in der deutschen Geschichte, Göttingen: Vandenhoeck & Rupprecht

– 1983a: Lohnarbeit und Klassenbildung. Arbeiter und Arbeiterbewegung in Deutschland 1800-1875, Berlin/Bonn: Dietz

– 1983b: Diskussionsbeitrag, in: R. Kreckel, 1983, S. 93-99

– (Hrsg.) 1986: Arbeiter und Bürger im 19. Jahrhundert. Deutschland im europäischen Vergleich (3 Bde). München: dtv

– 1978: Klassengesellschaft im Krieg (Kritische Studien zur Geschichtswissenschaft Bd.8). 2., durchges. u. erg. Aufl. Göttingen: Vandenhoeck & Ruprecht

– 1990: Arbeitsverhältnisse und Arbeiterexistenzen. Grundlagen der Klassenbildung im 19. Jahrhundert (Geschichte der Arbeiter und der Arbeiterbewegung in Deutschland seit dem Ende des 18. Jahrhunderts, Bd. 2). Bonn: Dietz

– 1990a: Weder Stand noch Klasse. Unterschichten um 1800 (Geschichte der Arbeiter und der Arbeiterbewegung in Deutschland seit dem Ende des 18. Jahrhunderts Bd. 1). Bonn: Dietz

Kohlmorgen, Lars 2004: Regulation, Klasse, Geschlecht. Die Konstituierung der Sozialstruktur im Fordismus und Postfordismus, Münster: Westf. Dampfboot

König, Helmut 1988: Von der Masse zur Individualisierung, in: Leviathan, 16 (1988), H.3, S. 252-275

Köẞler, Reinhart 2003: Imperialismus und Globalisierung, in: PROKLA; 33 Jg., H. 133, S. 521-544

– 2003 b: Rezension von Hardt/Negri, in Peripherie, 23. Jg., H. 90/91, S. 350-353

Kößler, Reinhart/Wienold, Hanns 2001: Gesellschaft bei Marx, Münster: Westf. Dampfboot

Kostede, N. 1976: Kritik neuerer Analysen zur Klassenstruktur der BRD. Rezension der Studien des IMSF und der PKA, in: Gesellschaft. Beiträge zur Marxschen Theorie 7, Frankfurt/M., S. 119-132

Krais, B. 1983: Bildung als Kapital – Neue Perspektiven für die Analyse der Sozialstruktur, in: R. Kreckel (Hrsg.), S. 199-220

Kramer, Dieter 1987: Theorien zur historischen Arbeiterkultur. Marburg

Krätke, Michael 1985: Klassen im Sozialstaat, in: PROKLA, 15. Jg., H. 58, S. 89-108

– 1989: Does Social Security Create a New Class?, in: W. Väth (Hg.), Political Regulation in the „Great Crisis", Berlin, S. 285-315

Kreckel, Reinhard (Hrsg.) 1983: Soziale Ungleichheiten (Soziale Welt Sonderband 2), Göttingen: Schwartz

– 1983: Blue collar – white collar: grey collar? Zum sozialen Habitus von Arbeitern und Angestellten in der Industrie, in: Soziale Welt, 34. Jg., S. 201-227

– 1989: Klasse und Geschlecht, in: Leviathan, 17., S. 305-321

– 1990: Klassenbegriff und Ungleichheitsforschung, in: Berger, P.A./Hradil, St. (Hg.) 1990, Göttingen, S. 51-79

– 1992: Politische Soziologie der sozialen Ungleichheit. Frankfurt/M./New York: Campus

Kronauer, Martin 1995: Die Entbehrlichen der Arbeitsgesellschaft. Zur sozialwissenschaftlichen Diskussion um eine neue „underclass", in: Frankfurter Rundschau vom 28.11.95

Krysmanski, Hans-Jürgen [2]2009: Hirten und Wölfe, Münster: Westf. Dampfboot

Kuchenbuch, L./Michael, B. 1978: Zur Periodisierung des europäischen Feudalismus. Das Argument. Sonderband 32: Gesellschaftsformationen in der Geschichte, Berlin, S. 130-149

Kudera, W. u.a. 1983: Blue collar – white collar: grey collar? Zum sozialen Habitus von Arbeitern und Angestellten. In: Soziale Welt, 34, S. 201-227

Kudera, W./Mangold, W./Ruff, K./Schmidt, R./Wentzke, T. 1979: Gesellschaftliches und politisches Bewußtsein von Arbeitern. Frankfurt/M.

Kudera, W./Ruff, K./Schmidt, R. 1982: Arrangement auf Widerruf. Konfliktpotential und Verzichtbereitschaft bei Industriearbeitern, in: G. Schmidt et al. (Hrsg.), Materialien zur Industriesoziologie, Opladen, S. 250-263

Kuhlmann, Andreas 1992: „Selbstverwirklichung" in der Risikogesellschaft, in: Frankfurter Rundschau vom 11.4.1992, S. ZB 3

Kuntz, A. 1984: Aporetisches zur Arbeiterkulturforschung oder: Anstiftung zur Selbstethnographie, in: A. Lehmann, S. 225-243

Kurz-Scherf, Ingrid 1989: Teilzeitarbeit: Individuelle Notlösung und/oder Vorbotin einer neuen Zeitordnung?, in: Müller/Schmidt-Waldherr, S. 42-57

– 1992: Geschlechterkampf am Arbeitsmarkt?, in: WSI-Mitteilungen, 45, H. 4/92, S. 203-216

Labini, Paolo Sylos 1988: Die neuen Klassenverhältnisse. Ein internationaler Vergleich des gesellschaftlichen und ökonomischen Wandels,. Frankfurt/M./New York: Campus.

Langewiesche, D. 1982: Politik, Gesellschaft, Kultur. Zur Problematik von Arbeiterkultur und kulturellen Arbeiterorganisationen in Deutschland nach dem 1. Weltkriegs in AfS, XXII. Bd., S. 359-402

Langewiesche, D./Schönhoven, K. 1976: Arbeiterbibliotheken und Arbeiterlektüre im Wilhelminischen Deutschland, in: AfS, XVI Bd., S. 135-204

Le Wita, Beatrix 1994: French Bourgeois Culture, Cambridge

Lehmann, A. (Hrsg.) 1984: Studien zur Arbeiterkultur, Münster

Leibfried, Stephan u.a. 1995: Zeit der Armut. Lebensläufe im Sozialstaat, Frankfurt/M.: Suhrkamp

Lenski, G. 1977: Macht und Privileg. Eine Theorie der sozialen Schichtung, Frankfurt

Leppert-Fögen, A. 1974: Die deklassierte Klasse. Studien zur Geschichte und Ideologie des Kleinbürgertums, Frankfurt/M.: Fischer

Lidtke, Vernon L. 1985: The Alternative Culture. Socialist Labor in Imperial Germany. Oxford u.a.

Lieber, Christoph 2010: Jenaer Systemfragmente über den Gegenwartskapitalismus, in: Sozialismus, 37. Jg., H. 2, S. 49-54

Linden, Marcel van der 2008: Workers of the World. Essays toward a Global Labour History, Leiden/Boston (Brill)

– 2010: Plädoyer für eine historische Neubestimmung der Welt-Arbeiterklasse, in: H.G. Thien (Hrsg.), Klassen im Postfordismus, Münster: Westf. Dampfboot, S. 357-378

Linden, Marcel van der/Roth, Karl-Heinz (Hrsg.) 2009: Über Marx hinaus, Berlin/Hamburg: Assoziation A

Lindner, R./Breuer, H. Th. 1978: 'Sind doch nicht alles Beckenbauers'. Zur Sozialgeschichte des Fußballs im Ruhrgebiet, Frankfurt/M.: Syndikat

Lipietz, Alain 1991: Die Beziehungen zwischen Kapital und Arbeit am Vorabend des 21. Jahrhunderts, in: Leviathan, 19, S. 78-101

– 1991a: Demokratie nach dem Fordismus, in: Das Argument, 33, H. 189, S. 677-694

Lipp, Carola 1990: Die Innenseite der Arbeiterkultur. Sexualität im Arbeitermilieu des 19. und frühen 20.Jahrhunderts, in: R.van Dülmen (Hg.), Arbeit, Frömmigkeit und Eigensinn, Frankfurt/M.: Fischer, S. 214-259

Lockwood, D. 1985: Das schwächste Glied in der Kette? Einige Anmerkungen zur marxistischen Handlungstheorie, in: PROKLA, 15. Jg., H. 58, S. 5-33; auch in Thien 2010

Lodovico, L. 1986: Rückkehr zu Augenlust, Traditionalismus und zeitgemäßen Artigkeiten, in: links, Nr. 193, S. 25-28

Lohr, Karin/Nickel, Hildegard Maria 2005: Subjektivierung von Arbeit – Riskante Chancen, Münster (Forum Frauenforschung Bd. 18): Westf. Dampfboot

Lucas, Erhard 1976: Zwei Formen von Radikalismus in der deutschen Arbeiterbewegung. Frankfurt/M.: Roter Stern

– 1983: Vom Scheitern der deutschen Arbeiterbewegung. Basel/Frankfurt/M.: Stroemfeld/Roter Stern

Lüdtke, Alf 1978: Alltagswirklichkeit, Lebensweise und Bedürfnisartikulation, in: Gesellschaft. Beiträge zur Marxschen Theorie 11, Frankfurt/M., S. 311-350

– 1980: Arbeitsbeginn, Arbeitspausen, Arbeitsende. Skizzen zu Bedürfnisbefriedigung und Industriearbeit im 19. und frühen 20. Jahrhundert, in: G. Huck (Hrsg.), Sozialgeschichte der Freizeit, Wuppertal: Hammer, S. 95-122

– 1982: „Gemeinwohl", Polizei und „Festungspraxis". Staatliche Gewaltsamkeit und innere Verwaltung in Preußen, 1815–1850, Berlin

– 1983: „Kolonisierung der Lebenswelten" – oder: Geschichte als Einbahnstraße?, in: Argument, 25. Jg., H. 140, S. 536-541

– 1989: Wo blieb die „rote Glut"? Arbeitererfahrungen und deutscher Faschismus, in: ders. (Hrsg.), Alltagsgeschichte, Frankfurt/M./New York: Campus, S. 224-282

– (Hrsg.) 1991a: „Mein Arbeitstag – mein Wochenende". Arbeiterinnen berichten von ihrem Alltag 1928 (Neuausgabe). Hamburg: Ergebnisse

– 1991b: „Ehre der Arbeit": Industriearbeiter und Macht der Symbole. Zur Reichweite symbolischer Orientierungen im Nationalsozialismus, in: K. Tenfelde (Hg.), Arbeiter im 20. Jahrhundert, Stuttgart: Klett-Cotta, S. 343-392

– (Hrsg.) 1992: „Sicherheit" und „Wohlfahrt". Polizei, Gesellschaft und Herrschaft im 19. und 20. Jahrhundert. Frankfurt/M.: Suhrkamp

Lüdtke, H. 1978 a: Sozialstruktur, in: W. Fuchs et al. (Hrsg.), Lexikon der Soziologie, 2. verb. u. erw. Aufl. Opladen, S. 716

– 1978 b: Struktur, S. 753 in: W. Fuchs et al. (Hrsg.), Lexikon der Soziologie, 2. verb. u. erw. Aufl. Opladen

Luhmann, N. (Hrsg.) 1985: Soziale Differenzierung, Opladen.

Lukács, Georg 1967: Geschichte und Klassenbewusstsein, Amsterdam: Thomas de Munter

Lutz, Burkart 1989: Der kurze Traum immerwährender Prosperität. Frankfurt/M./New York: Campus

– 1993: Konfliktpotential und sozialer Konsens: Die Geschichte des industriellen Systems der BRD im Spiegel des Schicksals einer Generation, in: O. Rammstedt/G. Schmidt (Hg.), BRD ade!, Frankfurt/M.: Suhrkamp, S. 101-122

Maase, Kaspar 1984: Lebensweise der Lohnarbeiter in der Freizeit, Frankfurt/M.

– 1988: Zukunftswerkstätten der Arbeiterbewegung in der Umbruchperiode. Zu einigen neuen Problemen und Aufgaben gewerkschaftlicher Kulturarbeit, in: Arbeitsmaterialien des IMSF 29, Frankfurt/M., S. 61-96

Machtan, L. 1981: Zum Innenleben deutscher Fabriken im 19. Jahrhundert, in: AfS, XXI. Bd., S. 179-236

– 1983, Streiks im frühen deutschen Kaiserreich, Frankfurt/M./New York: Campus

Machtan, L./Ott, R. 1984: „Batzebier". Überlegungen zur sozialen Protestbewegung in den Jahren der süddeutschen Bierkrawalle vom Frühjahr 1873, in: H. Volkmann/J. Bergmann, S. 128ff

Macpherson, C.B. 1973: Die politische Theorie des Besitzindividualismus, Frankfurt/M.: Suhrkamp

Mahnkopf, Birgit 1982: Das kulturtheoretische Defizit industriesoziologischer Forschung, in: PROKLA, 12. Jg., H. 46, S. 41-60

– 1985: Verbürgerlichung. Die Legende vom Ende des Proletariats. Frankfurt/M./New York: Campus

– 1987: Geschichte und Biographie in der Arbeiterbildung, in: A.Brock u.a. (Hrsg.), Marburg , S. 144-180

– 1988: Soziale Grenzen 'fordistischer Regulation', in: dies. (Hrsg.), Der gewendete Kapitalismus. Kritische Beiträge zur Theorie der Regulation, Münster: Westf. Dampfboot, S. 99-143

– 1992: Vom 'Ende der Erfolgsstory' der deutschen Gewerkschaften, in: Frankfurter Rundschau vom 9.10.1992, S. 19

Maier, Charles S. 1992: Die Gegenwart der Vergangenheit. Frankfurt/M./New York: Campus

Mangold, W. 1981: Angestelltensoziologie in Deutschland, England und Frankreich, in: J. Kocka (Hrsg.), 1981a, S. 11-38

Mann, M. 1970: The Social Cohersion of Liberal Democracy, in: ASR, Vol. 35, No. 3, S. 429-439

Marshall, Thomas H. 1992: Bürgerrechte und soziale Klassen (Theorie und Gesellschaft Bd. 22). Frankfurt/M./New York: Campus

Marx, Karl 1953a: Brief an J. Weydemeyer vom 5.3.1852, in: Marx/Engels, Ausgewählte Briefe, Berlin, S. 82-87

– 1953b: Brief an Bolte vom 23.11.1871, in: Marx, K./F. Engels, Ausgewählte Briefe, Berlin, S. 316-319

– 1969a: Das Kapital Bd. I, in: MEW 23, Berlin

– 1969b: Das Kapital Bd. II, in: MEW 24, Berlin

– 1969c: Das Kapital Bd. III, in MEW 25, Berlin

– 1969d: Resultate des unmittelbaren Produktionsprozesses, Frankfurt

– 1973: Der achtzehnte Brumaire des Louis Bonaparte, in: MEW Bd. 8, Berlin, S. 111-207

– 1974: Grundrisse der Kritik der politischen Ökonomie, Berlin: Dietz

– 1976: Der Bürgerkrieg in Frankreich, in: MEW Bd. 17, Berlin, S. 313-362

Marx, K./Engels, F. 1972: Manifest der Kommunistischen Partei, in: MEW Bd. 4, Berlin, S. 459-493

Mason, T.W. 1981: Arbeiteropposition im nationalsozialistischen Deutschland, in: D. Peukert/J. Reulecke (Hrsg.), Die Reihen fast geschlossen, Wuppertal, S. 293-313

– 1982: Die Bändigung der Arbeiterklasse im nationalsozialistischen Deutschland. Eine Einleitung, in: C. Sachse et al., Angst, Belohnung, Zucht und Ordnung, Opladen, S. 11-53

Massing, P./Reichel, P. (Hrsg.), 1977: Interesse und Gesellschaft, München

Mauke, M. 1970: Die Klassentheorie von Marx und Engels, Frankfurt/M.: EVA

Maus, Heinz 1981: Die Traumhölle des Justemilieu. Erinnerungen an Aufgaben der Kritischen Theorie, Frankfurt/M.: EVA

Mayer, Karl Ulrich /Blossfeld, Hans-Peter 1990: Die gesellschaftliche Konstruktion sozialer Ungleichheit im Lebensverlauf, in: P.A. Berger/St. Hradil (Hg.), 1990, S. 297-318.

Mayer, Karl Ulrich 1990: Soziale Ungleichheit und die Differenzierung von Lebensläufen, in: W. Zapf (Hg.), Die Modernisierung moderner Gesellschaften (25. dt. Soziologentag), Frankfurt/M./New York, S. 667-687

Medick, H. 1984: „Missionare im Ruderboot“? Ethnologische Erkenntnisse als Herausforderung an die Sozialgeschichte, in: GG 10, S. 293-319

Moore, B. 1982, Ungerechtigkeit. Die sozialen Ursachen von Unterordnung und Widerstand, Frankfurt/M.: Suhrkamp

Mooser, Josef 1983: Auflösung des proletarischen Milieus, in: Soz. Welt, 34. Jg., S. 270-306

– 1984: Arbeiterleben in Deutschland 1900–1970, Frankfurt/M.: Suhrkamp

Muchembled, Robert 1990: Die Erfindung des modernen Menschen. Reinbek: Rowohlt

Müller, Hans-Peter 1992: Sozialstruktur und Lebensstile. Der neuere theoretische Diskurs über soziale Ungleichheit, Frankfurt/M.: Campus

Müller, R.W. 1975: Momente des bürgerlichen Staates in der griechischen Polis, PROKLA 5, H. 17/18, S. 1-25

Müller, Ursula/Schmidt-Waldherr, Hiltraud (Hg.) 1989: FrauenSozialkunde. Bielefeld: AJZ

Neckel, Sighard 1991: Status und Scham. Zur symbolischen Reproduktion sozialer Ungleichheit (Theorie und Gesellschaft Bd. 21). Frankfurt/M./New York: Campus

– 2008: Die gefühlte Unterschicht. Vom Wandel der sozialen Selbsteinschätzung, in: Lindner, Rolf/Musner, Lutz, Unterschicht. Kulturwissenschaftliche Erkundungen der „Armen“ in Geschichte und Gegenwart, Freiburg/Berlin/Wien: Rombach

Neef, R./Schardt, T. 1983: Leben im Arbeiterviertel, in: N. Baethge/W. Eßbach (Hrsg.), Soziologie: Entdeckungen im Alltäglichen, Frankfurt/M./New York, S. 241-263

Negri, Antonio/Scelsi, Raf Valvola 2009: Goodbye Mr. Socialism, Berlin: Edition Tiamat

Negt, Oskar 1984: Lebendige Arbeit, enteignete Zeit. Politische und kulturelle Dimensionen des Kampfes um die Arbeitszeit. Frankfurt/M./New York: Campus

– u.a. 1989: Emanzpationsinteressen und Organisationsphantasie. Eine ungenutzte Wirklichkeit der Gewerkschaften?. Köln: Bund Verlag

Negt, O./Kluge, A. 1972: Öffentlichkeit und Erfahrung, Frankfurt/M.: Suhrkamp

Negt, Oskar/Morgenroth, Christine/Geiling, Heiko/Niemeyer, Edzard 1989: Emanzipationsinteressen und Organisationsphantasie. Eine ungenutzte Wirklichkeit der Gewerkschaften?. Köln: Bund Verlag

Neuendorff, H. 1973: Der Begriff des Interesses. Eine Studie zu den Gesellschaftstheorien von Hobbes, Smith und Marx, Frankfurt/M.: Suhrkamp

Niethammer, Lutz (Hrsg.) 1983a: „Die Jahre weiß man nicht, wo man die heute hinsetzen soll". Faschismuserfahrungen im Ruhrgebiet, Berlin/Bonn: Dietz

– 1983 b: „Hinterher merkt man, daß es richtig war, daß es schief gegangen Ist". Nachkriegserfahrungen im Ruhrgebiet, Berlin/Bonn: Dietz

– 1989: Posthistoire. Reinbek: Rowohlt

Niethammer, L./Brüggemann, F. 1976: Wie wohnten Arbeiter im Kaiserreich, in: AfS, XVI. Bd., S. 61-134

Niethammer, L./Plato, A. v. (Hrsg.) 1985: „Wir kriegen jetzt andere Zeiten". Auf der Suche nach der Erfahrung des Volkes in nachfaschistischen Ländern, Berlin/Bonn

Opitz, Sven 2004: Gouvernementalität im Postfordismus, Hamburg: Argument

Opratko, Benjamin 2014: Hegemonie. Politische Theorie nach Antonio Gramsci, Münster, 2. überarb. Auflage: Westf. Dampfboot

Osterland, N./Deppe, W./Gerlach, F./Mergner, U./Pelte, K./Schlösser, M. 1973: Materialien zur Lebens- und Arbeitssituation der Industriearbeiter in der BRD, Frankfurt/M.: Campus

Papcke, Sven 2001: Gesellschaft der Eliten, Münster: Westf. Dampfboot

Pappi, F.U./Pappi, I. 1978: Sozialer Status und Konsumstil, in: KZfSS, 30. Jg, S. 87ff

Paris, R. 1984: Klassenbewußtsein und Intersubjektivität, Frankfurt/M./New York: Campus

Paris, Rainer 1990: Die neuen Gesichter der Jugend, in: PROKLA, 20. Jg., H. 80, S. 7-27

Pelizzari, Alessandro 2004: Prekarisierte Lebenswelten. Arbeitsmarktliche Polarisierung und veränderte Sozialstaatlichkeit, in: J. Beerhorst/A. Demirović/M. Guggemos (Hrsg.), Kritische Theorie im gesellschaftlichen Strukturwandel, Frankfurt/M.: Suhrkamp, S. 266-288

Petzina, D. (Hrsg.) 1986: Fahnen, Fäuste, Körper. Symbolik und Kultur der Arbeiterbewegung, Essen: Klartext

Peukert, D. 1983: Glanz und Elend der „Bartwichserei". Eine Replik auf Art Lüdtke, in: Argument, 25. Jg., H. 140, S. 542-549

Pijl, Kees van der 1984: The Making of an Atlantic Ruling Class. London: Verso.

– 1998: Internationale Klassenverhältnisse, in: V. Bader u.a. (Hg.), Die Wiederentdeckung der Klassen, S. 212-231

Pirker, Th. 1985: Arbeiterbewegung und Arbeiterkultur, in: GM, 36. Jg., H. 11, S. 676-692

Piven, Frances Fox/Cloward, Richard A. 1986: Aufstand der Armen, Frankfurt/M.: Suhrkamp

Plehwe, Dieter/Walpen, Bernhard 1999: Wissenschaftliche und wissenschaftspolitische Produktionsweisen im Neoliberalismus, in: PROKLA, 29. Jg., Nr. 115, S. 203-235

Poppinga, O. 1975: Bauern und Politik, Frankfurt/M.: EVA

Poulantzas, Nicos 1975: Klassen im Spätkapitalismus – heute, Westberlin: VSA

– 1978: Staatstheorie, Hamburg: VSA

Pozzoli, Claudio (Hrsg.) 1972: Spätkapitalismus und Klassenkampf, Frankfurt/M.: EVA

Prodoehl, H.G. 1983: Theorie des Alltags, Berlin: Duncker & Humblot

PROJEKT Klassenanalyse 1973: Materialien zur Klassenstruktur der BRD. Erster Teil. Theoretische Grundlagen und Kritiken. Studien zur Klassenanalyse 3, Westberlin: VSA

– 1974: Materialien zur Klassenstruktur der BRD. Zweiter Teil. Grundriß der Klassenverhältnisse (1950 – 1970). Studien zur Klassenanalyse 4, Westberlin: VSA

Prokop, D. 1981: Medien-Wirkungen, Frankfurt

Przeworski, Adam 1987: Capitalism and social democracy. Cambridge

Reck, S. 1977: Arbeiter nach der Arbeit. Sozialhistorische Studie zu den Wandlungen des Arbeiteralltags, Lahn-Gießen: Focus

Reichelt, H. 1973: Zur logischen Struktur des Kapitalbegriffs bei Karl Marx, 4. durchges. Aufl., Frankfurt/M.: EVA

Reichwein, Roland 1985: Das deutsche Schulsystem im Reproduktionsprozeß der Gesellschaft, in: F. Buer et al. Zur Gesellschaftsstruktur der BRD, 2. überarb. Aufl., Münster: Westf. Dampfboot

– 1986: Arbeiterbewußtsein in der Krise, in: H.G. Thien/H. Wienold (Hrsg.), Herrschaft, Krise, Überleben, Münster: Westf. Dampfboot, S. 199-235

Reif, H. (Hrsg.) 1984: Räuber, Volk und Obrigkeit. Studien zur Geschichte der Kriminalität in Deutschland seit dem 18.Jahrhundert, Frankfurt/M.: Suhrkamp

Resch, Christine 2005: Berater-Kapitalismus oder Wissensgesellschaft? Zur Kritik der neoliberalen Produktionsweise, Münster: Westf. Dampfboot

Resch, Christine/Steinert, Heinz 2009: Kapitalismus: Porträt einer Produktionsweise (= Einstiege Bd. 19), Münster: Westf. Dampfboot

Riege, M. 1976: Die Mittelklassen in der entwickelten Industriegesellschaft, Diss. rer. pol. Berlin

Rilling, R. 1982: Das vergessene Bürgertum, Das Argument 24, S. 34-47

Ritsert, Jürgen 1976: Methodologischer Individualismus oder Totalitätsbezug?, in: ders. (Hrsg.), Zur Wissenschaftslogik einer kritischen Soziologie, Frankfurt/M.: Suhrkamp, S. 84-112

– 1987: Braucht die Soziologie noch den Begriff der Klasse? – Über Max Webers Klassentheorie und neuere Versuche, sie loszuwerden, Leviathan, S. 4-38.

– 1989: Produktionsparadigma, Kulturkampfthese und neue soziale Bewegungen, in: Leviathan, 17 (1989), H. 3, S. 337-356

– 1998: Soziale Klassen (Einstiege Bd. 8), Münster: Westf. Dampfboot

Ritter, Gerhard A. 1979: Arbeiterkultur im Deutschen Kaiserreich, in: ders. (Hrsg.), Arbeiterkultur, Königstein/Ts.: Athenäum Verlagsgruppe, S. 15-39

Ritter, Gerhard A./Tenfelde, Klaus 1992: Arbeiter im Deutschen Kaiserreich 1871 bis 1914 (Geschichte der Arbeiter und der Arbeiterbewegung in Deutschland seit dem Ende des 18. Jahrhunderts Bd. 5). Bonn: Dietz

Rohe, Karl 1992: Wahlen und Wählertraditionen in Deutschland. Frankfurt/M.: Suhrkamp

Rohrwasser, Michael 1975: Saubere Mädel, starke Genossen. Proletarische Massenliteratur? Frankfurt/M.: Roter Stern

Rosdolsky, R. 1968: Zur Entstehungsgeschichte des Marxschen 'Kapital', Frankfurt/M.: EVA

Rosenbaum, Heidi 1992: Proletarische Familien. Frankfurt/M.: Suhrkamp

Roth, Karl Heinz (Hrsg.) 1994: Die Wiederkehr der Proletarität, Köln: ISP

Roth, Roland 1990: Regulationstheorie und neue soziale Bewegungen, in: V. Bornschier (Hg.): Diskontinuität des sozialen Wandels. Frankfurt/M./New York: Campus, S. 197-216

Rude, G. 1980: Ideology and Popular Protest, New York

Rüden, P. v. (Hrsg.) 1979: Beiträge zur Kulturgeschichte der deutschen Arbeiterbewegung 1848–1918, Frankfurt/M. u.a.

Ruppert, W. (Hrsg.) 1986: Die Arbeiter. Lebensformen, Alltag und Kultur von der Frühindustrialisierung bis zum „Wirtschaftswunder", München

Sablowski, Thomas 2003: Entwicklungstendenzen und Krisen des Kapitalismus, in: Demirović, Alex: Modelle kritischer Gesellschaftstheorie, Stuttgart: Metzler

Saldern, A. v. 1984: Arbeiterradikalismus – Arbeiterreformismus. Zum politischen Profil der sozialdemokratischen Parteibasis im Deutschen Kaiserreich, in: IWK, 20. Jg., H. 4, S. 483-498

Saul, K./Flemming, J./Stegmann, D./Witt, P.-Ch. (Hrsg.) 1982: Arbeiterfamilien im Kaiserreich, Königstein/Ts.: Scriptor

Savage, Mike 2000: Class Analysis and Social Transformation, Buckingham/Philadelphia

Schäfer, Gert/Nedelmann, Carl 1969: Der CDU-Staat (2 Bde), Frankfurt/M.

Schäfers, B. 1981: Sozialstruktur und Wandel der Bundesrepublik Deutschland. 3. erw. u. bearb. Aufl. München: dtv

Schelsky, Helmut 1956: Einführung zu Riesman, Die einsame Masse. Hamburg: Rowohlt

– 1965: Die Bedeutung des Klassenbegriffs für die Analyse unserer Gesellschaft, S. 352-388 in: ders., Auf der Suche nach der Wirklichkeit, Düsseldorf/Köln

Schildt, Gerhard 1996: Die Arbeiterschaft im 19. und 20. Jahrhundert, München

Schindler, N. 1984: Spuren in der Geschichte der 'anderen' Zivilisation, in: R. v. Dülmen/N. Schindler (Hrsg.), Volkskultur, Frankfurt/M., S. 13-77

– 1985: Jenseits des Zwangs? Zur Ökonomie des Kulturellen inner- und außerhalb der bürgerlichen Gesellschaft, in: Zeitschrift für Volkskunde, 81. Jg., S. 192-219

Schlösser, Manfred 1981: Freizeit und Familienleben von Industriearbeitern Frankfurt/M./New York: Campus

Schmalz, Stefan/Schulten, Johannes/Wenten, Frido (2010): Arbeiterbewegungen in der globalisierten Welt: Eine kritische Würdigung des Ansatzes von Beverly Silver, in: Thien, Günter (Hg.): Klassenverhältnisse nach dem Fordismus, Münster: Westf. Dampfboot, S. 331-351

Schmidt, Dorothea 1993: Massenhafte Produktion – Produktion, Produkte und Beschäftigte im Stammwerk von Siemens vor 1914. Münster: Westf. Dampfboot

Schmollinger, Horst W./Stöss, Richard 1989: Arbeitnehmer, Gewerkschaften und SPD in der Krise der achtziger Jahre, in: D. Herzog/B. Weßels (Hrsg.), Konfliktpotentiale und Konsensstrategien. Opladen

Schöttler, P. 1984: Die Geschichtswerkstatt e.V., in: GG, 10. Jg., H. 3, S. 421ff

Schroer, Markus 2001: Klassengesellschaft, in: G. Kneer/A. Nassehi/M. Schroer (Hrsg.), Klassische Gesellschaftsbegriffe in der Soziologie, München, S. 139-178

Schultheis, Franz/Schulz, Kristina (Hrsg.) 2005: Gesellschaft mit begrenzter Haftung. Zumutungen und Leiden im deutschen Alltag, Konstanz: UVK

Schulze, Gerhard 1990: Die Transformation sozialer Milieus in der Bundesrepublik Deutschland, in: P.A. Berger/St. Hradil (Hg.), 1990. Göttingen, S. 409-432

–1992: Die Erlebnisgesellschaft. Kultursoziologie der Gegenwart. Frankfurt/M./New York: Campus

Scott, John 1991: Who rules Britain? Cambridge: Polity Press

Selle, Gert/Boehe, Jutta 1986: Leben mit den schönen Dingen. Anpassung und Eigensinn im Alltag des Wohnens. Reinbek

Sennett, Richard 1986: Verfall und Ende des öffentlichen Lebens. Die Tyrannei der Intimität. Frankfurt/M.: Fischer

Silver, Beverly J. 2005: Forces of Labor. Arbeiterbewegungen und Globalisierung seit 1870, Hamburg: Assoziation A

Sklair, Leslie 2001: The Transnational Capitalist Class, Oxford: Blackwell

Soder, M. 1980: Hausarbeit und Stammtischsozialismus. Arbeiterfamilien und Alltag im Deutschen Kaiserreich, Gießen: Focus

Sohn-Rethel, A. 1973: Ökonomie und Klassenstruktur des deutschen Faschismus. Frankfurt/M.: Suhrkamp

Spohn, W. 1981: Geschichte und Marxismus – zur Kontroverse zwischen E.P. Thompson und P. Anderson. PROKLA 11, H. 43, S. 61-84

Stadlinger, Jörg (Hrsg.) 2001: Reichtum heute, Münster: Westf. Dampfboot

Steinert, Heinz 2000: Die Diagnostik der Überflüssigen, in: Mittelweg, 9. Jg., H. 5, S. 9-17

– o.J.: Umrisse eines Forschungsprogramms „Kritische Kulturforschung", in: Bundesministerium f. Wissenschaft, Verkehr und Kunst (Hrsg.), Von der Notwendigkeit des Überflüssigen, Wien, S. 57-70

– 2011: Das Prekariat: Begriffspolitik und Klassenpolitik, in Thien, Hans-Günter (Hrsg.), Klassen im Postfordismus, S. 174-201

Steinkühler, Franz/Bleicher, Siegfried (Hrsg.) 1988: Zwischen Aufstieg und Rationalisierung: Die Angestellten. Hamburg: VSA

Steinrücke, Margareta 1986: Generationen im Betrieb. Frankfurt/M.: Campus

Stolle, U. 1980: Arbeiterpolitik im Betrieb. Frauen und Männer, Reformisten und Radikale, Fach- und Massenarbeiter bei Bayer, BASF, Bosch und in Solingen (1900–1933), Frankfurt/M./New York: Campus

Stuke, H. 1976: Bedeutung und Problematik des Klassenbegriffs. in: U. Engelhardt/V. Sellin/H. Stuke (Hrsg.), Soziale Bewegung und politische Verfassung, Stuttgart: Klett-Cotta, S. 46-82

Szymanski, A. 1983: Class Structure, New York

Tenfelde, Klaus 1982: Anmerkungen zur Arbeiterkultur, in: W. Ruppert (Hrsg.), Erinnerungsarbeit, Opladen, S. 107-134

– 1988: Überholt von der demokratischen Massenkultur. Vom Ende und Erbe der Arbeiterkultur, in: FAZ vom 7.3.1988

Theling, Gabriele 1986: Vielleicht wär' ich als Verkäuferin glücklicher geworden. Arbeitertöchter und Hochschule. Münster: Westf. Dampfboot

Therborn, Göran 1987: Auf der Suche nach dem Handeln. Geschichte und Verteidigung der Klassenanalyse, in: PROKLA, H. 1, S. 128-160

Thien, H.-G. 1976: Klassenlage und Bewußtseinsform der Lehrer im Staatsdienst. Gießen: Focus

– 1984: Schule, Staat und Lehrerschaft. Zur historischen Genese bürgerlicher Erziehung in Deutschland und England. Frankfurt/M./New York: Campus

– 1991: Vom Sinn der Geschichte, in: DGB-Bildungswerk NRW (Hrsg.), Vom Sinn der Geschichte, Münster: Westf. Dampfboot, S. 14-42

– (Hrsg.) [2]2011: Klassen im Postfordismus, Münster: Westf. Dampfboot

Thien, H.-G./Reichwein, R. 1985: Jugend in der Gesellschaftsstruktur der BRD, in: F. Buer et al, Zur Gesellschaftsstruktur der BRD, 2. überarb. Aufl., Münster: Westf. Dampfboot

Thien, Hans-Günter/Wienold, Hanns 1988: Intellektuelle und Macht – Überlegungen zur Kontinuität des politischen Diskurses, unveröff. Man. Münster

Thompson, Edward P. 1980: Plebeische Kultur und moralische Ökonomie, Frankfurt/M./Berlin/Wien: Ullstein

– 1968: The Making of the English Working Class. Harmondsworth: Penguin

Tjaden, K.H. 1977: Naturrevolution, Gesellschaftsformation, Weltgeschichte. Das Argument 19, S. 8-55

Treiber, Hubert/Steinert, Heinz 2005: Die Fabrikation des zuverlässigen Menschen, Münster: Westf. Dampfboot

Türkmen, Ceren 2010: Rethinking Class-Making. Zur historischen Dynamik von Klassenzusammensetzung, Gastarbeitsmigration und Politik, in: Thien ([2]2011), S. 202-234

van der Will, W./Burns, R. 1982, Arbeiterkulturbewegung in der Weimarer Republik, Frankfurt/M. u.a.: Ullstein

Vesper, Dieter 1995: Steuern, Staatsausgaben und Umverteilung, in: PROKLA, 25. Jg., Nr. 2, S. 165-192

Vester, Michael 1976: Was dem Bürger sein Goethe, ist dem Arbeiter seine Solidarität. Zur Diskussion der 'Arbeiterkultur', in: Ästhetik und Kommunikation, Jg. 7, H. 24, S. 62-72

– 1978: Edward Thompson als Theoretiker der 'New Left' und als historischer Forscher – Notizen zu einer Bio-Bibliografie. Ästhetik und Kommunikation 9, S. 33-45

– u.a. 1993: Soziale Milieus im gesellschaftlichen Wandel, Köln (überarbeitete und erweiterte Fassung Frankfurt 2001)

Visse, Bernadette 1993: Der Lebenszusammenhang von Bergarbeitern heute – eine Untersuchung am Beispiel einer ländlichen Region, unveröff. Magisterarbeit, Inst. f. Soziologie/Sozialpädagogik Universität Münster

Volkmann, H./Bergmann, J. (Hrsg.) 1983: Sozialer Protest. Studien zu traditioneller Resistenz und kollektiver Gewalt in Deutschland vom Vormärz bis zur Reichsgründung, Opladen: Westdt. Verlag

Voy, Klaus/Polster, Werner/Thomasberger, Claus (Hg.) 1991: Gesellschaftliche Transformationsprozesse und materielle Lebensweise. Marburg: Metropolis

Wagner, Peter 1995: Soziologie der Moderne, Frankfurt/M./New York: Campus

Wagner, W. 1976: Verelendungstheorie – die hilflose Kapitalismuskritik, Frankfurt/M.: Fischer

Wahl, K./Tüllmann, G./Honig, M.S./Gravenhorst, L. 1980: Familien sind anders! Reinbek: Rowohlt

Wahle-Hohmann, Ingeborg 1987: Gewerkschaft – Schnittpunkt von Lebenszusammenhängen? – Fiktive Bilanz gewerkschaftlicher Kulturarbeit im Jahre 2000, in: WSI-Mitteilungen, 40, Nr. 8, S. 484-492

Wald, R. 1966: Industriearbeiter privat, Stuttgart: Enke

Walker, P. (ed.) 1979: Between Labour and Capital, Brighton

Wegner, Gerhard 1988: Alltägliche Distanz. Zum Verhältnis von Arbeitern und Kirche. Hannover

Wehler, Hans-Ulrich 2001: Deutsches Bürgertum nach 1945: Exitus oder Phönix aus der Asche?, in: Geschichte und Gesellschaft, 27. Jg., H. 4, S. 617-634

Wehling, Peter 1992: Die Moderne als Sozialmythos. Frankfurt/M./New York: Campus

Weischer, Christoph 1989: Perspektiven gewerkschaftlicher Organisation und Politik, in: H.E. Bremes/M. Schumacher (Hg.), Mit der Vergangenheit in die Zukunft, S. 209-232. Münster: Westf. Dampfboot

Wickham, J. 1982: Sozialfaschismus und Spaltung der Arbeiterbewegung: Arbeiter und politische Parteien im Raum Frankfurt, in: Archiv f. d. Geschichte des Widerstandes und der Arbeit, No. 5, 27-56

Wienold, Hanns 1982: Gesellschaftlicher Reichtum und die Armut der Statistik. Einführung in die Sozialstatistik 1, 2. überarb. Aufl., Münster: Westf. Dampfboot

– 1986: Die herrschende Klasse in der Bundesrepublik. Zur Theorie und Empirie der Bourgeoisie, in: Thien, H.G./Wienold, H. (Hrsg.), Herrschaft, Krise, Überleben, Münster: Westf. Dampfboot, S. 335-373

– 2011: Die Gegenwart der Bourgeoisie, in: H.G. Thien (Hrsg.) Klassen im Postfordismus, S. 235-283

Williams, Raymond 1972: Gesellschaftstheorie als Begriffsgeschichte. Studien zur historischen Semantik von 'Kultur', München: Rogner & Bernhard

– 1984: Mobile Privatisierung, in: Das Argument, H. 144, S. 260-263

Willis, Paul 1979: Spaß am Widerstand. Gegenkultur in der Arbeiterschule. Frankfurt/M.: Syndikat

– 1991: Jugend-Stile. Zur Ästhetik der gemeinsamen Kultur. Hamburg/Berlin: Argument

Willke, Gerhard 1988: Strukturwandel des Konsums, in: SOWI 17 (1988), H. 3, S. 139-147

Winkler, H.A., 1985, Der Schein der Normalität. Arbeiter und Arbeiterbewegung in der Weimarer Republik 1924 bis 1930, Berlin/Bonn: Dietz

Wolf, F.O., 1983, Umwege. Politische Theorie in der Krise des Marxismus, Hannover: SOAK

Wolf, Harald 2004: Arbeit, Autonomie, Kritik, in: Beerhorst, Joachim/Demirović, Alex/ Guggemos, Michael (Hrsg.), Kritische Theorie im gesellschaftlichen Strukturwandel, Frankfurt/M.: Suhrkamp, S. 227-242

Wright, E.O., 1985: Wo liegt die Mitte der Mittelklasse? PROKLA 15, H. 58, S. 35 -62

Wright, Eric O. 1985: Classes. London: Verso

Wright, Steve 2005: Den Himmel stürmen. Eine Theoriegeschichte des Operaismus, Hamburg: Assoziation A

Wuhrer, P. 1983: Die Freiheit ist zäh und stirbt endlos. Liverpool – über die Zerstörung einer Region, Berlin: Rotbuch

Wunderer, H. 1980, Arbeitervereine und Arbeiterparteien. Kultur- und Massenorganisationen in der Arbeiterbewegung, Frankfurt/M./New York: Campus

Young, M./Willmott, P., 1972, Family and Kinship in East London, London

Ziehe, Th., 1975, Pubertät und Narzißmus, Frankfurt

Zielinski, Siegfried 1989: Audiovisionen. Kino und Fernsehen als Zwischenspiele in der Geschichte. Reinbek: Rowohlt

Zimmermann, Lothar 1987: Die Sicherung der kulturellen Identität – eine zentrale Aufgabe für die Gewerkschaften, in: Die Mitbestimmung, 9/87, S. 509-511

Zoll, Rainer u.a. 1989: „Nicht so wie unsere Eltern!" Ein neues kulturelles Modell? Opladen: Westdt. Verlag

Zwahr, H. (Hrsg.), 1981, Die Konstituierung der deutschen Arbeiterklasse von den 30er Jahren bis zu den 70er Jahren des 19.Jahrhunderts, Berlin/DDR

Zweigenhaft, Richard L./Domhoff, G. William 1998: Diversity in the Power Elite, New Haven/London

Nachwort 2018: Notizen zur neueren Diskussion[1]

Gern nutze ich diese Nachauflage, um eine in der ersten Auflage leider in unangenehmem Maße vorhandene Menge von Fehlern korrigieren zu können. Eine inhaltliche Überarbeitung der Beiträge wird demgegenüber nicht vorgenommen. Es handelt sich um Wortmeldungen in konkreten historischen Konstellationen, die selbstverständlich auch durch diese geprägt sind. D.h. nicht, dass nicht Manches präzisiert werden könnte und sollte, aber insgesamt scheint mir das seinerzeit Geschriebene noch immer ziemlich zutreffend. Die Leser*innen mögen selbst entscheiden, inwiefern das heute noch (oder wieder) bedenkens- und lesenswert erscheint. Zudem habe ich in den letzten Jahren in mehreren Anläufen versucht, den Argumentationsgang weiterzudenken und zu konkretisieren.[2] Nach einigen Überlegungen habe ich mich entschlossen, das an dieser Stelle nicht noch einmal zusammenzufassen sondern auf diese zu verweisen. Vieles von dem, was in diesem Nachwort angesprochen wird, ist auch, und teilweise genauer, in den Texten des Bandes behandelt; vielleicht erwartete Rückverweise auf diese erspare ich mir, da sie den Lesefluss stören würden. Stattdessen scheint es mir sinnvoller, in aller hier gebotenen Kürze schlaglichtartig auf einige neuere Entwicklungen und die entsprechende Literatur eingehen.

Dabei gehe ich weiterhin von der für kritische Gesellschaftsforscher*innen zentralen Selbstverständlichkeit aus, dass es eine von der Gesellschaftsanalyse separate Klassenbestimmung nicht geben kann. Die zweifellos gegebenen Veränderungen der kapitalistischen Gesellschaft mit ihren Implikationen für die Klassenstruktur

---

1 Für wichtige und hilfreiche Hinweise, Einwände und Ermutigung bedanke ich mich bei Torsten Bewernitz, Alex Demirović, Heide Gerstenberger, Ulf Kadritzke und Martin Kronauer, auch wenn ich ihnen nicht immer gefolgt bin; die Verantwortung für das Resultat liegt wie immer ausschließlich beim Autor.

2 Vgl. Thien, Hans-Günter, Von der Sozialpartnerschaft zu neuen Konflikten, in: TECHNOSEUM (Hrsg.), Durch Nacht zum Licht? Geschichte der Arbeiterbewegung 1863–2013, Mannheim 2013, S. 341-367; ders., Klassentheorien – Die letzten 50 Jahre, in: PROKLA, 44. Jg. (2014), Nr. 175, S. 163-190; ders. Klassen in der aktuellen Diskussion, in: Kurswechsel, H. 4/2015, S. 6-17; ders., Das Problem der und mit den Klassen, in: Bildpunkt, Sommer 2017, S. 4-6.

sind damit thematisiert, die allerdings nicht zuletzt auch durch das Handeln der beteiligten Personen, sozialen Gruppierungen und Klassen bestimmt werden; eine vertrackte Angelegenheit, die häufig behandelt wurde und weiterhin einer gründlichen Diskussion bedarf. Als gemeinsamer Ausgangspunkt kann dienen, dass mit dem Ende des Fordismus – sagen wir etwa um 1970 – ein Einschnitt erfolgte, ein Epochenbruch, um den Niedergang des Kapitalismus zu stoppen. Die immer stärker forcierte Transnationalisierung des Kapitals und ihrer zunehmenden technologischen Umwälzung mittels Digitalisierung brachte „das Kapital" in die Offensive und drängte die Arbeiter*innenbewegung deutlich in die Defensive. Das brachte substanzielle Veränderungen auch im Verhältnis von Lohnarbeit und Kapital mit sich, sowohl national wie international sehen wir uns mit neuen Konstellationen konfrontiert.

Die angesprochenen Veränderungen sind selbstverständlich umstritten, wie sollte es anders sein. Das gilt ebenso selbstverständlich auch für die Modifikationen des Klassenverhältnisses; zwar gab es in den letzten Jahren nicht gerade eine vielfältige Debatte darüber, aber doch einige Beiträge, die zu beachten sind, auf die ich hier verweisen, aber nicht im Einzelnen eingehen möchte.[3] Demgegenüber scheint es mir an dieser Stelle sinnvoll, mich mit zwei der heutzutage so seltenen soziologischen/politikwissenschaftlichen Bestsellern und ihren Implikationen für eine Klassenbestimmung zu beschäftigen. Die beiden sehr unterschiedlichen Lesarten scheinen mir – nicht zuletzt wegen des großen Erfolges der entsprechenden Publikationen und der öffentlichen Resonanz – wichtig, da mir in ihnen die heutige Problematik der Befassung mit dem Klassenthema am deutlichsten zum Ausdruck zu kommen scheint. Das ist zum einen Oliver Nachtweys „Die Abstiegsgesellschaft"[4], zum anderen „Neben uns die Sintflut" von Stephan Lessenich.[5] Beide Texte halte ich, um es gleich zu sagen, für sehr lesens- und bedenkenswert; aber für unsere Thematik gleichzeitig für ausgesprochen problematisch

---

3 Vgl. z.B. Cubela, Slave, Klasse gemacht! Beiträge zur Aktualität der Klassentheorie, Wien 2014: Mandelbaum; Bewernitz, Torsten, Nothing in Common? Differänzen in der Klasse, Münster 2015: edition assemblage; Das Debattenheft der Sozialistischen Linken Nr. 7: Klasse neu denken, Berlin 2017; als wichtige Materialsammlung Miehe, Jörg, Vom Schwinden der Arbeiterklasse. Zur Struktur der Erwerbstätigkeit und der gesellschaftlichen Arbeitsteilung in der BRD von 1957/1970 bis 2005/2008, Berlin 2017: verlag am park.

4 Nachtwey, Oliver, Die Abstiegsgesellschaft. Über das Aufbegehren in der regressiven Moderne, Frankfurt/M. 2016: Suhrkamp.

5 Lessenich, Stephan, Neben uns die Sintflut. Die Externalisierungsgesellschaft und ihr Preis, München 2016: Hanser.

wie symptomatisch. Es geht dabei im Folgenden um ein Angebot zur Diskussion, die mir auch in politischer Hinsicht notwendig erscheint.

1.

Oliver Nachtweys „Abstiegsgesellschaft" bietet auf den ersten Blick alles, was die/der an einer Klärung der heutigen gesellschaftlichen Verfasstheit interessierte Leser*in erwartet: Er hat eine Vorstellung vom Kapitalismus, den er in den Ergebnissen seiner Entwicklung als Inter- oder besser Transnationalisierung bis heute anschaulich darstellt; er weiß um die Veränderungen in Produktion und Arbeitswelt und hat einen Blick für politische Veränderungen durch den Neoliberalismus auch im Gefolge der europäischen Zusammenschlusses. Nicht zuletzt dank der geradezu explodierenden Digitalisierung haben sich insbesondere in den letzten beiden Jahrzehnten wichtige Veränderungen vollzogen, die grob als massive Verschiebungen vom sekundären Sektor der Produktion hin zu dem der Dienstleistungen beschrieben werden können. Statt einer industriellen Produktionsgesellschaft haben wir es in den hochentwickelten kapitalistischen Ländern inzwischen mit einer industriellen Dienstleistungsgesellschaft zu tun, was selbstverständlich erhebliche Auswirkungen auf den gesellschaftlichen Arbeitskörper hat. All dies unter dem Vorzeichen einer Hegemonie neoliberaler Politik, wie sie hierzulande von CDU wie von SPD, teils unter Mitwirkung der GRÜNEN seit 20 Jahren praktiziert wurde und wird. Mit Hartz IV wurde hier geradezu ein Exempel statuiert, das in seiner Bedeutung für die Herausbildung und Bestätigung schon vorhandener prekärer Gruppierungen kaum überschätzt werden kann und durch die Projektion einer Art „underclass", was natürlich eine arge Vereinfachung ist, nicht zuletzt für den Zusammenhalt der nicht prekären Lohnarbeiter*innen sorgen sollte und soll. [6] Ich muss das an dieser Stelle nicht weiter ausführen, kann man es doch bei Nachtwey nachlesen, auch wenn einige Akzentänderungen sinnvoll wären.

Aber kommen wir endlich zur Klassenfrage; und hier wird es unübersichtlich. Denn statt einer wenigstens ansatzweise systematischen Klärung finden wir Impressionistisches: Ein „traditionelles Proletariat" (S.183) gebe es nicht mehr –

6 Vgl. Castel, Robert/Dörre, Klaus (Hrsg.), Prekariat, Abstieg, Ausgrenzung, Frankfurt 2009: Campus; Kronauer, Martin, Exklusion, Frankfurt/M 2002: Campus; Luks, Timo, Prekarität. Eine nützliche Kategorie der historischen Kapitalismusanalyse, in: Archiv für Sozialgeschichte, 56. Bd., Bonn 2016, S. 51-81.

wohl wahr – , stattdessen gebe es, ja was, Schichten, die um die Mitte gruppiert sind, aber irgendwie auch etwas von Klassen haben (S. 169). Es ist eine eigentümliche Melange, die uns dargeboten wird als „Die neue *Klassen*gesellschaft" (S. 169). Diese teile sich in eine Oberklasse, eine Mittelklasse und eine Unterklasse, wohl jenes eben angesprochene „Prekariat". Das ist zwar arg grob, aber man kann das schon so machen. Was sind die Kriterien hierfür, wobei es ja, so der Anspruch, nach wie vor um die Klärung sozialer Konflikte gehen soll, um, wie es an anderer Stelle heißt, „neue *Klassen*strukturierungen" (S. 228). Genau eine solche Bestimmung der Klassenstrukturierung einer bestimmten kapitalistischen Gesellschaft aber bleibt Nachtwey schuldig; immer wieder spricht er von Veränderungen und Verwerfungen, nimmt relevante empirische Sachverhalte auf, ohne sie aber in einen Argumentationszusammenhang bringen zu können. Nehmen wir ein Beispiel:

> „Die Sozialfigur des Arbeiters taugt nicht mehr zu einer positiven Selbstbeschreibung. ... Als Arbeiter gilt *man* vielmehr als abgehängt, als jemand, der es individuell nicht geschafft hat. Die kollektive Identität der Arbeiterschaft wurde ersetzt durch das allgemeine Streben nach einem Mittel*klasse*status (...). Insgesamt hat in den vergangenen Jahren die subjektive Zugehörigkeit zur Arbeiter*schicht* nachgelassen, während die Selbsteinordnung zur Mittel*schicht* – trotz der Abstiege – zugenommen hat." (S. 168f., Hervorh. hgt)

Sprachlich wie logisch ist das eine ziemliche Zumutung: Satz 1: mag sein, aber wodurch könnte das bewirkt sein? Satz 2: bei wem, bitte, unter Arbeiter*innen, Reichen oder Prekären? Satz 3: von wem, wenn von den Arbeitern behauptet, dann ist das eine Unterschiebung; Satz 3+4+5: Also die Zugehörigkeit zur Arbeiter*schicht* hat nachgelassen, sie streben nach einem Mittel*klasse*status, ordnen sich aber gleichzeitig der Mittel*schicht* zu? – Frau/man sieht, es gibt hier ein arges Durcheinander zwischen den Begriffen Klasse und Schicht, die zudem in der Luft hängen zwischen Strukturbestimmung und Selbstzuschreibung und anscheinend nach Belieben verwendet werden.

Zwar beklagt Nachtwey an anderer Stelle eine Orientierung der Bürger*innen an der Mitte (vgl. S. 92), aber gleichzeitig orientiert er sich selbst an jener Mitte, die der zeitgenössischen Soziologie in ihrer Sorge um den gesellschaftlichen Zusammenhalt geradezu zum Mantra geworden ist. Aber dieser Bezug auf „die Mitte" steht auf äußerst wackligen Beinen. Ulf Kadritzke[7] hat in einem brillanten Aufsatz nachgewiesen, wie sehr damit hinter Wissensstände der Soziologie der Wei-

---

7 Vgl. Kadritzke, Ulf, Zur Mitte drängt sich alles. Historische Klassenstudien im Lichte der Gegenwart, Teil 1 in: PROKLA, Nr. 184, 46. Jg., 2016, S. 477-496, und

marer Republik, also hinter Lederer, Geiger, Speier und insbesondere Kracauer zurückgefallen wird, und wie wenig heutige Soziolog*innen auf der Höhe der Zeit sind. Denn das, was sich in der Weimarer Republik mit der Verallgemeinerung von Lohnarbeit durch das immense Anwachsen der Angestellten-Gruppierung abzeichnete und von den genannten Soziologen aufmerksam verfolgt wurde, hat sich in der Nachkriegszeit und noch mehr dann seit den 1980er Jahren im Gefolge der Digitalisierung von Arbeitsprozessen bestätigt und ausgeweitet. Grundsätzlich hat Nachtwey das durchaus im Blick, wenn er schreibt, dass es sich beim heutigen Kapitalismus

> „nicht um eine von der Industrie befreite, sondern um eine *industrielle Dienstleistungsgesellschaft* [handelt], in der die Logik der Industrieproduktion und die der Dienstleistungen miteinander verschmolzen sind" (S. 124, Hervorh. dort).

Aber die naheliegende Möglichkeit, von hier aus, nämlich von der Veränderung der Felder des Kapitals auch die Veränderungen im gesellschaftlichen Arbeitskörper, sprich die der Klassenzusammensetzungen, zu erschließen, nutzt er nicht.[8] Stattdessen wechselt er ständig in der Terminologie wie im Begründungsversuch zwischen Klasse und Schicht, bedient sich beliebig bei Selbst- wie Fremdeinschätzungen, grenzt sich von gar nicht mehr vertretenen Positionen ab („dem Proletariat"), um immer wieder auf „die Mitte" zu kommen, um die sich heute alles zu drehen scheint, gilt sie doch Nachtwey und vielen anderen Soziolog*innen als das Fundament demokratischer Zuverlässigkeit und Stabilität. Letztendlich bleibt völlig unklar, um wen es sich denn bei dieser „Mitte" handelt; noch unklarer bleibt, ob die gleichfalls immer wieder für die offensichtlichen Veränderungen der Wirtschaft angesprochenen Transnationalisierungs- und Digitalisierungsprozesse Auswirkungen auf jene Mitte haben.

Dabei liegt es geradezu auf der Hand, die Veränderungen im sog. Dienstleistungssektor[9], die in Bezug auf die beteiligten Personen und Gruppen vor einiger Zeit noch als Angestellten-Frage debattiert wurde, in Hinsicht auf die heutige Ausprägung der Klassenverhältnisse aufzunehmen, und dadurch die internen Differen-

---

Nr. 185, 46. Jg. 2016, S. 639-659; inzwischen auch als Buch: ders., Mythos „Mitte" Oder: Die Entsorgung der Klassenfrage, Berlin 2017: Bertz + Fischer.

8 Vgl. auch die lesenswerte Rezension von Cubela, Slave, Wiederentdeckung statt Entdeckungsfahrten, in: express, 55. Jg., Nr. 1-2/2017, S. 15ff.

9 Vgl. z.B. Staab, Philipp, Macht und Herrschaft in der Servicewelt, Hamburg 2014: Hamburger Edition; Bahl, Friederike, Lebensmodelle in der Dienstleistungsgesellschaft, Hamburg 2014: Hamburger Edition.

zierungen innerhalb der Lohnabhängigen zu erschließen. Mindestens viererlei ist es, was wir im Gefolge der Offensive neoliberaler Privatisierungsprozesse in den 1980er und 90er Jahren beobachten können: Einerseits nähert sich die Lage der angestellten Lohnarbeiter der der Produktionsarbeiter (Facharbeiter), deren Zahl zwar reduziert wird, die aber nicht verschwunden sind, an; andererseits gibt es in beiden Gruppen eine zunehmende interne Differenzierung[10]; drittens werden viele öffentliche Einrichtungen wie z.B. Krankenhäuser privatisiert, damit der Kapitalverwertung unterstellt, was selbstverständlich erhebliche Auswirkungen auf die dort beschäftigten Lohnarbeiter*innen hat. Das wiederum erhöht schließlich den ökonomischen Druck auf viele der noch immer im öffentlichen Bereich tätigen Beschäftigten, denen gegenüber die „knappen Kassen" der öffentlichen Hand geltend gemacht werden.

Ich denke, dass vieles dafür spricht, dass hier von der sozialen Lage her Annäherungsprozesse zwischen unterschiedlichen Gruppierungen von Lohnabhängigen stattgefunden haben und stattfinden, die zu beachten sind. Aber ist das die heutige Arbeiterklasse oder die Klasse der Lohnabhängigen?[11] – Soweit würde ich erst einmal nicht gehen, sind doch die nach wie vor bestehenden Unterschiede zwischen den sozialen Gruppen nicht verschwunden, sind ihre Tätigkeitsfelder noch immer unterschiedlich, ganz zu schweigen von ihrer jeweiligen Verankerung in gewerkschaftlichen Organisationsprozessen, die ihrerseits nicht einfach Abbilder dieser Verfasstheit sind, sondern diese mitgestalten. Aber vieles spricht dafür, dem weiter nachzugehen und damit die Frage einer möglichen Klassenbildung analytisch zumindest offenzuhalten, ist diese doch kein Selbstzweck oder eine akademische Übung, sondern nach wie vor maßgeblich für die Frage nach einer Umgestaltung heutiger kapitalistischer Verhältnisse.

Aber nicht nur das. Denn die Art einer Transformation kapitalistischer Gesellschaften ist ja keineswegs, wie man nach den in den letzten Jahren zahlreich publizierten Szenarios von Umwälzungen im Sinne sozialistischer Ziele meinen

10 Zu den angestellten Lohnarbeiter*innen vgl. auch die Beiträge in Haipeter, Thomas (Hrsg.), Angestellte Revisited, Wiesbaden 2016: Springer; zur schon seit geraumer Zeit andauernden internen Differenzierung industrieller Produktion noch immer aufschlußreich: Hack, Irmgard und Lothar, Gesamtarbeiter, aufgemischt und umgeforscht. Veränderte Formen und Strukturen industrieller Produktionssysteme, in: PROKLA, 16. Jg. (1986), Nr. 64, S. 46-63.

11 Etienne Balibar, Europa: Krise und Ende?, Münster 2016: Westfälisches Dampfboot diagnostiziert als Begleiterscheinung der europäischen Krise „nicht nur eine *Prekarisierung*, sondern auch eine *Re-Proletarisierung* der europäischen Bevölkerung ..." (S. 177, Hervorh. dort).

könnte, notwendig eine solche, die auch noch unmittelbar bevorstünde.[12] Es gibt bekanntlich auch eine andere Seite, nämlich, vereinfachend gesagt, die reaktionäre als Option für die Zukunft. In den letzten Jahren ist eigentlich dies die für die Behandlung jener behaupteten Mitte in den letzten Jahren zentrale Thematik, nämlich die nach einer möglichen Anfälligkeit für anwachsende populistische Bestrebungen; auch sie erschiene in einem solchen Argumentationsgang in einem neuen Licht. Die in den Medien anzutreffenden allzu schnellen und oberflächlichen Etikettierungen von Pegida oder AfD als Manifestationen der Abgehängten und Prekären, möglicherweise der unteren Mitte oder wie auch immer ersetzen keineswegs die gründliche Analyse, die selbstverständlich auch die unterschiedlichen Gruppierungen der Lohnabhängigen einbeziehen muss. Denn nicht erst heute, man muss es leider immer noch wiederholen, sondern auch in den vorgeblichen Hochzeiten der Arbeiterbewegung, deren Abgesang nicht zuletzt von Nachtwey als Resonanzraum beschworen wird, gab es Gruppierungen von Arbeiter*innen, die in den rechten oder faschistischen Diskurs eingebunden waren. Das ist auch heute wieder so, wie man z.B. bei Klaus Dörre lesen kann, und nicht zuletzt die Gewerkschaften sehen sich dieser Problematik ausgesetzt.[13]. Wurden sie im tripartistischen Arrangement des Fordismus als Verhandlungspartner akzeptiert, so sehen sie sich seit einiger Zeit mit dessen sukzessiver Auflösung durch neoliberale Optionen einer doppelten Schwierigkeit gegenüber, nämlich einerseits einer zunehmenden Verflüssigung ihres Verhandlungspartners/gegners (Flucht aus der Tarifbindung) und andererseits durch die keineswegs mehr eindeutige Grundlage der Interessenvertretung der in ihnen organisierten Lohnabhängigen. Denn mochte diese zu Zeiten des Fordismus noch einigermaßen einheitlich sein, wenn man mal von der Besonderheit der Großbetriebe, sprich der multinationalen Unternehmen absieht, so hat sich die Interessenlage der Lohnabhängigen etwa zwischen Qualifizierten und niedrig oder Unqualifizierten, zwischen Stamm- und Zeit- bzw. teilzeit-Arbeitenden erheblich differenziert, was zu unterschiedlichen Ungerechtigkeits- und Missachtungserfahrungen und -deutungen führt und zunehmende Ambivalenzen

---

12 Vgl. z.B. Creydt, Meinhard, Wie der Kapitalismus unnötig werden kann, Münster 2014: Westfälisches Dampfboot; ders., 46 Fragen zur nachkapitalistischen Zukunft, Münster 2016: Westfälisches Dampfboot.

13 Vgl. Dörre, Klaus, Die national-soziale Gefahr, in: Widerspruch 2/2016, Nr. 68, S. 165-176.

in den Handlungsoptionen beinhaltet.[14] Gewerkschaften sehen sich dem zunehmend ausgesetzt und sind zugleich Teil davon. Konfrontiert zudem mit den Rationalisierungs- und Umbauplänen der Einzelkapitale im Zuge weitergehender Deregulierung wird viel davon abhängen, ob es und wie es ihnen gelingt, diese Ambivalenzen aufzunehmen; es gibt allerdings, wie jüngst am Verhalten zur Eurokrise und vor allem zu Griechenland deutlich wurde, auch die „Gefahr einer Re-Nationalisierung von Interessenpolitik“[15], auf die Dörre u.a. völlig zu Recht hinweisen, der man erliegen kann.

Oliver Nachtwey hat zu dieser Problematik in seinem Band leider wenig beizutragen, trotz aller empirischen Materialien und theoretischen Überlegungen. Letztlich interessiert ihn auch eher der gehobene soziologische Diskurs. Bezeichnend die Koppelung des Begriffs *der Abstiegsgesellschaft* an den der Moderne im Untertitel. Überzeugt schon die ausschließliche Konzentration auf *den Abstieg* nicht, da es doch nach wie vor auch sozialen Aufstieg und für manche Bevölkerungsgruppen eine bemerkenswerte Stabilität ihrer sozialen Lage gibt, so noch weniger seine Kombination mit dem Begriff der Moderne. Warum sollte es sich beim zeitgenössischen Kapitalismus in Deutschland um eine „*regressive* Moderne“ handeln? Sicher, Nachtwey spricht auch von einer „*Sozialen* Moderne“, womit er für Deutschland die Phase der „sozialen Marktwirtschaft“ und des Wohlstandstaates meint, in der zweifellos Verbesserungen der sozialen Lage von vielen *Arbeitnehmern* (weniger von Arbeitnehmer*innen*), nicht zuletzt als Resultat ihres eigenen Handelns und dem ihrer Interessenorganisationen, erreicht wurden. Aber ich denke, der Begriff der Moderne in seinen beiden Varianten trägt wenig zur Erklärung dieses Sachverhaltes bei; hier wäre die kritische Bezugnahme auf den Begriff des Fordismus mit seinem Klassenkompromiss weitaus ertragreicher. [16] War nicht der Begriff der „Moderne“ von Anfang an ein, wenn nicht der Gegenbegriff zu dem des Kapitalismus, wie wir aus den vielfältigen Debatten um die seinerzeitige Modernisierungstheorie wissen? [17] Warum über-

---

14 Vgl. die aufschlussreichen Ergebnisse in: Dörre, Klaus/Happ, Anja/Matuschek, Ingo (Hrsg.), Das Gesellschaftsbild der LohnarbeiterInnen, Hamburg 2013: VSA.

15 Dörre, Klaus/Holst, Hajo/Matuschek, Ingo, Zwischen Firmenbewusstsein und Wachstumskritik, in: Dörre/Happ/Matuschek, a.a.O., S. 254.

16 Vgl. Thien, Von der Sozialpartnerschaft, sh. Anm. 1.

17 Vgl. z.B. Kößler, Reinhart, Entwicklung, Münster 1998: Westfälisches Dampfboot; Wehler, Hans-Ulrich, Modernisierungstheorie und Geschichte, Göttingen 1975: Vandenhoeck&Ruprecht; Conrad, Sebastian/Eckert, Andreas/Freitag, Ulrike (Hg.), Globalgeschichte, Frankfurt/New York 2007: Campus; Raphael, Lutz (Hg.), The-

haupt an ihn anknüpfen? Was genau an der Entwicklung ist „regressiv", handelt es sich nicht vielmehr um bekannte Widersprüche kapitalistischer Entwicklung? Liegt dem als impliziter Maßstab nicht schlicht doch eben jene Vorstellung von Modernisierungstheoretikern zugrunde, nach der alles immer vorwärts gehe und sich schon zum Besseren fügen werde? Aber das hat sich doch schon lange als irrig erwiesen, welchen Sinn macht es dann, das hier wieder aufzuwärmen? Und: „Aufbegehren", was immer das wiederum sei, sagt wenig bis nichts, mal ganz abgesehen von seiner empirischen Fundierung, passt aber schon gut, bleibt doch alles im Unklaren, aber interessant ist es doch irgendwie, oder? Zumindest klingen im Hintergrund die großen französischen Theoretiker des Begehrens an. – Mag schon sein, dass hier primär an die Ebene der Großen Theorie, wie die Medien sie geradezu zelebrieren, angedockt werden soll.

Das scheint gelungen, wie ein Blick auf das überaus positive wie begeisterte Medien-Echo zeigt.[18] Ist das nicht heutzutage die Währung, in der große Theorie-Würfe produziert und gehandelt werden?[19]

2.

Stephan Lessenich nimmt begründet einen Faden wieder auf, der in den frühen 1970er Jahren und dann in den 80er Jahren für die kritische Diskussion kennzeichnend war, aber seitdem ein wenig an Glanz verloren hat, vielleicht weil der Sachverhalt sich kaum geändert hat und wir uns an ihn gewöhnt haben, nämlich die Ungleichheit zwischen den Ländern der Ersten und der „Dritten Welt", wie das damals genannt wurde. Hieran sollte zumindest erinnert werden.[20] Konnte

---

orien und Experimente der Moderne. Europas Gesellschaften im 20. Jahrhundert, Köln u.a. 2012: Böhlau; Cooper, Frederick, Kolonialismus denken. Konzepte und Theorien in kritischer Perspektive, Frankfurt/New York 2012: Campus.

18 Amazon ist hier mit seinen Notierungen zunehmend maßgeblich; man/frau vgl. die jeweiligen Tages-Notierungen.

19 Es ist denn auch nur konsequent, dass der Suhrkamp-Cheflektor am Ball bleibt und den bei Nachtwey einmal geprägten Begriff der „Regression" prominent durch eine rasch produzierten Nachfolgeband auszubauen sucht: Geiselberger Heinrich (Hrsg.), Die große Regression, Berlin 2017: Suhrkamp. Vgl. zur Gesamtproblematik: Thien, Hans-Günter, Verlagspolitiken und ihre historischen Konjunkturen – einige Notizen, in: Martin, Susanne/Resch, Christine (Hrsg.), Kulturindustrie und Sozialwissenschaften, Münster 2014, S. 107-119: Westfälisches Dampfboot.

20 Ich nenne hier nur beiden Bände von Senghaas, Dieter (Hrsg.), Imperialismus und strukturelle Gewalt, Frankfurt 1972: Suhrkamp, und ders. (Hrsg.), Peripherer Kapitalismus, Frankfurt 1974: Suhrkamp; davor schon bahnbrechend Altvater, Elmar,

man seinerzeit vielleicht hoffen, dass insbesondere die nationalen Befreiungsbewegungen eine Änderung der strukturellen Abhängigkeit der „Entwicklungsländer“ – etwa im Gefolge jener oben angesprochenen Modernisierungstheorie und ihrer politischen Implikationen – bewirken könnten, so sehen wir uns seit Langem eines Besseren belehrt. Zwar hat es seit damals bekanntlich wichtige Verschiebungen in den internationalen Kräfteverhältnissen, wie etwa den rasanten Bedeutungszuwachs insbesondere von China oder den zumindest zeitweise erheblichen Wachstumsschub der BRICS-Länder gegeben. Insgesamt aber hat sich an dem Sachverhalt selbst grundsätzlich wenig verändert. Die Schere in den Einkommens- und Lebensverhältnissen zwischen den sog. „Ländern des Nordens“, also hochentwickelten kapitalistischen Gesellschaften, und denen des „Südens“, also der Peripherie, ist nicht kleiner, sondern größer geworden.

Stephan Lessenich entwickelt diesen Sachverhalt kenntnisreich und souverän, und ich kann ihm dabei weitgehend folgen. Er verwendet dafür den Begriff der Externalisierungsgesellschaft, wobei der Begriff der Externalisierung im Anschluss an Kolonialismus und Imperialismus als strukturanalytische Kategorie verwendet wird:

> „Denn die moderne kapitalistische Gesellschaft ist seit jeher und von Anfang an Externalisierungsgesellschaft – auch wenn sie sich [!] das niemals eingestanden hat. Kapitalistische Gesellschaften sind Externalisierungsgesellschaften, allerdings in historisch wechselnder Gestalt, mit jeweils sich wandelnden Mechanismen und in immer wieder sich verändernden globalen Konstellationen.“ (S. 26)

Auch dem kann ich grundsätzlich zustimmen, aber für die mich interessierende Klassenthematik beginnt hier zugleich die Problematik, denn die zentrale Annahme lautet:

> „Das, was hier als Externalisierungsgesellschaft bezeichnet wird, lebt ganz konkret von einem bestimmten Habitus, den die [!] Mitglieder der Externalisierungsgesellschaft wie selbstverständlich an den Tag legen und der ihre Lebensführung ganz alltagspraktisch bestimmt. Dieser Externalisierungshabitus ist an eine spezifische individuelle bzw. kollektive Position in der weltgesellschaftlichen Ungleichheitsstruktur gebunden. (S. 62)

Gibt es ihn tatsächlich, diesen *Externalisierungshabitus* aller Gesellschaftsmitglieder? Ist das nicht arg verallgemeinernd?

Sachzwang Weltmarkt, Hamburg 1987: VSA und der Klassiker: Altvater, Elmar/ Mahnkopf, Birgit, Grenzen der Globalisierung, Münster 7. Auflage 2007: Westf. Dampfboot.

> „Das Externalisierungshandeln in den reichen Gesellschaften der Welt ist eingebettet in eine historisch gewachsene Machtstruktur, die es den *solchermaßen* Ermächtigten ermöglicht, alltäglich die materiellen Vorteile ihrer Machtposition zu verwirklichen. Und diese eingespielte Machtpraxis, Kosten auszulagern und damit *Profite* einzufahren, ist den Externalisierenden zu einer nicht mehr weiter hinterfragten, durch und durch 'normalen' Handlungsweise geworden, zu ihrer zweiten Natur gewissermaßen. Das Externalisieren ist *uns* [!] eine wie selbstverständlich an den Tag gelegte Gewohnheit geworden, es hat sich als ein kollektiver Habitus etabliert, dessen Konsequenzen *uns* [!] weithin verborgen geblieben sind." (S. 186, Hervorh. hgt)

Das sind starke Worte, die sich ihre Plausibilität allerdings durch eine äußerst laxe Begriffsweise erborgen müssen. Denn der verwendete Begriff des Profits wirft schon die Frage auf, wer denn durch die Externalisierung tatsächlich in der Lage ist, daraus *Profit* zu ziehen? Wer externalisiert denn eigentlich? Arbeiter*innen? Oder sollten es nicht vielleicht doch die Kapitaleigner und ihre Manager sein? Oder ist schlicht gemeint, dass z.B. Arbeiter*innen davon auch einen Vorteil haben, dann bleibt allerdings die Frage, wer daraus einen *Profit* im eigentlichen Sinne des Begriffs zieht. Statt hier allgemein für alle Lohnabhängigen den Begriff des „Externalisierungshabitus" anzulegen, könnte man z.B. den Fall VW oder Mercedes nehmen und fragen, inwieweit die dort Beschäftigten beteiligt werden an den Ergebnissen der starken Weltmarktposition dieser multinationalen Konzerne und insofern auch interessiert sind am Sprudeln der Profite, selbst wenn diese durchaus aus trüben Quellen stammen mögen; die Frage wäre damit die nach einer möglichen Arbeiteraristokratie und ihrer Bedeutung, wie sie ja für die Geschichte der Arbeiterbewegung nicht neu ist. Aber das müsste dann auch diskutiert werden, und ebenso, dass die Situationen in den genannten und anderen Betrieben kaum zu verallgemeinern sind und in ihnen selbst durch das immense Anwachsen von Zeitarbeit inzwischen eine erhebliche interne Differenzierung der Belegschaft vorhanden ist. Gilt der „Externalisierungshabitus" für alle gleichermaßen, auch für jene also, die irgendwie gar nicht zum Werk gehören und von Tag zu Tag leben müssen? Jenes ominöse „die solchermaßen Ermächtigten" bleibt insgesamt unklar. Und was will dieses merkwürdige „*uns*" sagen, das eine Gleichheit zwischen allen Beteiligten suggeriert? Und worin besteht die „historisch gewachsene Machtstruktur" eigentlich und welche Rolle spielt sie?

Es spricht für Lessenich, dass er das hier gegebene Problem zumindest ahnt, schreibt er doch anderer Stelle:

> „Wir leben alle in einer Wohlstandsgesellschaft – und doch gibt es kein wohlstandsgesellschaftliches ›Wir‹. Daraus ergibt sich eine vertrackte Interessenkonstellation und mithin ein fundamentales politikstrategisches Problem: Wie für mehr Gleichheit im globalen Maßstab streiten, ohne die berechtigten Ansprüche auf Gleichheit – etwa auf die vitale Gleichheit der Lebenserwartungschancen – im nationalen Kontext zu missachten? Wie auch die schlechter Positionierten in den reichen Gesellschaften als Profiteure der Externalisierungsgesellschaft ansprechen – und sie gleichwohl in ihren Sorgen vor weiterer sozialer Benachteiligung gegenüber den Bessergestellten um sie herum ernst nehmen?“ (S. 190)

Na gut, da kann man nur lapidar zurück fragen: Warum gibt es denn hierzulande nicht dieses wohlstandsgesellschaftliche „Wir“? – An den Medien und der Politik kann es nicht liegen; denn diese werden seit Jahrzehnten nicht müde die nationale Gemeinschaft anzupreisen und hiervon wiederum den Erfolg Deutschlands in der Weltwirtschaft abhängig zu machen, was wiederum für das Wohlergehen aller Bürger*innen sorge; man erinnere sich hierfür z.B. an die in den 80er Jahren wichtigen kritischen Analysen zum „Modell Deutschland“. Und es wäre schon hilfreich, mehr über die „schlechter Positionierten“ zu erfahren. Spätestens an dieser Stelle wird das grundlegende Problem von Lessenichs Darstellung offensichtlich, nämlich die weitgehende Ausblendung der historischen Entwicklung und ihrer sozialen Implikationen. Zwar weist er darauf hin, dass es auch in der „Wohlstandsgesellschaft“ Rückentwicklungen geben kann, aber seine Festgelegtheit auf den für ihn zentralen Begriff der Externalisierungsgesellschaft verhindert es geradezu, dass er auf den historischen Klassencharakter auch Deutschlands (oder z.B. der USA) eingeht, was etwa darin zum Ausdruck kam, dass die Phase eines, wenn man so will, ‚freundlichen Klassenkompromisses‘ der 1970er Jahre aufgrund interner Widersprüche der Profitproduktion abgelöst wurde durch eine weniger freundliche neoliberale Phase, die nicht nur nach außen sondern auch nach innen wirksam wurde.

Stephan Lessenich weiß das alles selbstverständlich, ist er doch geradezu ein Spezialist für die Analyse der Veränderungen im Wohlfahrtstaat[21]; aber er nimmt es hier nicht auf, sondern begnügt sich mit Allgemeinplätzen. Auch wenn man ihm in seiner allgemeinen Zielsetzung folgen möchte, wofür es gute Gründe gibt, bleibt unklar, wie das denn gehen sollte. Nach dem Motto *man müsste*; ja, es müsste eine „kollektive Selbstverständigung“ erfolgen und eine „kollektive Selbstermächtigung“ (S. 194) bewirkt werden, wie Lessenich schreibt; aber die Frage ist doch, warum diese Prozesse sich bisher offensichtlich nicht in relevantem

---

21 Vgl. z.B. Lessenich, Stephan, Die Neuerfindung des Sozialen. Der Sozialstaat im flexiblen Kapitalismus, Bielefeld 2008: transcript.

Maße vollziehen und welche Voraussetzungen anzustreben wären, um sie weitergehend ins Werk setzen zu können. – Ich denke, hierzu müsste die Klassenfrage – jenseits von dogmatischen Setzungen wie auch von empiristischen Abschilderungen – erneut aufgenommen werden. Und dazu müsste man sich wohl in die Niederungen der gesellschaftlichen Auf- und Abstiegsprozesse begeben, in das also, was ich als Neuzusammensetzung der Lohnabhängigen bezeichne, um zu erschließen, wie neue Konstellationen aus welchen Gründen in die herrschende *Hegemonie* eingebunden sind und welche Widerspruchselemente es möglicherweise trotzdem gibt. Dazu müssten selbstverständlich die Gewerkschaften und politischen Parteien in ihrer Entwicklung und Bedeutung für die Herstellung eben jener Hegemonie einbezogen werden.

Leider wird das in der Diskussion bisher kaum beachtet; stattdessen wird dieser zentrale Begriff des großen Antonio Gramsci hierzulande häufig nur als Floskel benutzt, dem keine Analyse-Schritte folgen.[22] Wir müssten also konkret sprechen über die Auswirkungen der über lange Jahre zu verzeichnenden Verbesserungen der Lage (insbesondere von männlichen) Lohnarbeiter*innen nicht nur nach ihrem Einkommen, sondern auch ihrer Wohnungssituation und ihrer Lebensperspektive, in die die ihrer Kinder einbezogen ist. Und welche Folgen das für ihre politische Orientierung hat, auch dann, wenn sich die Voraussetzungen dieser Verbesserungen verändern. Eben diese Veränderungen sind in ihren Auswirkungen für die Beteiligten – nicht zuletzt für das Geschlechterverhältnis – ebenso zu analysieren.

Es überrascht mich, dass Stephan Lessenich dem hier keine Aufmerksamkeit schenkt, hat er doch an anderer Stelle überzeugend und vehement auf die Notwendigkeit einer solchen Klärung der Voraussetzungen für gesellschaftliche Auseinandersetzungen heute hingewiesen, indem er grundsätzlich fragt, was denn die Probleme des Klassenkampfs heute seien.[23] Und völlig zu Recht weiter fragt:

> „Warum sollten denn *die Subalternen* in den kapitalistischen Zentren heute einen ‚radikalen Transformationswillen' … an den Tag legen. Warum sollten sie unter ge-

22 Vgl. demgegenüber Opratko, Benjamin, Hegemonie, Münster 2. überarb. Auflage 2014: Westfälisches Dampfboot; siehe auch die Beiträge in Buckel, Sonja/Fischer-Lescano (Hrsg.), Hegemonie gepanzert mit Zwang. Zivilgesellschaft und Politik im Staatsverständnis Antonio Gramscis, Baden-Baden 2007: Nomos.

23 Lessenich, Stephan, Probleme der Klassenanalyse, in: PROKLA Nr. 186, Jg. 2017, S. 114.

> gebenen weltgesellschaftlichen Herrschaftsverhältnissen rebellieren? Wogegen – und vor allem: Gegen wen? Vielleicht am Ende gar gegen sich selbst?"[24] (Hervorh. hgt)

Endlich wird diese für Linke wirklich zentrale Frage einmal so deutlich ausgesprochen! Angesichts der unter vielen Linken noch immer vorhandenen oder wieder zunehmenden Hoffnungen auf spontane Bewegungen zur Umwälzung der kapitalistischen Gesellschaft all überall ist sie nicht nur berechtigt sondern geradezu zwingend.

Lessenich hat dabei natürlich den sattsam bekannten Unterschied zwischen 1. und 3. Welt im Auge, und er hat damit selbstverständlich Recht, wobei die sozialen Unterschiede in den Ländern der Peripherien allerdings nicht aus dem Auge verloren werden sollten. Aber eine gar nicht so kleine Einschränkung ist denn doch auch hier zu machen; ist es sinnvoll, von *den Subalternen* zu sprechen oder ist das nicht vielleicht Teil des Problems? – Mir scheint, dass dieser Begriff, der sich seit sagen wir mal etwa 20 Jahren geradezu lawinenartig in der Linken ausbreitete und inzwischen gang und gäbe ist, im Anschluss insbesondere an die postcolonial studies primär gewählt wurde, um zumindest in der Theorie wieder Anschluss an die sozialen Bewegungen der Peripherien zu gewinnen. Gleichzeitig drückt sich darin die begründete Unzufriedenheit mit den damaligen verkürzten klassentheoretischen Bemühungen, wenn es sie denn überhaupt gegeben hat, ebenso aus wie mit dem begrenzten Vorhandensein eines Klassenkampfs. Im Rückgriff auf Gramscis Begriff der Subalternität erschloss man sich neue Felder, die aber eher auf abstrakter oder, wenn man so will, literarischer Ebene blieben, statt historisch erschlossen zu werden (siehe oben). Verständlich, aber für die Klärung der Klassenfrage hierzulande eher ein Ausweichen vor dieser Frage statt eines Schritts nach vorne; letztendlich wurde aus dem Begriff der Subalternen eine Floskel.

Gewiss, für die Veränderungen in den Ländern der Peripherie mag die Verwendung des Begriffs einen (begrenzten) Sinn machen. Aber in Bezug auf die hochentwickelten Länder des Nordens ist das noch nicht ausgemacht, und seine Verwendung durch Lessenich kommt für mich überraschend und seiner Argumentation zuwiderlaufend. Denn ist nicht sein Hauptargument, dass der subalterne Status der Arbeitenden hier weitgehend überwunden wurde, indem sie zu Wohlstandsbürger*innen wurden, was doch ihren Unterschied zu denen der 3. Welt ausmachte? Gleichwohl sind sie bekanntlich sowohl nach ihrer Einkommenshöhe und ihrem – wenn vorhandenen – Vermögen sehr unterschiedlich

---

24 Ebd., S. 115.

ausgestattet, was wiederum nicht zuletzt wohl von der Art ihrer Einbezogenheit in den gesellschaftlichen Produktions- und Reproduktionsprozess und seine Veränderungen abhängt. Sprich: von der konkreten Ausgeprägtheit der Klassenverhältnisse, die nun endlich zu erschließen wären.

In diesem Buch ist das Lessenichs Sache nicht. Der von ihm als theoretische Basis gewählte Begriff der Externalisierungsgesellschaft lässt das einfach nicht zu. Es ist nur konsequent, dass er stattdessen, wenn ich das mal so ausdrücken darf, zur Unterstützung seiner Sichtweise geradezu zum Begriff einer „Imperialen Lebensweise" flüchtet, wie er von Ulrich Brand und Markus Wissen seit einiger Zeit und gerade jetzt stark zu machen versucht wird.[25] Auch das aber führt für unsere Fragestellung nicht weiter. Denn Brand und Wissen, die eine Vielzahl von beachtenswerten kritischen Analysen zum Verhältnis von 1. und 3. Welt vorgelegt haben, überziehen an diesem Punkt ihre Argumentation, ihr Begriff der „imperialen Lebensweise" bleibt letztlich ein Konstrukt. In immer erneuten Anläufen durchmustern sie zwar in ihrem insgesamt lesenswerten Band die Veränderungen in den politischen Kontexten wie auch in den gesellschaftlichen Verschiebungen, um den archimedischen Punkt für eine Gesellschaftsveränderung zu finden. Avancierte Kapitalismustheoretiker, die sie sind, wissen sie um die Akkumulation des Kapitals wie die Vernutzung der Natur und die Bedeutung der Geschlechterfrage in diesem Kontext und auch um die Widersprüchlichkeit, die all dem innewohnt. Eine systematische wie historische Klärung der Klassenfrage wird demgegenüber aber nicht für notwendig gehalten. Man behilft sich mit allgemein bleibenden Rückgriffen auf „Klassen- und Geschlechterverhältnisse" (S. 46), auf Oberklassen und „globale Mittelklassen und -schichten" (S. 109), Oberschichten und globale Eliten (S. 166). Genaues erfährt man nicht, irgendwie spielt die Klassenfrage schon eine Rolle (S. 61), aber die Behauptung einer imperialen Lebensweise für alle verhindert geradezu notwendige Klärungsschritte.

> „Der Begriff der imperialen Lebensweise soll [!] nicht die Tatsache übergehen, dass starke kapitalistische Akteure mit ihrer strukturellen Macht über die Reproduktion der Arbeitskraft und mit ihren immer subtileren Marketing-Maschinerien Menschen zu bestimmten Lebensweisen drängen. Er besagt nicht [!], dass alle Menschen gleich leben, sondern dass bestimmte Vorstellungen von ‚gutem Leben' und gesellschaftlicher Entwicklung vorherrschen. Die gesellschaftlich-hierarchisierenden Anteile der

---

25 Brand, Ulrich/Wissen. Markus, Imperiale Lebensweise. Zur Ausbeutung von Mensch und Natur im globalen Kapitalismus, München: oekom. Siehe auch schon dies., in: Demirovic, Alex/Dück, Julia/Becker, Florian/Bader, Pauline (Hrsg.), VielfachKrise, Hamburg 2011, 79-97: VSA.

> Lebensweise stehen in permanenter Spannung zu den hegemonial-integrierenden Aspekten. Die imperiale Lebensweise basiert [!] auf sozialer Ungleichheit und reproduziert diese. Gleichzeitig ermöglicht sie es, soziale Ungleichheiten zu bearbeiten. Sie stabilisiert soziale ungleiche Gesellschaften insofern und so lange, als der Reichtum der oberen Klassen den Subalternen als ein zumindest in Ansätzen einlösbares Glücksversprechen erscheint." (S. 69)

Ein merkwürdiges Konstrukt, das es wert ist, genauer aufgeschlüsselt zu werden: a) Aufgrund ihrer strukturellen Macht „drängen", vereinfacht gesagt, die Herrschenden die Beherrschten zu bestimmten Lebensweisen, was anscheinend gelingt; b) denn zwar leben nicht alle Menschen gleich, aber sie glauben es, obwohl sie in ihrer Situation auch Nachteilen ausgesetzt sind, weil sie c) den Reichtum der oberen Klassen auch für sich als realisierbar glauben und vom Glück träumen. Und deshalb basiert „die imperiale Lebensweise" auf sozialer Ungleichheit und reproduziert diese zugleich.

Ja, aber wenn das tatsächlich so einfach wäre, dann gäbe es doch aus diesem Regelkreis kein Entkommen, oder? Reproduzieren Markus Wissen und Ulrich Brandt hier nicht einfach jene Position des „falschen Bewußtseins", über das in den 70er und 80er Jahren so heftig im Anschluss etwa an Herbert Marcuses „Der eindimensionale Mensch" oder auch an manche Kapital-Exegeten mit einer behaupteten allumfassenden Wirkung des Waren-Fetischs gestritten wurde?[26] Hatte sich das nicht als letztlich – im Anschluss eben an Gramsci – unterkomplex erwiesen, da der Prozess der Einbindung der (Klassen)Individuen viel zu hermetisch gedacht wurde? Wurde das seinerzeit auch in der BRD nicht dementiert etwa durch vorher von Wissenschaft wie Politik geradezu für unmöglich gehaltenen Streiks und Protestaktionen von ebenjenen anscheinend völlig angepassten Arbeiter*innen? – Gewiss, das änderte sich wieder, um sich erneut ändern zu können. Aber war das nicht damals auch der Ansatzpunkt für eine Vielzahl von insbesondere sozialgeschichtlichen Untersuchungen (und auch für die frühen Aufsätze dieses Bandes), in denen endlich verbreitete Stereotypen über „die Arbeiterklasse" und „die Arbeiterbewegung" ebenso überwunden wurden wie die von der Einerleiheit moderner Massengesellschaften? – Eingestanden, das ist lang her, und das Gedächtnis von (auch kritischen) Wissenschaftler*innen ist bekanntlich nicht besonders stark ausgeprägt, aber sollte es nicht zu denken geben, dass nach

---

26 Marcuse, Herbert, Der eindimensionale Mensch, Neuwied und Berlin 1967: Luchterhand; Habermas, Jürgen, Theorie des kommunikativen Handelns, 2 Bde, Frankfurt 1981: Suhrkamp.

einer längeren „Denkpause" gerade jetzt wieder an solche Untersuchungen, wie sie damals in Frankreich beispielhaft von den „Annales" angestoßen und auch hier rezipiert wurden, angeknüpft wird? [27]

Es überrascht mich, dass Markus Wissen und Ulrich Brand sich demgegenüber heute wieder vornehmlich auf jene allgemeine Ebene beziehen, ohne die seitherige Debatte genügend zu bedenken. Auch wenn man mit ihrer einleuchtenden Zielsetzung, nämlich der Überwindung jener „imperialen Lebensweise" oder auch des „Externalisierungshabitus" von Stephan Lessenich, übereinstimmt, bleibt hier allzu viel offen, das zu diskutieren ist.

Dabei will ich gar nicht bestreiten, dass Brand/Wissen bedenkenswertes Material für ihre Sichtweise präsentieren, wie es insbesondere im Kapitel zur „Imperialen Automobilität" präsentiert wird (S. 125ff). Denn es ist auf den ersten Blick schon ebenso erstaunlich wie bezeichnend, wie wenig politische Resonanz zur Zeit z.B. die Diesel-Abgas-Affäre der großen Automobil-Konzerne bei den Betroffenen wie auch den Lohnarbeiter*innen der beteiligten Firmen hervorruft, obwohl der offensichtliche Betrug aller Auto-Konzerne ebenso wie das Verhalten der herrschenden Politik und insbesondere des Verkehrsministeriums nachgerade ein Skandal ist; „das Auto" scheint schon eine Art Kult-Status zu haben, der das Bewusstsein vernebelt.

Aber den Nachweis, dass all dies einer imperialen Lebensweise geschuldet sei, die es aufzubrechen gelte, bleiben sie schuldig. Denn spielt hierbei aufgrund der Nachgeordnetheit des öffentlichen Personenverkehrs gegenüber dem Privatverkehr nicht auch die faktische Angewiesenheit vieler Lohnabhängiger*innen auf das Auto als elementares Fortbewegungsmittel eine zentrale Rolle?[28] Und ist es verwunderlich, dass Arbeiter*innen der Automobilindustrie ein substanzielles Interesse am Erhalt ihrer Arbeitsplätze haben? – Es ist doch dies ein zentrales und bekanntes Element der inneren Differenziertheit der Lohnabhängigen, dass für ihre Lebensweise und ihre Interessenpolitik nicht zuletzt wichtig ist, ob sie z.B. als Stammarbeiter in einem prosperierenden Betrieb etwa der Automobilindustrie tätig sind oder nur als Leiharbeiter*innen eingesetzt werden oder ob sie z.B. in einem der hierzulande noch verbliebenen Betriebe der Textilindustrie den Widrigkeiten des Marktes ausgesetzt sind oder ob sie gerade mit den Rationali-

27 Vgl. z.B. das aktuelle Heft von Geschichte und Gesellschaft, 43.Jg., H. 2/2017 mit dem Thema „Arbeit und Kapitalismus" oder das Archiv für Sozialgeschichte, 56. Bd., Bonn 2016: Dietz Verlag mit dem Thema „Sozialgeschichte des Kapitalismus im 19. und 20. Jahrhundert."

28 Schwedes, Oliver, Verkehr im Kapitalismus, Münster 2017: Westfälisches Dampfboot.

sierungsmaßnahmen des vor kurzem privatisierten Krankenhauses konfrontiert sind. Die Variationen ließen sich vermehren.

In Bezug auf den immer wieder herangezogenen Vergleich mit den peripheren Ländern läge es spätestens hier nahe, die langjährigen Interventionen von Marcel van der Linden um eine „Global Labor History" aufzunehmen und damit tatsächlich die internen Differenzierungen und Unterschiede der Subalternen, der „Workers of the World"[29] ernst zu nehmen. Die „Globalisierung der Unsicherheit"[30], wie sie der „Funktionsweise des historischen Kapitalismus"[31] eigen ist, ist konkret zu entschlüsseln, wie es etwa Nicole Mayer-Ahuja in Bezug auf die informelle Arbeit getan hat.[32] Das gilt selbstverständlich ebenso für die im Zuge der Transnationalisierungsprozesse häufig thematisierte Frage nach einer „transnationalen kapitalistischen Klasse"[33], die allenfalls am Rande aufscheint, deren Bedeutung aber kaum zu überschätzen ist.

All das spielt bei Wissen und Brand und auch bei Lessenich keine wesentliche Rolle. Bei allen erwähnenswerten Bemühungen um eine vorsichtige Verwendung des Begriffs der imperialen Lebensweise, letztendlich überschattet er doch alles; ebenso beim Begriff der Externalisierungsgesellschaft. Eine Klassenfrage gibt es anscheinend letztlich nicht; vielleicht irgendwie schon noch, spricht man doch verschiedentlich von Mittelschichten und Mittelklassen und auch von einer Oberklasse oder Oberschicht, aber Genaues weiß man nicht und will es anscheinend auch nicht wissen, hat man mit der Auslegung und Verbreitung der gewählten Signien doch mehr als genug zu tun. Auf jeden Fall scheint die

---

29 van der Linden, Marcel, Workers of the World. Essays toward a Global Labor History, Leiden 2008: Brill; vgl. ders., Plädoyer für eine historische Neu-Bestimmung der Welt-Arbeiterklasse, in: Thien, Hans-Günter (Hrsg.), Klassen im Postfordismus, Münster 2. korr. Aufl. 2011, S. 357-381.

30 Altvater, Elmar/Mahnkopf, Birgit, Globalisierung der Unsicherheit, Münster 2002: Westfälisches Dampfboot

31 Gerstenberger, Heide, Markt und Gewalt. Die Funktionsweise des historischen Kapitalismus, Münster 2017: Westfälisches Dampfboot.

32 Mayer-Ahuja, Nicole, Die Globalität unsicherer Arbeit als konzeptionelle Provokation. Zum Zusammenhang zwischen Informalität im „Globalen Süden" und Prekarität im „Globalen Norden", in: Geschichte und Gesellschaft, 43. Jg. (2017), H. 2, S. 264-296.

33 Vgl. zur Diskussion Koch, Max, Klassen- und Sozialstrukturanalyse in transnationaler Dimension, in: Burchardt, Hans-Jürgen (Hrsg.), Nord-Süd-Beziehungen im Umbruch, Frankfurt/New York 2009: Campus, S. 273-304; Hirsch, Joachim/Wissel, Jens, Transnationalisierung der Klassenverhältnisse, in: Thien, Hans-Günter (Hrsg.), Klassen im Postfordismus, sh. Anm. 25.

normative Grundierung einer Solidarisierung mit den Unterdrückten eine präzise politische Orientierung zu ermöglichen:

> „Ein hegemoniefähiges Projekt für eine solidarische Lebensweise muss [!] vieles und die vielen [!] verbinden, muss [!] erfahrbar und attraktiv [!] sein. Es werden tendenziell [!] gesellschaftliche Mitte-unten-Bündnisse sein, die ein solches Projekt tragen. Es wäre aber zu wünschen [!], dass verstärkt auch dissidente progressive Eliten [?] den Ernst der Lage erkennen und entsprechend handeln. In jedem Fall ist es nötig, die Gefahr der Kooptierung von Alternativen oder des greenwashing zu reflektieren sowie rote Linien zu ziehen gegen rassistische, ausbeutende, patriarchale, gewaltförmige und zerstörerische Projekte“ (S. 183).

Fragen über Fragen drängen sich geradezu auf: Wer sind „die vielen“, was meint die Verbindung „Mitte-unten“ und wer, in Gottes Namen, sind die „dissidenten progressiven Eliten“, die welchen „Ernst der Lage“ „erkennen und entsprechend handeln“? – An dieser Stelle bleiben das Vokabeln, Versatzstücke eines ungeklärten Ganzen, nämlich der heutigen Realität der kapitalistischen Gesellschaft der BRD in Europa. Und all dies in Hinsicht auf, aber gerade eben nicht verbunden mit, Forderungen und Wünschen einer gedachten „Linken“. Man könnte sagen, Recht haben sie, wer innerhalb dieser Linken wollte schon nicht gegen „rassistische, ausbeutende, patriarchale, gewaltförmige und zerstörerische Projekte“ sein? Aber das ist doch gar nicht das zentrale Problem. Unklar bleibt vielmehr, wie diese Linke, über die man gern mehr erfahren würde, alle jene angesprochenen und gewünschten Veränderungen ins Werk setzen will und kann. Hier rächt sich, dass die erforderlichen klassenanalytischen Schritte nicht gegangen wurden. Die konkrete politische Frage, wie und von wem das, was von den Autoren *gewünscht* wird, denn ins Werk gesetzt werden soll, wird nicht beantwortet.[34] – Der Appell ersetzt die Analyse.

Mit dem Hinweis auf eine für erforderlich gehaltene „Mitte-unten“-Verbindung sprechen Brand und Wissen eine Problematik an, die seit einiger Zeit für erhebliche Unruhe sorgt und die Gemüter umtreibt, da durch das Auftreten von PEGIDA und die Wahlerfolge der AfD eine solche Verbindung sich zumindest vorerst nicht in einer gewünschten linken sondern eher in einer rechtsnationalen Variante darstellt. Bei der Frage nach den Gründen hierfür kommt es nicht

34 In ihrer Antwort auf die Kritik von Boris, Dieter, Imperiale Lebensweise?, in: Sozialismus, 44. Jg., H. 7/8, 2017 können Ulrich Brand und Markus Wissen dessen Kritik zwar relativieren, aber die grundlegende Problematik ist damit m. E. nicht gelöst: dies., Imperiale Lebensweise“ Modernisierung oder Überwindung von Herrschaft? Replik auf Dieter Boris und Eröffnung einer Debatte, in: Sozialismus, 44. Jg., H. 12, S. 57-67.

überraschend, dass Stephan Lessenich in einem vehementen Plädoyer „Der Klassenkampf der Mitte“ in der Süddeutschen Zeitung[35] gleich die Antwort bereit hat: Es seien „die Aufsteiger der vergangenen Jahrzehnte, die um ihre Privilegien fürchten“, nicht die unterprivilegierten Unterschichten mit ihren Sorgen und Nöten. Daran mag schon etwas sein, doch einen überzeugenden Nachweis bleibt er auch hier schuldig, denn die Begrifflichkeit ist weiterhin unklar: So spricht er – immer in Bezug auf dieselben Personenkreise – mal von „Mittelschichten“ oder von alten und neuen „Mittelklassen“, um dann wieder von „unteren und oberen Fraktionen der Mittelschicht“ zu sprechen. Die behauptete Eindeutigkeit des Ergebnisses erweist sich als scheinbare; es bleiben Fragen[36] und die Überraschung über Lessenichs Klage, es gebe hierzulande auf der Linke eine „stetig anwachsende Deutungsindustrie“ die Klärungsprozesse kaum zulasse; hier soll wohl auch Stimmung gemacht werden.

3.

Es scheint ein grundlegendes Problem für aktuelle gesellschaftstheoretisch inspirierte Untersuchungen mitsamt ihren klassenanalytischen Implikationen im heutigen Wissenschaftsbetrieb, aber auch darüber hinaus, zu sein, dass solche inzwischen durch einen wirksamen Zwang diskursiver Vorgaben fast verunmöglicht werden. Unter dem Diktat einer kulturindustriellen Getriebenheit zur Originalität wissenschaftlichen Tuns ist es auch für sich kritisch verstehende Sozialwissenschaftler*innen anscheinend nur schwer möglich, sich dem zu entziehen. Die behandelten Texte scheinen mir dafür symptomatisch; denn fügen sie sich nicht ziemlich nahtlos ein in die Vielzahl von Diagnosen behaupteter grundlegender Gesellschaftsveränderung etwa nach 1945? – Von der „nivellierten Mittelstandsgesellschaft“ (Schelsky), der „Industriegesellschaft“ über die „postindustrielle Gesellschaft“, die „Erlebnisgesellschaft“ (Schulze) zur „Risikogesellschaft“ (Beck), zur Wissensgesellschaft, dann jetzt zur „Abstiegsgesellschaft“ (Nachtwey) und schließlich zur „Externalisierungsgesellschaft“ (Lessenich) mit ihrer „imperialen Lebensweise“ (Wissen/Brand). In den Vordergrund rückt die

35 Lessenich, Stephan, Der Klassenkampf der Mitte. Wider die Mär, im Erfolg der Rechtsnationalisten verberge sich ein Aufbegehren der Unterschichten: Nein, es sind die Aufsteiger der letzten Jahrzehnte, die um ihre Privilegien fürchten, in: Süddeutsche Zeitung vom 03.01.2018, S. 9.

36 Vgl. zur ausführlicheren Auseinandersetzung mit dieser Thematik Sablowski, Thomas/Thien, Hans-Günter, Die AfD, die Arbeiterklasse und die Linke – kein Problem?, in: PROKLA, 48. Jg. (2018), Nr. 190, S. 55-71.

Labelisierung des zu Vermarktenden, nicht die solide theoretische wie empirische Fundierung. Da muss es schon fast betulich und altbacken wirken, wenn statt des Schwebens in solch luftigen Höhen auf einer Verbindung einer reflektierten kapitaltheoretischen Grundlegung mit der Erfassung der empirischen Verlaufsweisen gesellschaftlicher Veränderungen und ihren Auswirkungen auf die beteiligten Individuen, die Klassen*individuen*, selbst mit ihren Handlungen in diesen Prozess einbezogen sind und *möglicherweise* als Klasse handeln *können*, bestanden wird. Eine solche Aufgabenstellung entbehrt heutzutage offensichtlich jeden kulturindustriellen Hypes. Gleichwohl ist sie äußerst anspruchsvoll und keineswegs leicht zu stemmen. Aber unter dem ist es nicht zu machen, will man/frau am Anspruch einer kritischen Gesellschaftsforschung und einer entsprechenden Praxis festhalten.

Trotz aller Bezugnahmen auf Marx und die kritische Theorie hallt in den behandelten Texten anscheinend der Wechsel von der seinerzeit so bezeichneten alten zur neuen sozialen Frage nach, wie er für die 1980er Jahre kennzeichnend gewesen ist. Zwar können sie sich mit Recht gegen einen klassenreduktionistisch und deterministisch verfahrenden Marxismus auf die seitherigen sozialen Veränderungen und die Wichtigkeit neuer sozialer Bewegungen beziehen und darauf, dass sich selbstverständlich nicht alles auf der Welt aus dem Gegensatz von Lohnarbeit und Kapital deduzieren lässt. Aber zugleich übersehen sie, dass ebendiese sozialen Veränderungen auch den fordistischen Klassenkompromiss wenn nicht gänzlich haben erodieren lassen, dann doch erheblich eingeschränkt haben. Das hatte und hat wesentliche Auswirkungen auf die gesellschaftlichen Arbeitsverhältnisse der beteiligten Individuen wie auf die Produktion und Reproduktion ihrer Lebensverhältnisse, die es erst einmal in ihrer Qualität und ihrem Ausmaß zur Kenntnis zu nehmen gilt bei der Frage, wie möglicherweise Wege aus den subalternen Konstellationen erschlossen werden können. Den/die Gesamtarbeiterin mag es theoretisch/analytisch geben, praktisch bedarf es zu ihrer Herstellung immenser Anstrengungen, deren Erfolg ungewiss ist; eine Verständigungsmöglichkeit zwischen den so bezeichneten alten und neuen sozialen Bewegungen müsste gefunden werden, scheint mir aber momentan angesichts der gegebenen Kräfteverhältnisse und theoretischen Orientierungsversuche, zu denen ja auch die behandelten Texte zählen, eher unwahrscheinlich. Eine Krise der herrschenden Hegemonie im emanzipatorischen Sinne ist damit auf jeden Fall nicht automatisch gegeben, eher scheint das Gegenteil der Fall; das Anwachsen populistischer Bewegungen in Deutschland, aber auch der EU, spricht hier eine deutliche Sprache. Umso mehr Grund, die in sich uneinige Linke daran zu erinnern, dass auch für sie endlich eine „Zeitenwende“ angesagt ist, nämlich die Notwendigkeit der Gewinnung der zentralen Gruppierungen der gesellschaftlichen Gesamtarbeiter*in für den Kampf um gesellschaftliche Emanzipation.[37] Wie anders sollte einer drohenden Rechtsentwicklung zu begegnen und eine emanzipatorische Transformation der kapitalistischen Gesellschaft denkbar und möglich sein?

37 So im Anschluss an Detje, Richard/Dörre, Klaus/Kronauer, Martin/Schumann, Michael, Zeitenwende oder: Zeit für eine Wende der Linken, in: Blätter für deutsche und internationale Politik, 4/2017, S. 102.

Namensregister

A

Abelshauser 142
Adorno 22, 62, 112, 139
Alheit 159
Althusser 62, 73
Altvater 96, 125, 138, 142, 150, 163, 166, 176, 180
Apeldoorn 166
Armanski 44

B

Bader 104, 122f, 126, 129, 154, 157
Baethge 55f, 121, 142, 148
Balibar 10, 150
Balko 13
Bausinger 80, 106
Beaud 173
Beck 23, 70ff, 75, 97, 101f, 124f, 130, 156
Becker 123
Becker-Schmidt 72, 94f, 114, 146
Benjamin 107, 121
Benschop 104, 123, 154
Berdahl 85
Berger 124
Bergmann 79
Bieling 165f, 177
Biermann 42
Bischoff 66f
Blackbourn 133
Blaschke 162
Blasius 82
Bloßfeld 145, 155
Böckler 118
Bogdal 104
Böhle 145
Boll 107
Boltanski 10, 142
Bolte 22
Bonß 62, 69
Borg 166
Bourdieu 37, 42f, 45, 75, 86ff, 114, 116, 127, 143, 146, 158, 181
Brand 163, 179
Braverman 36, 51, 126
Brecht 121
Bretthauer 177
Breuer 128
Brock 154, 164
Brückner 90
Brüggemeier 84f
Bublitz 93
Bude 140, 164
Bürger 115
Burkart 147
Burns 107
Burrmeister 117

C

Castel 163, 166, 178
Castells 163, 166
Chiapello 10
Claessens 22
Clarke 121
Cloward 175
Cramer 69
Crew 79, 84, 108

D

Dahrendorf 25
Daniel 140
Dankbaar 178
Demirović 11, 135, 137f, 172, 177, 180
Deppe 58, 92, 126
Deutschmann 79
Dörre 10, 15, 104, 126, 150

Dröge 115
Dülmen 106

E

Ebbinghausen 53
Ehrenreich 144
Elias 128
Emig 80
Emmerich 13, 81
Engels 27, 169
Eurich 112
Evans 133

F

Faulenbach 131
Floßdorf 62
Foucault 62, 73, 106
Frerichs 121, 146
Fromm 90
Funk 148

G

Gailus 83
Geary 76, 80
Geiger 143
Geißler 7f, 35, 47
Gerstenberger 105, 130, 161
Giddens 22, 124
Gill 166
Glaß 111
Goeschel 93, 143
Gramsci 89, 127, 138, 157, 177
Grießinger 77
Groh 80, 133
Gröll 27f, 32f, 106, 114
Grüttner 82f

H

Habermas 55, 59, 61, 97, 101, 107, 124, 133ff, 137
Hack 112, 123
Hagelstange 124f
Halle 95
Haller 22, 26
Hanesch 160
Hardt 170, 172, 180
Hartmann 165
Harvey 10, 176f
Haug 15, 60, 62, 96
Hauk 108
Haupt 43
Häußermann 92, 94
Heins 127, 133f
Heinze 69
Herbert 91f, 99, 140f
Herkommer 24, 55, 66
Hilferding 176
Hirsch 42, 61, 135-139, 154, 163f
Hobsbawm 167
Hobson 176
Hochstein 90, 140
Hoffmann 150
Hoggart 58, 93
Hohn 147
Homuth 120
Honneth 62, 87, 131
Horkheimer 62, 112, 139
Hoss 13
Hradil 22, 142, 165
Hürtgen 21, 41
Huster 155

I

Inglehart 124

J

Jelich 120
Johannson, Kurt 120
Johnson 57, 89

K

Kadritzke 41, 69
Kaelble 23, 35, 68
Kaschuba 106, 111, 130ff
Kebir 127
Kempe 150
Kern 51
Kirchberger 24, 26
Kleining 35
Kluge 82
Knoell 124
Koch 124, 141, 154f
Kocka 41, 74, 76f, 79, 129, 133, 157
Kohlmorgen 179
König 101, 104
Kößler 170f
Kostede 44
Krais 45
Kramer 131
Krätke 54, 69
Kreckel 124ff, 141
Kronauer 162, 166
Krysmanski 170, 177
Kuchenbuch 18
Kudera 55f, 92, 95, 112, 147
Kuhlmann 127f
Kurz-Scherf 146, 150

L

Labini 123
Langewiesche 76
Lehmann 80
Leibfried 159, 160f
Lenin 176
Lenski 24
Leppert-Fögen 43
Lessenich 8f
Lidtke 107
Lipietz 136, 151
Lockwood 56, 61, 123
Lucas 85, 108, 131
Lüdtke 17, 80, 85, 87f, 99, 107, 140
Lukács 12
Lutz 140, 150
Luxemburg, Rosa 176

M

Maase 58, 92, 120
Machtan 76
Macpherson 27
Mahnkopf 56, 58, 80, 91f, 99, 111, 125, 131, 135, 139, 147, 150, 163, 166, 176, 180
Mangold 41
Marx 11, 19, 25f, 29, 33, 37, 48, 53, 104f, 123, 125, 133, 165, 172, 176
Mason 62, 90
Massing 27
Mauke 38
Maus 7
Medick 85
Michael 18
Möding 104
Moore 131
Mooser 58, 69f, 92f, 109, 111, 116, 147
Muchembled 129
Müller 27, 133

N

Neckel 15, 148
Nedelmann 140
Neef 92f
Negri 170, 172, 180

Negt 82, 120
Neuendorff 27
Niethammer 63, 84, 90f, 124, 127
Nullmeier 8f

O

Oberbeck 142
O'Connor 126
Opratko 13, 177

P

Papcke 166
Paris 61, 148
Pelizzari 178
Petzina 80
Peukert 80
Pialoux 173
Pirker 89
Piven 175
Plumpe 142
Polster 143
Poppinga 42
Poulantzas 11, 45, 166, 177
Pozzoli 175
Prodoehl 58
Projekt Klassenanalyse 38, 41f, 44
Prokop 95

Q

Quadflieg 119

R

Raza 163, 179
Reck 84
Reichel 27
Reichelt 21
Reichwein 112, 147
Reif 82
Resch 8, 172
Riege 23
Riesman 101, 128
Rilling 42
Ritsert 104, 124, 154
Ritter 80, 86, 129
Rohe 140
Rohrwasser 108
Rosdolsky 21
Rosenbaum 133
Roth 15, 135ff, 151, 154, 163
Rude 85
Ruppert 80, 90

S

Sablowski 135, 179
Schäfer 140
Schardt 92f
Schelsky 22ff, 100f, 125
Schindler 85, 87, 106
Schlösser 113
Schmidt 133
Schönhoven 76
Schöttler 63
Schroer 165
Schultheis 181
Schulz 181
Schulze 142, 157
Schumann 51, 55f
Sennett 128
Silvers 14
Sklair 166, 177
Smith, A. 28
Spohn 57
Stadlinger 155
Steinert 8f, 164f, 172, 179
Steinhilber 166, 177
Steinrücke 121, 146
Stolle 85
Szymanski 45

T

Tenfelde 108, 129
Theling 116
Therborn 123
Thien 10, 41, 45, 166, 177, 179
Thomasberger 143
Thompson 56f, 82, 85, 130
Tiemann 53
Tilly 122
Türkmen 14

V

van der Linden 15
van der Pijl 166, 177
Vester 57, 82, 142, 158
Visse 147
Volkmann 79
Vondung 75
Voy 143

W

Wagner 53, 169
Wallerstein 150
Weber 71
Weber, Max 128, 156
Wehler 165
Wehling 133, 135
Weischer 112, 149
Wienold 42, 61, 121f, 139, 171, 177
Will 107
Williams 85, 86, 116
Willis 94, 121, 148, 149
Wilmott 93
Windolf 177
Wissel 42, 139, 177
Wolf 10, 60, 180
Wright 44, 124, 126, 175
Wunderer 76, 81, 107
Würzberg 112

Y

Young 93

Z

Zeller 176
Žižek 181
Zoll 148
Zwahr 77, 79